Hauptschulabschluss

Original-Prüfungsaufgaben und Training

Nordrhein-Westfalen

Deutsch 10. Klasse

LÖSUNGEN

Inhalt

Vorwort

Lösungen: Training Grundwissen

Lesekompetenz
Übung 1 – Übung 22 1

Schreibkompetenz
Übung 23 – Übung 54 21

Kompetenz Sprachwissen und Sprachbewusstsein
Übung 55 – Übung 75 70

Lösungen: Übungsaufgaben im Stil der zentralen Prüfung

Übungsaufgabe 1

Teil 1: *Leseverstehen*
So sieht die Stadt der Zukunft aus (Sachtext) 83

Teil 2: *Wahlthema 1*
Einen informierenden Text verfassen:
Thema: Tierhaltung in Zoos (Materialien) 87

Wahlthema 2
Einen Text analysieren und interpretieren:
Christopher Wortberg: Der Ernst des Lebens macht auch keinen
Spaß (literarischer Text) 90

Übungsaufgabe 2

Teil 1: *Leseverstehen*
Schülergerichte in Sachsen (Sachtext/Diagramm) 93

Teil 2: *Wahlthema 1*
Einen Text analysieren und interpretieren:
David Grossman: Wohin du mich führst (literarischer Text) 96

Wahlthema 2
Informationen ermitteln, vergleichen und bewerten:
Thema: Schülerdemonstrationen (Materialien) 98

Lösungen: Original-Prüfungsaufgaben

Zentrale Prüfung 2015

Teil 1: *Leseverstehen*
Christine Buth: Krisenberichterstattung 2015-1

Teil 2: *Wahlthema 1*
Einen Text analysieren und interpretieren:
Lara Schützsack: Und auch so bitterkalt 2015-8

Wahlthema 2
Einen informierenden Text verfassen:
Thema: Vampire in Büchern und Filmen 2015-16

Zentrale Prüfung 2016

Teil 1: *Leseverstehen*
Dirk Hautkapp: Vor 30 Jahren wurde der digitale Smiley
erfunden 2016-1

Teil 2: *Wahlthema 1*
Einen Text analysieren und interpretieren:
Markus Zusak: Underdog 2016-6

Wahlthema 2
Einen informierenden Text verfassen:
Thema: Mehrsprachigkeit 2016-14

Zentrale Prüfung 2017

Teil 1: *Leseverstehen*
Ana Maria Michel: Sechstklässlerin verkauft sichere
Passwörter 2017-1

Teil 2: *Wahlthema 1*
Einen Text analysieren und interpretieren:
Fleur Beale: Am Ende des Alphabets 2017-6

Wahlthema 2
Einen informierenden Text verfassen:
Thema: Comics 2017-14

Zentrale Prüfung 2018

Teil 1: *Leseverstehen*
Dana Kim Hansen: Bernd, das Buch – „Lebende Bibliothek" birgt
menschliche Schätze 2018-1

Teil 2: *Wahlthema 1*
Einen Text analysieren und interpretieren:
André Kubiczek: Skizze eines Sommers 2018-5

Wahlthema 2
Informationen ermitteln, vergleichen und bewerten:
Thema: Verschiebung des Unterrichtsbeginns 2018-11

Zentrale Prüfung 2019

Teil 1: *Leseverstehen*
Katrin Blawat: Guck mal, eine Ba-na-ne! (Sachtext) 2019-1

Teil 2: *Wahlthema 1*
Einen Text analysieren und interpretieren:
Angela Gerrits: Glücksschimmer (literarischer Text) 2019-4

Wahlthema 2
Informationen ermitteln, vergleichen und bewerten:
Thema: Handschrift oder Tastatur? (Materialien) 2019-10

Prüfung 2020

Wegen des Corona-Virus wurden 2020 die Zentralen Prüfungen in Klasse 10 durch Prüfungsarbeiten ersetzt, die dezentral von den Lehrkräften erstellt wurden. Für 2020 können daher keine Lösungen zu den Original-Aufgaben abgedruckt werden.

Zentrale Prüfung 2021 .... www.stark-verlag.de/mystark

Das Corona-Virus hat auch im vergangenen Schuljahr die Prüfungsabläufe durcheinandergebracht und manches verzögert. Daher sind die Lösungen zur Prüfung 2021 nicht im Buch abgedruckt, sondern erscheinen in digitaler Form. Sobald die Original-Prüfungsaufgaben 2021 zur Veröffentlichung freigegeben sind, kannst du sie als PDF auf der Plattform MyStark herunterladen. Deinen persönlichen Zugangscode findest du vorne im Buch.

Jeweils zu Beginn des neuen Schuljahres erscheinen der aktuelle Band „Hauptschulabschluss Original-Prüfungsaufgaben und Training" und das zugehörige Lösungsheft.

Autor*innen der Lösungsvorschläge:
Marion von der Kammer (Training und Übungsaufgaben)
Frank Gerstenberg (Original-Prüfungsaufgaben)

Vorwort

Liebe Schülerin, lieber Schüler,

dieses Buch enthält die Lösungen zum Band *Original-Prüfungen und Training – Hauptschulabschluss 2022 – Deutsch – NRW* (Best.-Nr. 53540ML). Es umfasst ausführliche und kommentierte Lösungen zu den Trainingsaufgaben, den Übungsaufgaben im Stil der zentralen Prüfung und zu den Original-Prüfungsaufgaben der Jahrgänge 2015 bis 2019. Die Lösungen zur Prüfung 2021 können auf der Plattform MyStark heruntergeladen werden

Die Lösungen ermöglichen es dir, deine Leistung einzuschätzen. Es handelt sich um **Lösungsvorschläge**, die dir zeigen, wie man die Aufgaben richtig und umfassend beantworten kann. Das heißt, dass – außer bei den geschlossenen Aufgaben – auch andere Lösungen als die hier abgedruckten möglich sind. Die Lösungen sind manchmal recht ausführlich und geben dir Anregungen, was du alles schreiben könntest. Das bedeutet nicht, dass deine Antworten auch immer so lang sein müssen. Wichtig ist, dass du die Hinweise beachtest, die in der Aufgabenstellung genannt sind, und alles **vollständig** und **richtig** bearbeitest.

Außerdem gilt: Versuche stets, die Aufgabe zunächst **selbstständig** zu lösen, und sieh nicht gleich in der Lösung nach. Wenn du nicht weiterkommst, helfen dir die grau markierten ⁄ **Hinweise und Tipps** vor der jeweiligen Lösung. Hast du diese gelesen, arbeitest du auf jeden Fall selbstständig weiter. Erst zum Schluss solltest du deine Lösung mit der hier angebotenen Lösung vergleichen. Kontrolliere deine eigenen Ergebnisse und korrigiere oder ergänze sie gegebenenfalls. Lies zu allen Aufgaben, die du nicht richtig lösen konntest oder bei denen du dir unsicher warst, noch einmal die allgemeinen Erläuterungen in dem entsprechenden Kapitel im A4-Trainingsband.

Viel Spaß beim Üben und vor allem viel Erfolg in der Prüfung!

▶ Lösungen
Training Grundwissen

Lesekompetenz

Übung 1

1. a) Textsorte: Bericht

   b) Thema: Probleme bei der Besetzung von Ausbildungsplätzen

   c) Überblick über den Inhalt: Jedes Jahr gibt es mehrere Tausend unbesetzte Ausbildungsplätze. Diese Entwicklung verschärft sich von Jahr zu Jahr und die Wirtschaft leidet darunter. Deshalb werden Maßnahmen ergriffen, um die Berufsausbildung wieder attraktiver zu machen.

2. a) **Die Azubi-Lücke wird zur Gefahr für die deutsche Wirtschaft**

   1 Die Not macht erfinderisch. Weil viele Unternehmen akute Nachwuchssorgen haben und überall in Deutschland Lehrlinge fehlen, legen sich die Arbeitgeber mächtig ins Zeug: In Stuttgart lud die
   5 Industrie- und Handelskammer (IHK) kürzlich zum „Azubi-Speed-Dating" ein, um Schulabgänger und Betriebe zusammenzubringen. In Hessen gibt es neuerdings eine „AzubiCard", die Lehrlingen etliche finanzielle Vergünstigungen ver-
   10 spricht. Und in Ostdeutschland werben Wirtschaftsvertreter offensiv um junge Leute aus dem Nachbarland Polen.
       „Noch rund 240 000 Ausbildungsplätze sind dem Deutschen Industrie- und Handelskammer-
   15 tag (DIHK) zufolge unbesetzt. Zwar sei dies nur eine grobe Schätzung, heißt es bei dem Spitzenverband. Denn die Suche sei noch in vollem Gang. Schließlich beginnt das neue Ausbildungsjahr erst im Herbst. Doch trotz aller Bemühungen wird es
   20 den Betrieben wohl auch in diesem Jahr nicht gelingen, für alle Lehrstellen passende Kandidaten zu finden. 2018 kamen auf rund 530 000 neue Ausbildungsverträge knapp 58 000 unbesetzte Plätze. Mehr als jede zehnte Lehrstelle blieb somit
   25 unbesetzt – ein trauriger Rekord. Allerdings hatten auch fast 25 000 junge Menschen keine Lehrstelle gefunden.

   Mangel an Lehrlingen in Deutschland

   Maßnahmen:
   – Treffen, um Schulabgänger und Betriebe zusammenbringen
   – finanzielle Vergünstigungen für Lehrlinge
   – Anwerben von Lehrlingen aus Polen

   jede zehnte Lehrstelle blieb 2018 unbesetzt; gleichzeitig fanden fast 25.000 Jugendliche keine Lehrstelle

Nicht nur die Wirtschaft, auch die Politik sucht nach Wegen, um mehr Jugendliche für die beruf-
30 liche Ausbildung zu gewinnen. Denn der steigende Fachkräftemangel entwickelt sich mehr und mehr zu einer Wachstumsbremse für die Wirtschaft. Seit der Jahrtausendwende sank die Zahl der Auszubildenden um ein Viertel auf rund 1,3
35 Millionen. War früher die duale Berufsausbildung die häufigste Qualifizierungswahl, so zieht es heutzutage die meisten jungen Leute zum Studium.

steigender Fachkräftemangel durch unbesetzte Lehrstellen bremst das Wirtschaftswachstum

immer mehr junge Menschen entscheiden sich für ein Studium

Nun aber bemüht sich die Politik mit einem
40 Bündel von Maßnahmen darum, die Attraktivität des dualen Systems wieder zu erhöhen. So wurde zum 1. Januar 2020 ein Azubi-Mindestlohn von 515 Euro eingeführt.

Politik greift ein: Einführung eines Azubi-Mindestlohns, um Ausbildungen wieder attraktiver zu machen

Quelle: © Axel Springer SE / DIE WELT, 22.07.2019, https://www.welt.de/wirtschaft/article197196279/Azubi-Mangel-wird-zur-Gefahr-fuer-die-deutsche-Wirtschaft.html; Aus didaktischen Gründen gekürzt und leicht verändert.

b)

Sinnabschnitt	Zwischenüberschrift
Z. 1– Z. 12	Maßnahmen, um Azubis zu werben
Z. 13 – Z. 27	Steigende Zahl an unbesetzten Lehrstellen
Z. 28 – Z. 38	Berufsausbildung verliert an Attraktivität
Z. 39 – Z. 44	Einführung eines Azubi-Mindestlohns

Übung 2

1. AzubiCard

   Aufgabenart: Geschlossene Frage

2. Im Jahr 2018 blieb in Deutschland …

   a) ☐ jede zweite Lehrstelle unbesetzt.

   b) ☒ mehr als jede zehnte Lehrstelle unbesetzt.

   c) ☐ keine einzige Lehrstelle unbesetzt.

   d) ☐ fast jede fünfte Lehrstelle unbesetzt.

   Aufgabenart: Multiple-Choice-Aufgabe

3.

Nummer	Aussage
3	Der Mangel an Fachkräften wird für die Wirtschaft immer mehr zum Problem.
5	Es soll ein Mindestlohn für Azubis eingeführt werden.
1	In Ostdeutschland bemüht man sich, Auszubildende aus Polen anzuwerben.
4	Immer mehr junge Menschen entscheiden sich für ein Studium.
2	Im Jahr 2018 blieben 58.000 Lehrstellen unbesetzt.

Aufgabenart: Umordnungsaufgabe

4.

Akteur	Maßnahme
C	Es wird ein „Azubi-Speed-Dating" organisiert, um Schulabgänger*innen und Betriebe zusammenzuführen.
A	Es werden finanzielle Anreize geschaffen, um Berufsausbildungen interessanter zu machen.
B	Es wird um Azubis aus dem Nachbarland Polen geworben.

Aufgabenart: Zuordnungsaufgabe

5.

		trifft zu	trifft nicht zu
a)	Der steigende Fachkräftemangel hat keine negativen Auswirkungen auf die Wirtschaft.	☐	☒
b)	Die Zahl der Auszubildenden sank seit der Jahrtausendwende um ein Viertel.	☒	☐
c)	Um dem Fachkräftemangel entgegenzuwirken, werden Azubis aus Italien und Spanien angeworben.	☐	☒
d)	Fast 25.000 Jugendliche haben im Jahr 2018 keine Lehrstelle gefunden.	☒	☐
e)	Ab dem Jahr 2024 soll es einen Mindestlohn für Auszubildende geben.	☐	☒

Aufgabenart: Richtig-/Falsch-Aufgabe

Übung 3

1. Bei dem Text handelt es sich um ...
   a) ☐ eine Erzählung.
   b) ☐ einen Bericht.
   c) ☐ einen Kommentar.
   d) ☒ eine Reportage.

2. Analphabetismus

3.

Nummer	Station in Jennifers Leben
4	Ausbildung zur Einzelhandelskauffrau
2	Besuch der Förderschule
6	Arbeit als Zeitarbeiterin am Fließband
3	Abschluss der Schulbildung mit dem Hauptschulabschluss
7	Fassen eines Vorsatzes: Informationen einholen
5	Abschluss der Berufsausbildung
1	Besuch der Grundschule

4. a) ☐ Jennifer ist aus dem Klassenraum gerannt.
   b) ☒ Sie hat noch einmal versucht vorzulesen.
   c) ☐ Sie ist auf dem Stuhl hin- und hergerutscht.
   d) ☐ Einige Mitschüler haben sich wieder über sie lustig gemacht.

5. Sie hat ...
   a) ☐ Unterstützung von Kolleg*innen bekommen.
   b) ☐ mithilfe ihrer besten Freundin lesen gelernt.
   c) ☒ die nötigen Kenntnisse auswendig gelernt.
   d) ☐ nebenbei an einem Förderkurs teilgenommen.

6. richtig lesen und schreiben können

7. Jennifer …
   a) ☒ hat sich die ganze Zeit bemüht und angestrengt.
   b) ☐ hat während ihrer Ausbildungszeit viel gegessen.
   c) ☐ war ihren Kolleg*innen gegenüber aggressiv.
   d) ☐ hat sich immer die einfachsten Aufgaben ausgesucht.

	trifft zu	trifft nicht zu
8. a) Es gibt in Deutschland über 5 Millionen Analphabet*innen.	☒	☐
b) Nur 20 000 Analphabet*innen lassen sich helfen.	☒	☐
c) Analphabet*innen bekennen sich zu ihrer Schwäche.	☐	☒
d) Analphabet*innen können besonders gut auswendig lernen.	☐	☒
e) Analphabetismus kann verschiedene Ursachen haben.	☒	☐
f) Eine Beratungs-Hotline bietet Analphabet*innen Hilfe an.	☒	☐
g) Analphabet*innen werden nie richtig lesen können.	☐	☒

9. Analphabet*innen wollen es vermeiden, …
   a) ☐ lesen zu lernen.
   b) ☒ ihre Leseschwäche einzugestehen.
   c) ☐ eine Arbeit anzunehmen.
   d) ☐ ihre Wohnung zu verlassen.

10. Brille vergessen, schlechtes Licht, Arm verletzt

11. Art	Merkmal
C	Die Lese- und Schreibkenntnisse einer Person liegen unter dem Durchschnitt der Gesellschaft.
A	Jemand hat in seinem ganzen Leben nie lesen und schreiben gelernt.
B	Aufgrund mangelnder Übung hat jemand das Lesen wieder verlernt.

12. Es gibt 7,5 Millionen.

Übung 4

1. Es ist erstaunlich, weil sie nicht richtig lesen und schreiben kann.

2. Sie lernte alles auswendig, was sie wissen musste. Dadurch brauchte sie nicht zu lesen.

3. Sie bestellt immer Pizza Margherita, damit sie die Speisekarte nicht lesen muss.

4. Am Fließband fühlt sie sich sicher, weil sich alles ständig wiederholt.

5. Alles läuft immer genau gleich ab. Dadurch kommt Jennifer gut ohne Lesen und Schreiben zurecht. Das stärkt ihr Selbstbewusstsein.

6. Sie will nicht mehr so tun, als könne sie lesen, sondern zu ihrer Leseschwäche stehen.

7. Man spricht nicht darüber.

Übung 5

Absicht	Der Verfasser ...
C	erzählt sehr anschaulich und lebendig von seinen Erlebnissen während einer Reise in die Türkei.
A	teilt den Leser*innen mit, dass es am frühen Morgen bei dichtem Nebel auf der Autobahn A 10 zu einer Massenkarambolage gekommen ist.
E	erklärt den Leser*innen, wie sie vorgehen müssen, um bei einem neuen Fernseher die einzelnen Sender zu programmieren.
D	kritisiert, dass es immer wieder Zugausfälle im S-Bahn-Verkehr gibt.
B	rät den Leser*innen, in der kalten Jahreszeit auf angemessene Kleidung zu achten.

Übung 6

Die Darstellung ...	Bericht	Reportage	Interview	Kommentar	Glosse
a) wirkt anschaulich.	☐	✗	☐	☐	☐
b) wirkt sachlich und neutral.	✗	☐	☐	☐	☐
c) wirkt humorvoll.	☐	☐	☐	☐	✗

d) wirkt kritisch.	☐	☐	☐	☒	☒
e) wirkt übertrieben.	☐	☐	☐	☐	☒
f) zeigt die Meinung der Autor*innen.	☐	☐	☐	☒	☒
g) erfolgt meist im Präteritum.	☒	☐	☐	☐	☐
h) erfolgt in der Regel im Präsens.	☐	☒	☒	☒	☐
i) strebt auf einen überraschenden Wendepunkt zu.	☐	☐	☐	☐	☒
j) entspricht der eines Dialogs.	☐	☐	☒	☐	☐
k) bezieht sich auf Einzelfälle, aber auch auf Grundsätzliches.	☐	☒	☐	☐	☐
l) enthält auch Umgangssprache.	☐	☐	☒	☐	☐

Übung 7

Text A
Textsorte: Bericht
Merkmale: sachliche und neutrale Darstellung im Präteritum

Text B
Textsorte: Interview
Merkmale: Darstellung in Dialogform; enthält auch Umgangssprache

Text C
Textsorte: Reportage
Merkmale: Darstellung im Präsens; wirkt anschaulich, da sowohl Einzelfälle als auch Grundsätzliches berichtet wird

Text D
Textsorte: Glosse
Merkmale: Darstellung humorvoll; wirkt übertrieben; strebt auf überraschenden Wendepunkt zu

Text E
Textsorte: Kommentar
Merkmale: Text zeigt Meinung der Autorin; Darstellung im Präsens

Übung 8

1. Medien- und Internetnutzung von Jugendlichen

2. alle Befragten, also Jugendliche im Alter von 12 bis 19 Jahren

3. Die Zahlen stammen aus dem Jahr 2018.

4. a) ☐ Unterhaltung
    b) ☐ Kommunikation
    c) ☐ Spiele
    d) ☒ Informationssuche

5. 95 Prozent aller Befragten nutzten im Jahr 2018 täglich oder mehrmals pro Woche WhatsApp zur Kommunikation. Nur 3 Prozent waren regelmäßig auf Google plus aktiv.

6. a) ☒ Der Anteil der Smartphone-Besitzer ist von 2013 auf 2014 um 16 Prozentpunkte gestiegen.
    b) ☐ Die Anzahl der Smartphone-Besitzer war im Jahr 2015 niedriger, als die der Computer-/Laptop-Besitzer.
    c) ☐ Über 90 Prozent aller Befragten besaßen im Jahr 2018 einen Laptop oder Computer.
    d) ☒ Die Anzahl der Computer-/Laptop-Besitzer ist im Jahr 2018 wieder leicht gestiegen.

7. Im Bereich der Spiele weichen die Werte von Jungen und Mädchen am stärksten voneinander ab. 33 Prozent der Jungen nutzen das Internet zum Spielen, jedoch nur 10 Prozent der Mädchen. Die Werte weichen also um 23 Prozentpunkte voneinander ab.

8. In **keinem** der Texte steht, dass …
    a) ☐ unter den befragten Jugendlichen die Nutzung von Instagram in einem Jahr um 10 Prozentpunkte zugenommen hat.
    b) ☐ 30 Prozent der befragten Jungen und 41 Prozent der befragten Mädchen das Internet zur Kommunikation nutzen.

c) ☒ 40 Prozent der befragten Jungen im Internet häufig Hassbotschaften begegnen.

d) ☐ die befragten Jugendlichen im Jahr 2018 unter der Woche jeden Tag im Schnitt 214 Minuten online waren.

9.

Text	Informationen
B	Die tägliche Onlinenutzung Jugendlicher ist von 2017 auf 2018 leicht gesunken.
A	Mädchen nutzen das Internet hauptsächlich zur Kommunikation und zur Unterhaltung.
E	Seit dem Jahr 2014 haben mehr Jugendliche ein Smartphone als einen Computer oder Laptop.
C	35 Prozent der befragten Jugendlichen sind im Internet noch nie Hassbotschaften begegnet.
D	WhatsApp ist unter Jugendlichen das beliebteste Kommunikationsmittel im Internet.
E	Die Zahl der Jugendlichen, die ein Smartphone besitzen, ist seit 2012 um 50 Prozentpunkte gestiegen.
D	67 Prozent aller befragten Jugendlichen nutzten im Jahr 2018 täglich oder mehrmals pro Woche Instagram.

Übung 9

1. Die Hauptperson ist …

a) ☐ ein Junge.

b) ☐ ein Mann.

c) ☐ der Autor.

d) ☒ der*die Erzähler*in.

2. a) im Zug

b) während der Fahrt

c) 5 bis 10 Minuten

3. a) Die meisten Fahrgäste beschäftigen sich mit etwas.

b) Sie liest und wird dabei durch das Handyläuten gestört.

c) Sie holt ihr Handy aus der Tasche und telefoniert laut und fröhlich.

4. Die Hauptperson ...

   a) ☐ wundert sich.

   b) ☒ ärgert sich.

   c) ☐ amüsiert sich.

   d) ☐ freut sich.

5. Am Ende freuen sich die Fahrgäste, weil sie mitbekommen haben, dass in der Nacht ein Kind geboren wurde.

Übung 10

1. Bahnfahrerende, die mit dem Handy telefonieren, stören die anderen Fahrgäste.

2. Sie möchte in Ruhe lesen.

3. Sie befürchtet, mit anhören zu müssen, wie der Mann mit dem Handy ein Gespräch über belanglose Dinge führt.

4. Durch das freudige Ereignis ist der junge Mann so aufgeregt, dass er lauter als nötig spricht.

5. Die Information über die Geburt des Kindes und die Begeisterung der zweiten Person darüber lösen bei der Hauptperson Rührung aus.

Übung 11

Textsorte	Merkmal
H	Die Hauptperson macht eine Entwicklung durch.
F	Es gibt keine Vor- und Rückblenden.
G	Es wird davon erzählt, wie eine Person hereingelegt wird.
C	Die Hauptpersonen sind einfache Leute.
H	Die Handlung erstreckt sich meist über einen längeren Zeitraum.
A	Erzählt wird von einer ungewöhnlichen Begebenheit aus dem Leben einer Person.
E	Die Handlung ist stark vereinfacht dargestellt.
B	Die Hauptpersonen sind oft Tiere, die sprechen können.

D	Die Sprache klingt einfach und modern.
F	Im Mittelpunkt steht ein außergewöhnliches Ereignis.
D	Es gibt weder eine richtige Einleitung noch einen richtigen Schluss.
E	Man muss Parallelen zwischen der im Text dargestellten Handlung und der normalen Gesellschaft herstellen.

Übung 12

Text A

Textsorte: Schwank

Merkmale: lustige Geschichte; jemandem wird ein Streich gespielt

Text B

Textsorte: Kalendergeschichte

Merkmale: einfache Leute als Hauptpersonen; Geschichte aus dem Alltagsleben im 17. oder 18. Jahrhundert; dadurch, dass der Vater mit voller Überzeugung von seinem Sohn etwas verlangt, was niemand kann, wirkt die Geschichte merkwürdig

Text C

Textsorte: Anekdote

Merkmale: Geschichte aus dem Leben Goethes, Ausgang überraschend

Text D

Textsorte: Kurzgeschichte

Merkmale: Einleitung fehlt; einfache, moderne Sprache; Geschichte aus dem Alltag ganz normaler Menschen

Übung 13

1. Der*die Erzähler*in ist …

   a) ☐ eine Person, die am Geschehen beteiligt ist und es aus ihrer eigenen Sicht erzählt.

   b) ☒ eine Person, die das Geschehen von außen beobachtet und darstellt.

2.

Sinnabschnitt	Zwischenüberschrift
Z. 1 – Z. 4	Lebensmotto des Vaters
Z. 5 – Z. 12	Die Lebensgeschichte von Meier senior
Z. 13 – Z. 14	Meier junior fasst einen Entschluss
Z. 15 – Z. 23	Probleme bei der Umsetzung des Entschlusses
Z. 24 – Z. 28	Lebensmotto des Sohnes

3. a) ☐ Es werden überwiegend kurze Hauptsätze unverbunden aneinandergereiht. Deshalb wirkt der Satzbau sehr sachlich und kühl.

b) ☒ Aufeinanderfolgende Hauptsätze sind häufig miteinander verbunden. Deshalb wirkt der Satzbau zwar sachlich, aber nicht so kühl.

c) ☐ Der Text besteht hauptsächlich aus Haupt- und Nebensätzen, die miteinander verknüpft sind. Deshalb wirkt der Satzbau harmonisch.

	positive Vorstellung	negative Vorstellung
4. a) „tagtäglich" (Z. 2)	☐	☒
„Reich und immer reicher" (Z. 9/10)	☒	☐
„jede Menge Zeit" (Z. 22/23)	☒	☐
„Morgenmuffel" (Z. 17)	☐	☒
„kein bisschen Zeit" (Z. 7)	☐	☒

b) ☐ Es überwiegen positive Wörter.

☐ Es überwiegen negative Wörter.

☒ Die Verteilung ist annähernd ausgewogen.

5. Zeit, Geld

6. Mit den Morgenworten sind die Worte gemeint, die der Vater allmorgendlich gesagt und zu seinem Lebensmotto gemacht hat: „Zeit ist Geld!" (Z. 1). Entsprechend diesem Lebensmotto hat der Vater immer sehr viel Zeit mit Arbeit verbracht, nur um Geld zu verdienen. Der Sohn hat diese Worte nach dem Tod seines Vaters genau umgekehrt, nämlich

so: „Geld ist Zeit!" (Z. 21). Daraufhin hat er seine Lebensweise völlig geändert: Mit dem Geld seines Vaters macht er sich nun eine schöne Zeit.

Übung 14

1. Kurzgeschichte

2.

Sinnabschnitt	Zwischenüberschrift
1. Z. 1–16	Der Auftrag des Vaters an seinen Sohn
2. Z. 17–24	Die Ausführung des Auftrags durch den Sohn
3. Z. 25–40	Die Reaktion des Vaters
4. Z. 41–48	Die Reaktion des ersten Freundes
5. Z. 49–62	Die Reaktion des zweiten Freundes
6. Z. 63–75	Die Reaktion des dritten Freundes
7. Z. 76–86	Die Folgen des Erlebnisses für Vater und Sohn

3. a) Art des Erzählers: Ich-Erzähler

   b) Seine Rolle gegenüber anderen Personen: Gastgeber, Vater von zwei Kindern

4. Er hat ihm die Aufgabe gegeben, den Kuchen, den er seinen Gästen anbieten will, auf einen Kuchenteller zu legen.

5. Der Vater hat drei Freunde zu Kaffee und Kuchen eingeladen. Während er sie begrüßt, soll der Sohn schon einmal den Kuchen auf den Teller legen.

6. a) Der Kartoffelkuchenturm ist noch schiefer als der schiefe Turm zu Pisa.

   b) Der Vater hat sehr laut geschimpft.

7. Der Erzähler …

	trifft zu	trifft nicht zu
a) macht seinem Ärger Luft.	☒	☐
b) sieht Schwarz für die Zukunft seines Sohnes.	☒	☐
c) äußert sein Erstaunen.	☐	☒
d) zweifelt am Verstand seines Sohnes.	☒	☐
e) zweifelt an seinem eigenen Verstand.	☐	☒

8.

Beruf	Der Sohn ...
E	ist gehorsam.
C, D	hat einen guten Gleichgewichtssinn.
B	hat Mut zu Neuem.
E	führt auch unsinnige Befehle aus.
A, B	hat kreative Ausdauer.
E	gibt die Dummheit von Vorgesetzten auf kluge Art zu erkennen.

9. ☐ Der Freund findet es erstrebenswert, in der Armee zu dienen.

☒ Der Freund findet es schlimm, in der Armee zu dienen.

Begründung: Er glaubt, dass es dort nur Vorgesetzte gibt, die den Soldat*innen unsinnige Befehle erteilen. Es ist schlimm, wenn man einen unsinnigen Befehl ausführen muss.

10. Er ist der Meinung, er würde es dort mit Vorgesetzten zu tun bekommen, die wie sein Vater sind und nur unsinnige Befehle erteilen.

11. Der Erzähler ...

	trifft zu	trifft nicht zu
a) fürchtet, der Sohn könnte die Vorschläge ernst nehmen.	☒	☐
b) glaubt, seine Freunde haben sich missverständlich ausgedrückt.	☐	☒
c) denkt, der Sohn könnte hochmütig werden.	☐	☒
d) nimmt an, dass der Sohn einiges verstanden hat.	☒	☐
e) ist mit den Vorschlägen der Freunde nicht einverstanden.	☒	☐
f) findet einige ihrer Begründungen falsch.	☐	☒
g) fühlt sich in seiner Autorität infrage gestellt.	☒	☐

12. Der Gegensatz besteht zwischen der Hoffnung des Vaters und den Worten, die der Sohn mit seiner Schwester spricht. Der Vater hat gehofft, sein Sohn würde von dem, was seine Freunde sagen, fast nichts verstehen. Die Worte, die der Sohn zu seiner Schwester spricht, zeigen aber, dass er alles sehr gut verstanden hat.

13. a) Erster Freund: „erstaunliches Gefühl für Balance" (Z. 46/47)

b) Zweiter Freund: „Mut zum Niegesehenen" (Z. 58/59) oder: „schöpferische Ausdauer" (Z. 60/61)

c) Dritter Freund: „ein richtiger oder ein genialer Soldat" (Z. 63/64) oder: „kann zum Segen der Truppe werden" (Z. 75)

14. a) ☐ Hauptsätze werden ohne Konjunktionen aneinandergereiht.

b) ☐ Hauptsätze werden durch Konjunktionen miteinander verbunden.

c) ☒ Haupt- und Nebensätze werden miteinander verknüpft.

d) ☐ Haupt- und Nebensätze werden ohne Konjunktion aneinandergereiht.

15. Der Satzbau wirkt ...

a) ☐ sachlich und kühl.

b) ☐ sachlich und ruhig.

c) ☒ lebendig und harmonisch.

d) ☐ hastig und gedrängt.

16. In der Überschrift werden die Berufe genannt, die der Sohn für sich in Betracht gezogen hat, nachdem die Besucher Vermutungen zu seinen herausragenden Fähigkeiten angestellt haben. Indirekt drückt die Überschrift damit aus, dass der Sohn seinem Vater überlegen ist, indem er dessen unsinnigen Befehl ausgeführt hat. So hat er gezeigt, was für vielfältige Begabungen in ihm stecken.

17. Die Botschaft des Textes könnte so lauten:

a) ☐ Erwachsene sollten Kinder nicht kritisieren.

b) ☒ Erwachsene sollten Kinder ernst nehmen.

c) ☐ Kinder können noch nicht jede Aufgabe erledigen.

d) ☐ Kinder sind in der Regel schlauer als Erwachsene.

Begründung: Der Vater hat seinem Sohn einen unsinnigen Befehl erteilt. Der Befehl ist deshalb unsinnig, weil er so formuliert gewesen ist, dass man ihn gar nicht ausführen kann. Der Sohn hat aber genau das geschafft und dem Vater damit eine Lehre erteilt.

Übung 15

Anzahl der Strophen: 2
Verse je Strophe: 4

Übung 16

1. lyrisches Ich

2. Der*die Sprecher*in richtet seine*ihre Worte an …
   a) ☐ ein Gegenüber.
   b) ☐ mehrere Personen.
   c) ☐ sich selbst.
   d) ☒ keine bestimmte Person.

Übung 17

		reiner Reim	unreiner Reim
1.	a) Höhen – gehen	☐	☒
	b) lieber – über	☐	☒
	c) wissen – vermissen	☒	☐
	d) Falle – alle	☒	☐
	e) wissen – küssen	☐	☒
	f) Wut – Mut	☒	☐
	g) teuer – Eier	☐	☒

2. schickte – pflückte (unreiner Reim); sachte – lachte (reiner Reim)

3. *Reimschema:* Kreuzreim

4. *Reimschema:* Paarreim

Übung 18

1.

	Wortsilben	Betonung
ankommen	an | kom | men	×‒‒
Papier	Pa | pier	‒×
Elefant	E | le | fant	‒‒×
Wahrheit	Wahr | heit	×‒
Wundermittel	Wun | der | mit | tel	×‒×‒
Fantasie	Fan | ta | sie	‒‒×
Großmutter	Groß | mut | ter	×‒‒

2. a) **Wilhelm Busch:**
    Der Sack und die Mäuse
    _ × _ × _ × _ ×
    Ein dicker Sack voll Weizen stand
    _ × _ × _ × _ ×
    Auf einem Speicher an der Wand.
    _ × _ × _ × _ × _
    Da kam das schlaue Volk der Mäuse
    _ × _ × _ × _ ×
    Und pfiff ihn an in dieser Weise

    Versmaß: Jambus

   b) **Christian Friedrich Hebbel:**
    Lustig tritt ein schöner Knabe ...
    × _ × _ × _ × _
    Lustig tritt ein schöner Knabe
    × _ × _ × _ ×
    In die Abendschenke ein,
    × _ × _ × _ × _
    Und sogleich zur kühlen Labe
    × _ × _ × _ ×
    Bringt die Kellnerin den Wein.

    Versmaß: Trochäus

   c) **Friedrich von Schiller:**
    Würde der Frauen
    × _ _ × _ _ × _ _ × _
    Ehret die Frauen! sie flechten und weben
    × _ _ × _ _ × _ _ ×
    Himmlische Rosen ins irdische Leben,
    × _ _ × _ _ × _ _ ×
    Flechten der Liebe beglückendes Band

    Versmaß: Daktylus

   d) **Friedrich von Schiller:**
    Der Taucher
    _ _ × _ _ × _ _ × _ _ ×
    Und es wallet und siedet und brauset und zischt,
    _ _ × _ _ × _ _ ×
    Wie wenn Wasser mit Feuer sich mengt

    Versmaß: Anapäst

Übung 19

		positiv	negativ	
a)	„Lustig tritt ein schöner Knabe"	☒	☐	klar, fröhlich
b)	„Und es wallet und siedet und brauset und zischt"	☐	☒	bedrohlich
c)	„Ein dicker Sack voll Weizen stand"	☒	☐	ruhig
d)	„Ehret die Frauen! sie flechten und weben"	☒	☐	beschwingt

Übung 20

	bildhafter Vergleich	Metapher
a) Die Rose leuchtet so rot, als würde sie bluten.	☒	☐
b) Jetzt kannst du die Früchte deiner Arbeit ernten.	☐	☒
c) Du bist ein Schatz!	☐	☒
d) Sein Gesicht sieht aus wie ein Streuselkuchen.	☒	☐
e) Sie ist treu wie Gold.	☒	☐
f) Er ist ein Fels in der Brandung.	☐	☒

Übung 21

		trifft zu	trifft nicht zu
1.	a) Verse	☒	☐
	b) Strophen	☒	☐
	c) Reime	☐	☒
	d) festes Versmaß	☐	☒

✎ **Hinweis:** *Auch eine einzige Strophe ist eine Strophe!*

2. Die Verneinung „**nicht**" bezieht sich auf Menschen, die wollen, dass **die Welt so bleibt, wie sie ist**.
Gesagt wird, dass sie **nicht** wollen, dass **die Welt überhaupt bleibt**.

Übung 22

1. Thema des Gedichts ist ...
   a) ☐ die Gestaltung eines Gartens.
   b) ☐ ein Waldspaziergang.
   c) ☒ die Freude an einer Blume.
   d) ☐ die Heimkehr eines Spaziergängers.

2. lyrisches Ich

3. Der Sprecher richtet seine Worte an …

   a) ☐ eine schöne Blume.

   b) ☐ den Wald.

   c) ☒ keine bestimmte Person.

   d) ☐ alle Leser*innen.

4. a) bildhafter Vergleich: „[…] Ein Blümlein […], Wie Sterne blinkend, Wie Äuglein schön." (V. 6–8)

   b) Personifikation: „Da sagt' es fein" (V. 10)

5. Das „Blümlein" steht symbolisch für die Geliebte.

   ✏ *Hinweis: Dass die Geliebte gemeint ist, erkennst du an den Sprachbildern, z. B. an dem bildhaften Vergleich „wie Äuglein schön" (V. 8). Der lyrische Sprecher spielt damit auf die Schönheit der Geliebten an.*

6. a) ☐ Es kostet Mühe, das, was man liebt, richtig zu pflegen.

   b) ☐ Man sollte bei einem Spaziergang immer eine Schaufel dabei haben.

   c) ☐ In einem Garten gedeihen Blumen am besten.

   d) ☒ Man muss dem, den man liebt, die gewohnte Lebensweise lassen.

7. a) Rot: Blümlein; Sterne blinkend; Äuglein schön; fein; hübschen Haus; zweigt und blüht es

   Schwarz: Schatten, brechen, Welken, Gebrochen

   b) ☐ Strophe 1

      ☒ Strophe 2 und 3

      ☐ Strophe 4 und 5

   c) In den letzten beiden Strophen überwiegen Wörter, mit denen man etwas Schönes verbindet. Daraus lässt sich schließen, dass das Gedicht harmonisch endet.

8. a) Anzahl der Strophen: 5

   b) Anzahl der Verse je Strophe: 4

9. a) ☐ Trochäus
   b) ☒ Jambus
   c) ☐ Daktylus
   d) ☐ Anapäst

10. ruhig und gelassen

11. abcb

	reiner Reim	unreiner Reim
12. a) hin – Sinn	☒	☐
b) stehn – schön	☐	☒
c) fein – sein	☒	☐
d) aus – Haus	☒	☐
e) Ort – fort	☒	☐

	reine Reime	unreine Reime	
13. a) 1. Strophe	☒	☐	C
b) 2. und 3. Strophe	☒	☒	A, D
c) 4. und 5. Strophe	☒	☐	B, E

Schreibkompetenz

Übung 23

1. a) Textsorte: Brief

   Merkmale: Briefkopf mit Angabe von Ort und Datum, persönliche Anrede des Empfängers, abschließender Gruß und Unterschrift

   *✒ **Hinweis:** Da es sich um einen Brief des Onkels an seinen Neffen handelt, muss im Briefkopf nicht die vollständige Adresse stehen.*

   b) Schreiber: Onkel von Max Meier

   Ziel: will seinen Neffen zur Änderung seiner Lebensweise bewegen

   c) Leser: Max Meier, Neffe des Schreibers

   Vorwissen: Schreiber ist Onkel

   Meinung: findet sein neues Leben gut

   *✒ **Hinweis:** Mehr als dass der Schreiber des Briefes sein Onkel ist, weiß Max Meier zu diesem Zeitpunkt noch nicht.*

2. bis 4.

   Ideen:

   - (Vater des Neffen gestorben)
   - Neffe hat seine Lebensweise geändert   1
   - neue Lebensweise problematisch !   2
   - wird bald sein ganzes Erbe verprasst haben   6
   - soll zur Vernunft kommen !   4
   - soll wieder seine Pflichten erfüllen   7
   - soll an seine Zukunft denken !   5
   - fragt nach Problemen des Neffen   3
   - bietet Hilfe und Unterstützung an   8

   *✒ **Hinweis:** Dass der Vater des Neffen gestorben ist, ist eher nebensächlich, da es ja bekannt ist. Von der Reihenfolge her ist es sinnvoll, so vorzugehen:*

   Als Erstes nennt der Schreiber, also der Onkel, den Anlass seines Briefes: Er hat erfahren, dass der Neffe seine Lebensweise komplett geändert hat. Dies bereitet ihm Sorgen.

   Danach könnte er sich fragen, ob es möglicherweise Gründe dafür gibt, z. B. weil Max mit der Trauer um den Tod des Vaters nicht fertigwird.

   Anschließend sollte der Onkel seinem Neffen gut zureden und ihn dazu auffordern, wieder zur Vernunft zu kommen. Begründung: Neffe soll an die Zukunft denken, Erbe wird sonst bald verprasst sein.

   Danach appelliert der Onkel an seinen Neffen, wieder seine Pflichten zu erfüllen.

   Zum Schluss könnte er seinem Neffen seine Hilfe und Unterstützung anbieten.

5. Schreibplan:

Einleitung	• Hinweis auf Kenntnis über Änderung der Lebensführung
	• Ausdruck von Sorgen
Hauptteil	• Frage nach den möglichen Gründen (Probleme?)
	• Aufforderung, wieder zur Vernunft zu kommen
	• Neffe soll an seine Zukunft denken
	• Mahnung: Erbe sonst bald verprasst
	• Ausdrücklicher Appell an Neffen, wieder Pflichten zu erfüllen
Schluss	• Angebot: Bereitschaft zur Hilfe und Unterstützung

Übung 24

✎ **Hinweis:** *Nenne im Briefkopf zunächst Ort und Datum, danach erfolgt die für einen persönlichen Brief typische Anrede (Lieber Max, …), und erst dann beginnst du mit dem eigentlichen Text. Dabei darfst du die einzelnen Stichpunkte aus deinem Schreibplan nicht einfach nur zu vollständigen Sätzen ausformulieren und aneinanderreihen, sondern du musst deine Darstellung auch noch ein wenig anreichern. Überlege, was der Onkel jeweils erläuternd hinzufügen könnte, um den Neffen mit seinen Aussagen zu überzeugen. Danach folgt der abschließende Gruß.*

Mönchengladbach, den … | Ort und Datum

Lieber Max, | Anrede

mir ist zu Ohren gekommen, dass du deine Lebensweise nach dem Tod deines Vaters vollkommen geändert hast. Offenbar liegst du bis zum späten Vormittag im Bett und machst dir einfach einen bequemen Tag. Ehrlich gesagt: Das bereitet mir große Sorgen! | *Einleitung*
Anlass des Schreibens: Hinweis auf Kenntnis über Änderung der Lebensführung, Ausdruck von Sorgen

Natürlich frage ich mich auch, ob es Gründe für diese drastische Veränderung gibt. So, wie ich dich bisher kenne, passt es gar nicht zu dir, dass du nur noch das tust, wozu du Lust hast, und nicht mehr zur Arbeit gehst. Kann es sein, dass dich der Tod deines Vaters so getroffen hat und du die Trauer noch nicht bewältigt hast? | *Hauptteil*
Frage nach den möglichen Gründen

Ich rate dir dringend: Komme so schnell wie möglich wieder zur Vernunft! So kann es doch nicht weitergehen. Denke an deine Zukunft! Wenn du nicht wieder zu deiner alten Lebensweise zurückkehrst, wirst du noch im Elend landen. Irgendwann wirst du nämlich das Erbe deines Vaters ganz | *Aufforderung, wieder zur Vernunft zu kommen, an die Zukunft zu denken*

und gar verprasst haben. Wovon willst du dann leben? Im schlimmsten Fall endest du noch als Obdachloser auf der Straße.

Mahnung: Erbe sonst bald verprasst

Gib dir also einen Ruck und kehre zu deiner gewohnten Lebensweise zurück! Stehe morgens wieder pünktlich auf und erledige deine Pflichten! Das ist bestimmt besser für dich. Vielleicht lenkt es dich von der Trauer um deinen verstorbenen Vater ab. Er wird ja dadurch nicht wieder lebendig, dass du nur noch den Kopf in den Sand steckst und dich zu nichts mehr aufraffst. Außerdem wird es dir bestimmt bald langweilig, wenn du nur noch vor dem Fernseher sitzt oder durch Einkaufszentren schlenderst. Im Übrigen: Stell dir mal vor, was dein Vater dazu sagen würde! Er wäre entsetzt.

ausdrücklicher Appell, wieder Pflichten zu erfüllen

Begründung: besser für ihn

Lieber Neffe, als dein Onkel bin ich natürlich jederzeit bereit, dich zu unterstützen, falls es dir schlecht gehen sollte. Das bin ich nicht zuletzt auch meinem Bruder schuldig. Allerdings ist es schon nötig, dass du dich auch an mich wendest und mir sagst, weshalb du so untätig geworden bist. Solange ich nicht verstehe, was mit dir los ist, kann ich dir auch nicht helfen. Ich erwarte also deine Antwort!

Schluss
Angebot von Hilfe und Unterstützung

Aufforderung zur Antwort

Herzliche Grüße
Dein Onkel Rudi

abschließender Gruß

Übung 25

✔ **Hinweis:** *Überlege, worin jeweils der Mangel besteht: Ist der Ausdruck umgangssprachlich? Dann ersetze ihn durch einen Ausdruck der Standardsprache. Oder ist eine Formulierung grammatisch unvollständig? Dann vervollständige sie.*

1. Lieber
2. deinen Brief
3. Sorgen
4. unangebracht/unnötig
5. geht es mir ganz gut
6. Vater

7. nur getan, was er von mir verlangt hat/seine Anweisungen befolgt

8. hart gearbeitet

9. ganz in Ordnung/ganz richtig

10. Es kann sein

11. richtig

12. gearbeitet

13. anzusammeln/zu verdienen

14. Spaß gehabt/(sich) ausgeruht

15. sehr schade/schrecklich

16. dass ich (nur beim ersten Mal)

17. irgendwann/eines Tages (an einer Stelle statt „einmal")

18. nie/viel zu selten

19. Es ist gut möglich/Es kann sein

20. Das erste „beide" streichen!

21. als Obdachloser auf der Straße

22. sehr gut

23. Herzliche Grüße

Übung 26

✐ **Hinweis:** *Am besten beantwortest du die Frage zunächst allgemein. Danach beziehst du dich auf den Text.*

In unserer Gesellschaft kommt man ohne Lesen und Schreiben nur schwer zurecht. Das liegt daran, dass wir überall auf Schriftliches stoßen und uns auch selbst immer wieder schriftlich äußern müssen. In dem Text „Ein Leben ohne Buchstaben" wird das am Beispiel des Mädchens Jennifer anschaulich dargestellt. Beispielsweise hatte sie große Schwierigkeiten bei der Ausbildung zur Einzelhandelskauffrau in einer Tierhandlung: Sie hat die Inhaltsstoffe aller Produkte, die dort verkauft wurden, auswendig gelernt, um ihre Aufgaben erledigen zu können. Auch in ihrer Freizeit bekommt sie regelmäßig Probleme: Wenn sie mit Freund*innen in ein Restaurant geht, kann sie die Speisekarte nicht lesen. Deshalb bestellt sie immer wieder das Gleiche, um sich nicht zu blamieren. Dies zeigt deutlich, dass es für Analphabet*innen schwer ist, einen unbeschwerten Alltag zu führen.

Übung 27

	Miriam	Ronald
1. a) Der Text gliedert sich in Einleitung, Hauptteil und Schluss.	✗	✗
b) In der Einleitung wird der Inhalt kurz zusammengefasst.	☐	✗
c) Im Hauptteil werden die wesentlichen Inhalte dargestellt.	☐	✗
d) Gesagtes wird in indirekter Rede wiedergegeben.	☐	✗
e) Die Sprache entspricht der Standardsprache.	☐	✗
f) Die Darstellung erfolgt im Präsens; bei Vorzeitigkeit wird Perfekt verwendet.	☐	✗
g) Die Sprache ist sachlich.	☐	✗
h) Der Schluss informiert über den Ausgang der Handlung.	✗	✗
i) Im Text werden unnötige Wiederholungen vermieden.	✗	✗

2. Besser gelungen ist …

☐ Miriams Inhaltsangabe.

✗ Ronalds Inhaltsangabe.

Hinweis: *Eigentlich informieren beide Inhaltsangaben über die wesentlichen Inhalte der Geschichte. Aber Miriams Darstellung weist erhebliche Mängel auf. Diese betreffen nicht nur die Sprache, sondern auch den Aufbau. Die Einleitung bringt nicht die entscheidenden Informationen, z. B. werden weder der Titel noch die Textsorte oder die Verfasserin genannt. Und die einzelnen Handlungsschritte sind über alle drei Abschnitte verteilt: Sie finden sich sowohl in der Einleitung als auch im Hauptteil und im Schluss.*

Übung 28

Einleitung	Textsorte:	Kurzgeschichte
	Titel:	Clown, Maurer oder Dichter
	Verfasser:	Reiner Kunze
	Thema:	Umgang eines Vaters mit seinem Sohn
	Überblick über die Handlung:	
		Vater erteilt seinem zehnjährigen Sohn unsinnige Aufgabe, Sohn befolgt Aufgabe entsprechend den Anweisungen des Vaters, Vater am Ende vor Freunden blamiert

Hauptteil

Handlungsschritte:

1. Ich-Erzähler (Vater eines zehnjährigen Sohnes) erwartet Besuch von Freunden (zu Kaffee und Kuchen)

2. Vater fordert Sohn auf, alle Kuchenstücke auf einen Teller zu legen

3. Nachfrage des Sohnes: Vater bestätigt Auftrag

4. Sohn erledigt Auftrag genau nach Anweisung, während Vater Gäste empfängt

5. Vater empört über Handeln des Sohnes

6. Gäste verteidigen Sohn, loben seine Fähigkeiten und Begabungen, sagen ihm verschiedene berufliche Karrieren voraus

7. Vater schämt sich vor Gästen

8. Vater hört Äußerung seines Sohnes gegenüber der Schwester → erkennt Kritik darin, ist erstaunt über dessen Schlauheit

Schluss

Ausgang der Handlung:

Vater beschließt, künftig beim Umgang mit dem Sohn vorsichtiger zu sein

---

Die Kurzgeschichte „Clown, Maurer oder Dichter" von Reiner Kunze handelt von einem Vater, der seinem zehnjährigen Sohn einen unsinnigen Auftrag erteilt und sich deswegen anschließend vor seinen Freunden blamiert.

Einleitung
Information über Titel, Textsorte, Verfasser und Thema

Der Vater des Jungen, der Ich-Erzähler, erwartet am Nachmittag Besuch von Freunden zu Kaffee und Kuchen. Während er seine Gäste in Empfang nimmt, soll sein Sohn schon einmal den Kuchen auf einen Teller legen. Die Nachfrage des Sohnes, ob wirklich der ganze Kuchen auf einen Teller kommen solle, wird vom Vater bestätigt. Daraufhin stapelt der Junge den Kuchen von beinahe zwei Backblechen mühsam übereinander auf einem einzigen kleinen Teller. Als der Vater zusammen mit seinen Gästen in die Küche zurückkehrt und das sieht, ist er empört und macht seinem Sohn heftige Vorwürfe. Doch unerwartet ergreifen seine Freunde Partei für den Sohn: Einer nach dem anderen lobt die herausragenden Fähigkeiten und Begabungen des Kindes, die es beim kunstvollen Stapeln der vielen Kuchenstücke unter Beweis gestellt habe. Sie sagen ihm jeweils

Hauptteil
Handlungsschritte:
1. Vater erwartet Besuch von Freunden

2. Vater erteilt Sohn unsinnigen Auftrag

3. Sohn fragt nach, erhält bestätigende Antwort

4. Sohn führt Auftrag des Vaters aus

5. Vater kommt mit Gästen zurück, macht seinem Sohn heftige Vorwürfe

6. Sohn wird von Freunden in Schutz genommen und gelobt

eine hoffnungsvolle Karriere voraus, als Clown oder als Maurer, Dichter oder Soldat. Das fasst der Vater als Kritik an seinem Umgang mit dem Sohn auf, und er ist beschämt. Später hört er mit an, wie auch sein Sohn im Gespräch mit seiner Schwester Kritik an ihm übt, und staunt über dessen Schlauheit.

7. Vater fühlt sich kritisiert, schämt sich vor Freunden

8. Vater hört kritische Äußerung seines Sohnes, staunt über dessen Schlauheit

Nach diesem Vorfall beschließt der Ich-Erzähler, künftig sehr genau darauf zu achten, wer anwesend ist, wenn er mit seinem Sohn spricht, um sich nicht wieder zu blamieren.

Schluss
Vater beschließt, künftig im Umgang mit seinem Sohn vorsichtiger zu sein

Übung 29

	AA	E	B
a) Vielen ist die Bedeutung des Klimawandels noch nicht bewusst genug.	✗	☐	☐
b) Die Prognosen der Forscher*innen überzeugen sie nicht.	☐	✗	☐
c) Ein verregneter Sommer oder kalter Winter genügt, ...	☐	☐	✗
d) ... und sie glauben nicht mehr an den Klimawandel.	☐	✗	☐
e) Jugendliche orientieren sich an ihren Eltern.	✗	☐	☐
f) Wenn die Eltern den Klimawandel nicht ernst nehmen, glauben sie auch nicht daran.	☐	✗	☐

Übung 30

✐ **Hinweis:** In der Regel findest du allgemeine Aussagen nicht in anschaulichen Schilderungen (z. B. am Anfang des ersten Absatzes). Auch in wörtlicher Rede sind sie nicht enthalten. Dort findest du nur Erläuterungen.

[...] In Texas können sich Schulschwänzer bald nicht mehr vor ihren Lehrkräften verstecken: Denn durch eine Art Peilsender können die künftig prinzipiell jeden Schüler aufspüren [...].
Mit diesem Pilotprojekt sorgt ein Schulbezirk in San Antonio derzeit für Aufruhr: Rund 6 290 Schüler von zwei verschiedenen Schulen sollen im nächsten Jahr einen neuen Schulausweis bekommen. [...] Das Besondere daran: In ihm ist ein Chip verborgen, durch elektromagnetische Wellen lassen sich Schüler dann orten [...].

[…] der Bezirk möchte so Geld verdienen. […] Denn die Finanzierung der Schule ist zum Teil an die Anwesenheit der Schüler gekoppelt: […]. Datenschützer zeigen sich wenig begeistert von diesem Plan: […]. Mitglieder der Schulbehörde zeigen sich ebenfalls skeptisch: […] Zwar begrüßen einige Eltern durchaus die Pläne, […].

✐ **Hinweis:** *Beginne bei der Darstellung deiner Inhaltszusammenfassung zunächst mit einer Aussage zu dem Vorhaben zweier Schulen in Texas. Danach führst du die Begründungen für dieses Vorhaben an. Anschließend äußerst du dich zu den Reaktionen dazu. Am Schluss ziehst du eine Art Bilanz.*

Es genügt natürlich nicht, dass du nur die allgemeinen Aussagen, die du im Text identifiziert hast, aneinanderreihst. Du musst auch zusätzliche Erläuterungen ergänzen. Wichtig ist, dass du eigene Worte verwendest. „Klebe" nicht an den Formulierungen im Text.

In dem Text „Hier werden Sie geortet", erschienen bei SPIEGEL-Online im Mai 2012, geht es um die geplante Einführung eines neuen Schülerausweises an zwei Schulen in Texas, USA. Dieser Schülerausweis ist mit einem Chip versehen, der es ermöglicht, die Aufenthaltsorte der Schüler zu bestimmen.

Einleitung
Nennung von Textsorte, Titel, Quelle, Erscheinungsdatum und Thema: Einführung von Schülerausweisen mit Chip in Texas

Ziel der Einführung dieses Ausweises ist es, die Zahl der Schulschwänzer deutlich zu verringern. Das würde langfristig für die Schulen finanzielle Vorteile mit sich bringen, auch wenn die Kosten für die Einführung zunächst hoch sind: rund 420 000 Euro. Auf Dauer rechnet der Schulbezirk aber eher mit Mehreinnahmen. Die Summe, die eine Schule vom Staat bekommt, hängt nämlich von der Anwesenheit der Schüler ab. Schulen, denen es gelingt, die Zahl der Schulschwänzer zu senken, erhalten mehr Geld.

Hauptteil
wesentliche Informationen:
Ziel der Einführung: Anzahl der Schulschwänzer verringern, in der Folge: Erzielen von Mehreinnahmen

Begründet wird die geplante Einführung des neuen Ausweises außerdem mit einer verbesserten Sicherheit für die Schüler.

weitere Begründung: Ausweis erhöht Sicherheit für die Schüler

Das Vorhaben stößt allerdings überwiegend auf Protest. Datenschützer befürchten einen Eingriff in die Privatsphäre der Schüler. Auch sehen sie keineswegs eine verbesserte Sicherheit: Sie geben zu bedenken, dass es Hackern gelingen könnte, in das System einzudringen, und es dann leichter möglich wäre, Schüler zu entführen.

Reaktionen: überwiegend Protest: Kritik von Datenschützern

Die Schulbehörde findet den Plan der beiden Schulen ebenfalls bedenklich. Bei den Eltern sind die Meinungen über den neuen Schulausweis gemischt.

Bedenken der Schulbehörde; Meinung der Eltern gemischt

Offenbar ist die Hauptmotivation für die Einführung des Chip-Ausweises die Hoffnung auf Mehreinnahmen. Pädagogische Gründe werden nicht genannt, und ob damit mehr Sicherheit erreicht werden kann, ist wohl auch fraglich.

Schluss
entscheidende Information

Übung 31

Einleitung	Textsorte: Titel: Verfasser: Thema:	Gedicht Nelken Theodor Storm Versuche des lyrischen Ichs, sich einem Mädchen zu nähern, das ihm gefällt
Hauptteil	Situation des lyrischen Sprechers, Erlebnisse und Erfahrungen: • lyrisches Ich: offenbar ein junger Mann • versucht, mithilfe von Blumen die Aufmerksamkeit eines Mädchens zu wecken • bindet morgens einen Strauß aus Nelken und schickt ihn ihr • verrät nicht den Namen des Gebers • verhält sich sehr zurückhaltend, auch am Abend beim Tanz • sieht Mädchen, geschmückt mit Nelken • Mädchen lacht ihm zu	
Schluss	Ergebnis (z. B. die Stimmung des Gedichts): • lyrisches Ich hat verstanden: Ziel erreicht • hat dem Mädchen eine Freude gemacht • hat es geschafft, sie auf sich aufmerksam zu machen	

🖊 **Hinweis:** *Inhaltsangaben zu Gedichten sind in der Regel sehr knapp. Es muss dir gelingen, die entscheidenden Gedanken, Gefühle und Handlungen des lyrischen Sprechers/der lyrischen Sprecherin mit wenigen Worten zusammenfassend darzustellen. Achte darauf, bei den Gedanken zwischen Absicht und Ziel zu unterscheiden.*

In dem Gedicht „Nelken" von Theodor Storm beschreibt das lyrische Ich, offensichtlich ein junger Mann, wie es ihm gelingt, sich einem jungen Mädchen zu nähern, das ihm gefällt.

Er hat für sie am frühen Morgen einen Strauß Nelken gebunden und ihn ihr geschickt, ohne zu verraten, von wem dieses Geschenk kommt. Auch abends beim Tanz verhält er sich sehr zurückhaltend. Doch dort sieht er, dass sich das Mädchen mit einigen Nelken aus seinem Strauß geschmückt hat und ihn anlacht.

Somit hat das lyrische Ich sein Ziel erreicht: Indem es dem geliebten Mädchen eine Freude bereitet hat, ist es ihm gelungen, sie auf sich aufmerksam zu machen. Sie hat wohl sofort geahnt, von wem der Strauß Nelken stammt.

Übung 32

1. a) ✐ **Hinweis:** *Notiere nur die wesentlichen Informationen, um die W-Fragen zu beantworten. Bei der Antwort auf die Was-Frage empfiehlt es sich, einen vollständigen Satz zu schreiben, um den entscheidenden Zusammenhang klar darzustellen.*

    Wer? eine junge Frau namens Elsa, 20 Jahre alt; daneben deren Mutter

    Wo? in der gemeinsamen Wohnung, zeitweise draußen auf der Straße

    Wann? Samstag, 22. Dezember (zwei Tage vor Weihnachten), nachmittags und abends

    Was? Konflikt zwischen der jungen Frau und ihrer Mutter: Elsa fühlt sich durch die zudringliche Fürsorge ihrer Mutter bedrängt, möchte am liebsten von zu Hause ausziehen.

    b) Im Text spricht ...

    ☐ ein*e Ich-Erzähler*in.

    ☒ in*e Er-/Sie-Erzähler*in, der*die kühl und distanziert ist.

    ☐ ein*e Er-/Sie-Erzähler*in, der*die mitfühlend wirkt.

    ☐ die Hauptperson Elsa.

    ✐ **Hinweis:** *Auch wenn der*die Er-/Sie-Erzähler*in die Gedanken und Gefühle einer Person kennt, kann er*sie kühl und distanziert sein.*

c) *Hinweis:* Benenne in der Einleitung das Thema, indem du den Grundkonflikt beschreibst, um den es in der Kurzgeschichte geht. Aussagen zum Verlauf der Handlung gehören in den Hauptteil. Um zu vermeiden, dass dir der erste Satz allzu lang und unübersichtlich gerät, kannst du dich auf eine einzige Information beschränken (in der Beispiellösung: die Antwort auf die Wann-Frage). Erst danach äußerst du dich zum Thema.

Die Kurzgeschichte „Augenblicke" von Walter Helmut Fritz spielt an einem Samstagnachmittag im Dezember, zwei Tage vor Weihnachten. Sie handelt von einer jungen Frau namens Elsa, die sich durch die zudringliche Fürsorge ihrer Mutter übermäßig eingeengt fühlt und am liebsten aus der gemeinsamen Wohnung ausziehen möchte.

2. a) *Hinweis:* Führe nur die wesentlichen Einzelheiten an, um den Ablauf der Handlung darzustellen.

Als Elsa im Bad vor dem Spiegel steht, um sich zu schminken, kommt ihre Mutter, wie so oft, herein, um mit ihr zu reden. Da verlässt sie genervt das Bad und zieht sich in ihr Zimmer zurück. Nach einer Weile geht sie aus dem Haus und fährt in die Stadt, mit dem Ziel, sich eine eigene Wohnung zu suchen, was ihr aber nicht gelingt. Erst am späten Abend kehrt sie nach Hause zurück. Sie beschließt, gleich nach Weihnachten auszuziehen.

b) *Hinweis:* Es kann sein, dass du einige von den Textstellen in der Lösung nicht unterstrichen hast. Genauso gut ist es möglich, dass du zusätzliche Textstellen markiert hast. Das ist vollkommen in Ordnung – solange man aus den Textstellen, die du unterstrichen hast, mehr herauslesen kann, als es auf den ersten Blick den Anschein hat. Achte darauf, die Randkommentare im Präsens zu formulieren.

unterstrichene Textstellen	Randkommentare
[...] unter dem Vorwand, sie wolle sich nur die Hände waschen. (Z. 4/5)	hält Mutter für unehrlich
Also doch! Wie immer, wie fast immer. (Z. 6)	kommt häufig vor
Elsas Mund krampfte sich zusammen. [...] Ihre Augen wurden schmal. Ruhig bleiben! (Z. 7–9)	innerlich angespannt, will sich nichts anmerken lassen
„Komm, ich mach dir Platz", sagte sie zu ihrer Mutter und lächelte ihr zu. (Z. 17/18)	weicht der Begegnung mit Mutter aus; auch unehrlich
„Aber es ist doch so eng", sagte Elsa und ging rasch hinaus [...]. (Z. 21/22)	unehrlich, nur ein Vorwand
Sie behielt einige Augenblicke länger als nötig die Klinke in der Hand, wie um die Tür mit Gewalt zuzuhalten. (Z. 23–26)	hat Angst davor, dass ihre Mutter ihr folgen könnte

Sie ging auf und ab, von der Tür zum Fenster, vom Fenster zur Tür. (Z. 26/27)	aufgewühlt
Vorsichtig öffnete ihre Mutter. (Z. 27/28)	Mutter rücksichtsvoll, möchte Tochter nicht stören
Elsa tat, als ob ihr inzwischen etwas anderes eingefallen wäre, und machte sich an ihrem Tisch zu schaffen. (Z. 30–33)	will nicht mit ihrer Mutter reden; ist nicht offen zu ihr
Die Mutter nahm die Verzweiflung ihrer Tochter nicht einmal als Ungeduld wahr. (Z. 36–38)	erkennt nicht, was in Tochter vorgeht; wenig sensibel
Wenig später [...] verließ Elsa das Haus, ohne ihrer Mutter adieu zu sagen. (Z. 39–41)	will jede Begegnung mit ihrer Mutter vermeiden
Sie hätte zu Hause im Telefonbuch eine Adresse nachsehen können. (Z. 44/45)	nicht vorbereitet
Sie sah den Menschen nach, die vorbeigingen. Sie trieb mit. (Z. 59/60)	ziellos
Sie ging Stunden umher. Sie würde erst spät zurückkehren. (Z. 62/63)	will eine erneute Begegnung mit ihrer Mutter verzögern
Ihre Mutter würde zu Bett gegangen sein. Sie würde ihr nicht mehr gute Nacht zu sagen brauchen. (Z. 63–65)	will ihrer Mutter nicht mehr begegnen, will allein sein
Sie war zwanzig Jahre alt und verdiente. (Z. 67/68)	fühlt sich erwachsen genug
Ihre Mutter lebte seit dem Tod ihres Mannes allein. Oft empfand sie Langeweile. (Z. 73–75)	Mutter geht es nicht gut
Sie wollte mit ihrer Tochter sprechen. (Z. 75/76)	hat Bedürfnis nach Kontakt
Weil sich die Gelegenheit selten ergab (Elsa schützte Arbeit vor), suchte sie sie auf dem Flur zu erreichen oder, wenn sie im Bad zu tun hatte. (Z. 76–79)	Elsa weicht Kontakt mit Mutter aus, Folge: zudringliches Verhalten der Mutter
Sie liebte Elsa. Sie verwöhnte sie. (Z. 79/80)	Elsas Gedanken: Sie weiß das!
Elsa floh. (Z. 84)	meidet Auseinandersetzung
Sie spürte Zuneigung zu den vielen Leuten, zwischen denen sie ging. (Z. 86–88)	hält deren Beziehung zueinander für harmonisch
Sie dachte daran, dass ihre Mutter alt und oft krank war. (Z. 91–93)	empfindet Mitleid mit ihrer Mutter
[...] sie hätte unartikuliert schreien mögen, in die Nacht mit ihrer entsetzlichen Gelassenheit. (Z. 94–96)	ist völlig ratlos und verzweifelt

c) ✦ **Hinweis:** *Du kannst die Randkommentare gut bündeln, wenn du bedenkst, auf wen sich die jeweiligen Textstellen beziehen: auf Elsa oder auf ihre Mutter? Auch kannst du sie vom Ablauf her gruppieren: Was geschieht zuerst? Was folgt danach?*

- Elsa leidet sehr darunter, dass ihre Mutter so zudringlich ist.
- Es stört sie außerdem, dass ihre Mutter unehrlich ist.
- Selbst ist sie aber auch unehrlich.
- Statt sich mit ihrer Mutter auseinanderzusetzen, zieht sie sich zurück.
- Zugleich empfindet sie Mitleid mit ihrer Mutter.
- Elsa weiß, dass sich ihre Mutter allein fühlt und deshalb den Kontakt zu ihr sucht.
- Auch fühlt sie sehr wohl, dass ihre Mutter sie liebt.
- Sie befindet sich deshalb in einem Zwiespalt und ist ratlos und verzweifelt.

d) ✦ **Hinweis:** *Du solltest immer über den Sinn einer Überschrift nachdenken. Der*die Verfasser*in hat sie mit Sicherheit sorgfältig ausgewählt. Somit dürfte sie eine Hilfe für die Deutung des gesamten Textes sein.*

Aus der Überschrift geht von Anfang an hervor, dass es sich nur um Momente handelt, in denen Elsa das Gefühl hat, unbedingt von zu Hause auszuziehen zu müssen. Damit wird schon angedeutet, dass sie ihren Plan, sich eine eigene Wohnung zu suchen, nicht wahr machen wird.

e) ✦ **Hinweis:** *Orientiere dich beim Schreiben an den deutenden Aussagen, die du zu Teilaufgabe c formuliert hast. Überlege, in welcher Reihenfolge du sie in deinem Text verwenden willst, und nummeriere sie entsprechend. Beim Schreiben kannst du dich dann danach richten. Vergiss nicht, deinen Text zusammenhängend zu formulieren und bei wichtigen Aussagen passende Textstellen als Beleg anzuführen. Oft genügt es, wenn du in Klammern auf eine Textstelle verweist: vgl. Z. xx/Z. yy. Nur Textstellen, die eingehend erläutert werden müssen, solltest du Wort für Wort zitieren und in deinen eigenen Text integrieren. Danach musst du ihre Bedeutung erklären.*

Als Elsa im Bad vor dem Spiegel steht, um sich zu schminken, kommt ihre Mutter, wie so oft, herein, um mit ihr zu reden. Da verlässt sie genervt das Bad und zieht sich in ihr Zimmer zurück. Nach einer Weile geht sie aus dem Haus und fährt in die Stadt, mit dem Ziel, sich eine eigene Wohnung zu suchen, was ihr aber nicht gelingt. Erst am späten Abend kehrt sie nach Hause zurück. Sie beschließt, gleich nach Weihnachten auszuziehen.

Die junge Frau leidet sehr darunter, dass ihre Mutter so aufdringlich ist und immer wieder den Kontakt zu ihr sucht. Wenn sie sich im Bad zurechtmacht, kommt diese regelmäßig herein, um mit ihr zu reden („Wie immer, wie fast immer.", Z. 6). Das kann sie nicht ertragen.

Es stört Elsa auch, dass ihre Mutter unehrlich ist. Bei ihrem Eintreten ins Bad sagt sie, „sie wolle sich nur die Hände waschen" (Z. 4/5). Für Elsa ist das aber nur ein Vorwand. In Wirklichkeit weiß sie, dass ihre Mutter bloß mit ihr reden will.

Doch die Tochter ist im Umgang mit ihrer Mutter auch nicht aufrichtig. Statt ihr klar zu sagen, dass sie zumindest hin und wieder ihre Ruhe haben möchte, zieht sie sich zurück: Als die Mutter sagt, sie sei gleich mit dem Händewaschen fertig, weist Elsa auf die Enge des Badezimmers hin und verschwindet in ihr Zimmer (vgl. Z. 21–23). In Wirklichkeit will sie jeden näheren Kontakt mit ihr meiden. Deshalb gibt sie auch oft vor, arbeiten zu müssen (vgl. Z. 77). Statt die Auseinandersetzung zu suchen, wählt Elsa also den Rückzug.

An diesem 22. Dezember ist sie so aufgewühlt, dass ihr nur noch eine Lösung einfällt: Sie will von zu Hause ausziehen. Ohne ihrer Mutter Bescheid zu sagen, verlässt sie das Haus, mit dem Ziel, sich eine eigene Wohnung zu suchen. Doch sie ist schlecht vorbereitet, denn sie hat sich vorher nicht über die Adresse der Wohnungsvermittlung informiert. Als ihr klar wird, dass sie die Agentur nicht finden wird, läuft sie noch eine Zeit lang ziellos in der Menschenmenge umher („Sie trieb mit.", Z. 60) und kehrt erst am späten Abend nach Hause zurück. Sie hofft, dass ihre Mutter dann schon im Bett ist und sie nicht mehr mit ihr reden muss (vgl. Z. 63–65).

Ihren Entschluss, sich gleich nach Weihnachten eine Wohnung zu suchen, wird Elsa aber kaum wahr machen. Sie hat nämlich auch Mitleid mit ihrer Mutter. Diese ist seit dem Tod des Vaters nämlich ganz allein; auch ist sie schon „alt und oft krank" (Z. 92/93). Außerdem weiß sie, dass ihre Mutter sie liebt und alles für sie tut („Sie liebte Elsa. Sie verwöhnte sie.", Z. 79/80).

Dass sie ihren Plan nicht durchführen wird, ist schon an der Überschrift zu erkennen: „Augenblicke". Damit drückt der Verfasser aus, dass es sich nur um Momente handelt, in denen Elsa so genervt ist und am liebsten sofort von zu Hause ausziehen möchte.

Sie scheint selbst zu ahnen, dass sie ihr Vorhaben nicht verwirklichen wird. Ihre Ratlosigkeit und Verzweiflung am Ende deuten zumindest darauf hin: „[…] sie hätte unartikuliert schreien mögen […]." (Z. 94/ 95). Für das, was sie quält, findet sie anscheinend gar keine Worte.

3. a) Der Text …

	trifft zu	trifft nicht zu
enthält ausnahmslos vollständige Sätze.	☐	✗
besteht überwiegend aus Satzreihen.	☐	✗
beinhaltet vor allem Satzgefüge.	✗	☐

b)

Wörter mit positivem Sinn	Wörter mit negativem Sinn
lieben (Z. 80)	Aufdringlichkeit (Z. 14)
verwöhnen (Z. 80)	behext, entsetzt, gepeinigt (Z. 15)
Sterne (Z. 86)	(sich) fürchten (Z. 16)
Zuneigung (Z. 86/87)	eng (Z. 21)
Gelassenheit (Z. 96)	Verzweiflung (Z. 36)
	Tod (Z. 73)
	allein (Z. 74)
	Langeweile (Z. 74/75)
	fliehen (Z. 84)
	alt (Z. 92)
	krank (Z. 93)
	entsetzlich (Z. 95)

✏ **Hinweis:** *Es lassen sich zahlreiche Wörter mit negativem Sinn finden, während man nach Wörtern mit positivem Sinn richtig suchen muss. Die Wortwahl zeigt damit schon an, dass in der Kurzgeschichte vor allem eine negative Stimmung zum Ausdruck kommt.*

c)

Textstelle	Sprachbild	Wirkung
die Nerven freilegt (Z. 14)	Metapher	☹
[…], wie um die Tür mit Gewalt zuzuhalten. (Z. 25/26)	bildhafter Vergleich	☹
Sie trieb mit. (Z. 60)	Metapher	☺
[…] die Nacht mit ihrer entsetzlichen Gelassenheit. (Z. 95/96)	Personifikation	☹

✏ **Hinweis:** *Die wenigen Sprachbilder, die es im Text gibt, wirken fast alle düster. Ein Sprachbild, mit dem eine harmonische Stimmung erzeugt wird, gibt es nicht.*

d) „Kein/kein einziges Mal" (Z. 68, Z. 71/72, Z. 81)
Ablehnung, Wut, Entschlossenheit

⬧ *Hinweis: Die Worte „kein einziges Mal" gehen Elsa durch den Kopf, wenn sie daran denkt, dass ihre Mutter immer so zudringlich ist und den Kontakt zu ihr sucht. Wenn sie sich sagt, dass sie sich „kein einziges Mal" mehr werde beherrschen können, zeigt das, welche Wut in ihr steckt.*

e) ⬧ *Hinweis: Wenn du dich zur Darstellung eines Textes äußerst, solltest du versuchen, Zusammenhänge zwischen der Sprache und dem Inhalt herzustellen. In diesem Fall wirkt der Inhalt trostlos und die Sprache verstärkt das noch.*

Die Stimmung, die in dieser Kurzgeschichte zum Ausdruck kommt, ist trübe und düster. Der*die Erzähler*in stellt die Handlung dem Anschein nach zwar neutral und distanziert dar. Aber er*sie wählt auffallend viele Wörter, mit denen die Leser*innen negative Vorstellungen verbinden, z. B. Wörter wie „Aufdringlichkeit" (Z. 14), „entsetzt" (Z. 15) und „Verzweiflung" (Z. 36). Nach Wörtern mit positivem Sinn muss man richtig suchen. Man findet sie auch erst im letzten Teil der Kurzgeschichte (ab Z. 79).

Die wenigen Sprachbilder (z. B. „Nerven freilegt", Z. 14, und „die Nacht mit ihrer entsetzlichen Gelassenheit", Z. 95/96) wecken ebenfalls eher unschöne Gefühle. Das zeigt, dass der größte Teil des Textes eine ziemlich trostlose Atmosphäre widerspiegelt.

Auch der Satzbau wirkt wenig harmonisch. Zwar überwiegen Satzgefüge, doch diese werden hin und wieder durch auffallend kurze oder unvollständige Sätze unterbrochen (z. B. in Z. 6, Z. 71/72, Z. 84). Diese wirken wie eine Störung.

Am Schluss der Kurzgeschichte sagt sich die Hauptfigur mehrmals, dass sie die Aufdringlichkeit ihrer Mutter „kein einziges Mal" (Z. 68, Z. 71/72, Z. 81) mehr ertragen könnte, ohne die Beherrschung zu verlieren. Das zeigt, welche Wut sich in ihr angesammelt hat. Doch am Ende wirkt sie richtig hilflos und möchte nur noch schreien.

4. ⬧ *Hinweis: Um begründen zu können, warum dir ein Text gefällt (oder auch nicht), kannst du dir diese Fragen stellen: Kann ich mich in die Situation der Hauptperson hineinversetzen? Wirkt die Handlung glaubwürdig? Finde ich das Verhalten der Hauptperson richtig?*

Ich bin mir nicht ganz sicher, ob mir die Kurzgeschichte gefällt. Auf der einen Seite finde ich es gut, dass es um einen Konflikt zwischen einer jungen Frau und ihrer Mutter geht. Viele Jugendliche kennen bestimmt dieses

Gefühl: Man hat hin und wieder eine solche Wut auf die Eltern, dass man am liebsten ausziehen möchte, weil man glaubt, es zu Hause nicht mehr auszuhalten. Ein bisschen geht es ihnen dann so wie Elsa. Man kann sich also ganz gut in sie hineinversetzen. Aber auf der anderen Seite gefällt mir Elsas Verhalten nicht. Ich finde es falsch, dass sie nicht offen mit ihrer Mutter redet. So kann sie ja ihre Lage überhaupt nicht verbessern. Auch stört mich, dass sie so planlos vorgeht. Will sie nun ausziehen oder nicht? Das scheint ihr selbst nicht ganz klar zu sein. Das Thema des Textes finde ich also ganz gut, aber das Verhalten der Hauptfigur gefällt mir gar nicht.

Übung 33

Inhaltsangabe (Arbeitsschritte 1 bis 3)

✦ *Hinweis: Die ersten drei Arbeitsschritte hast du schon erledigt, denn du hast die Inhaltsangabe bei Übung 30 ja schon angefertigt. Diese Inhaltsangabe kannst du verwenden. Allerdings solltest du den Schlussabsatz streichen.*

In dem Text „Hier werden Sie geortet", erschienen bei SPIEGEL-Online im Mai 2012, geht es um die geplante Einführung eines neuen Schülerausweises an zwei Schulen in Texas, USA. Dieser Schülerausweis ist mit einem Chip versehen, der es ermöglicht, die Aufenthaltsorte der Schüler zu bestimmen.

Ziel der Einführung dieses Ausweises ist es, die Zahl der Schulschwänzer deutlich zu verringern. Das würde langfristig für die Schulen finanzielle Vorteile mit sich bringen, auch wenn die Kosten für die Einführung zunächst hoch sind: rund 420 000 Euro. Auf Dauer rechnet der Schulbezirk aber eher mit Mehreinnahmen. Die Summe, die eine Schule vom Staat bekommt, hängt nämlich von der Anwesenheit der Schüler ab. Schulen, denen es gelingt, die Zahl der Schulschwänzer zu senken, erhalten mehr Geld. Begründet wird die geplante Einführung des neuen Ausweises außerdem mit einer verbesserten Sicherheit für die Schüler.

Das Vorhaben stößt allerdings überwiegend auf Protest. Datenschützer befürchten einen Eingriff in die Privatsphäre der Schüler. Auch sehen sie keineswegs eine verbesserte Sicherheit: Sie geben zu bedenken, dass es Hackern gelingen könnte, in das System einzudringen, und es dann leichter möglich wäre, Schüler zu entführen. Die Schulbehörde findet den Plan der beiden Schulen ebenfalls bedenklich. Bei den Eltern sind die Meinungen über den neuen Schulausweis gemischt.

Darstellung (Arbeitsschritte 4 und 5)

⫽ **Hinweis:** *Beschreibe zunächst den Aufbau des Textes und gehe dann erst auf die Wortwahl ein. Am Schluss stellst du Überlegungen zur Wirkung der Darstellung an.*

Der*die Verfasser*in schildert zu Beginn eine typische Situation am Ende einer Hofpause: „Manchmal ist es verlockender, nach der Pausenklingel einfach auf dem Schulhof zu bleiben. Lieber noch etwas in der Sonne liegen als zurück in den dunklen Klassenraum." (Z. 1–5) Danach wendet er*sie sich dem eigentlichen Thema zu: der Einführung neuer Schülerausweise an zwei Schulen in Texas. Allerdings gleicht die Darstellung auch hier zunächst der Beschreibung eines Beispiels: „In Texas können sich Schulschwänzer bald nicht mehr vor ihren Lehrern verstecken […]." (Z. 5–7) Erst ab dem Beginn des zweiten Absatzes wirkt der Text wirklich informativ. Hier bringt der*die Verfasser*in die eigentliche Nachricht: An zwei Schulen im US-Bundesstaat Texas sollen elektronische Schülerausweise eingeführt werden. Es folgen Informationen über die Ziele, die damit verbunden sind. Auch werden weitere Begründungen genannt, mit denen das Vorhaben gerechtfertigt wird. Zum Schluss werden Reaktionen auf die neuen Ausweise beschrieben.

Der*die Verfasser*in verwendet mehrmals wörtliche Rede, um den rein informativen Teil des Textes aufzulockern (z. B. in Z. 24–26, in Z. 28–31 und in Z. 68–72). Der Text schließt auch mit einem Zitat, nämlich mit der Äußerung einer Mutter: „Ich würde mir wünschen, dass Lehrkräfte Schüler motivieren, auf ihren Plätzen zu sitzen, und dass nicht der Bezirk so etwas tun muss." (Z. 76–79) Darüber hinaus werden im Mittelteil nochmals Beispiele beschrieben, um die Darstellung anschaulich zu gestalten (Z. 47–52).

Der*die Verfasser*in hat sich offenbar darum bemüht, die Informationen so aufzubereiten, dass die Leser*innen sie mit Interesse und Vergnügen lesen. Das zeigt sich auch an der Wortwahl. Diese orientiert sich immer wieder am alltäglichen Sprachgebrauch. Das beginnt schon damit, dass nicht von Schülern gesprochen wird, die dem Unterricht fernbleiben, sondern von „Schulschwänzern" (vgl. Z. 5/6 und Z. 43) oder von Schülern, die sich vor ihren Lehrkräften „verstecken" (Z. 7).

Allerdings wirkt die Darstellung dadurch auch nicht immer seriös. Man hat den Eindruck, dass der*die Verfasser*in sich ein wenig über die geplante Einführung dieser elektronischen Schülerausweise lustig macht. Auf diese Weise gibt er*sie durchaus zu erkennen, was er*sie davon hält: Er*sie findet den Plan albern.

Stellungnahme (Arbeitsschritt 6)

✦ *Hinweis: Entscheide zunächst, ob du Nico zustimmen oder ihm widersprechen willst. Danach überlegst du, wie du deine Meinung am besten begründest. Beziehe dich in deiner Begründung auf den Text. Führe zum Beleg mindestens eine Textstelle an.*

Ich stimme Nico nicht zu. Dass der Schulbezirk die Schüler mit diesen elektronischen Ausweisen schikanieren will, glaube ich nicht. Es wird ja ausdrücklich gesagt, dass man langfristig mit Mehreinnahmen rechnet. Man hofft, die Zahl der Schulschwänzer durch die Einführung des neuen Ausweises senken zu können, und dann würden die Schulen vom Staat mehr Geld bekommen. Allerdings halte ich eine Begründung, die der Sprecher des Schulbezirks anführt, für verlogen. Angeblich geht es auch um die Sicherheit („Wir wollen die Möglichkeiten der Technik nutzen, um die Schulen sicherer zu machen [...]", Z. 24–26). Ich denke, diese Begründung ist nur vorgeschoben, um die Einführung der neuen Ausweise zu rechtfertigen. Um eines geht es dem Schulbezirk jedenfalls nicht: um das Wohl der Schüler. Denn dann müssten andere Maßnahmen ergriffen werden, um die Schüler vom Schwänzen abzubringen. Es müsste den Lehrkräften gelingen, den Unterricht so interessant zu gestalten, dass alle Schüler gern daran teilnehmen wollen. Ich fürchte aber, das ist wenig realistisch.

Übung 34

In dem Gedicht „Was ein Kind braucht" von Peter Maiwald macht sich der lyrische Sprecher Gedanken über die Bedürfnisse von Kindern. In nur einer Strophe, die aus insgesamt 20 Versen besteht, zählt er praktisch alles auf, was ein Kind braucht. Er sagt auch, welche Konsequenzen es haben würde, wenn die Bedürfnisse der Kinder nicht erfüllt würden, und fordert die Erwachsenen auf, dafür zu sorgen, dass das nicht geschieht.

Der Gedichttext lässt sich in drei Sinnabschnitte untergliedern: Im ersten Teil (V. 1–16) nennt der lyrische Sprecher die verschiedenen Bedürfnisse, die Kinder haben, im zweiten Teil (V. 17/18) äußert er sich zu den möglichen Folgen, für den Fall, dass ein Kind seine Bedürfnisse nicht befriedigen kann, und im dritten Teil (V. 19/20) richtet er einen Appell an seine Leser*innen: Sie sollen dafür sorgen, dass Kinder keinen Mangel leiden müssen.

Der lyrische Sprecher richtet seine Worte nicht nur an die erwachsenen Leser*innen, sondern auch an sich selbst. Das ist an der Formulierung des

Appells zu erkennen, mit dem das Gedicht schließt: „Dass ein Kind das alles hat, / sind wir auf der Erden." (V. 19/20). Er hält es also für die Aufgabe der Erwachsenen, dafür zu sorgen, dass Kinder alles bekommen, was sie brauchen. Am Anfang jedoch wendet der lyrische Sprecher sich erst einmal den verschiedenen Bedürfnissen von Kindern zu. Er beginnt damit, dass ein Kind gleich nach der Geburt eine Unterkunft benötigt („eine Wohnung", V. 2) sowie Kleidung (vgl. V. 3). Danach orientiert er sich an den möglichen Wünschen eines kleinen Kindes: „eine Spielzeugkist, / Bonbons als Belohnung, / Murmeln" (V. 3 – 5). Das eigene Bett erwähnt er auch (vgl. V. 5). Dann weitet der lyrische Sprecher seinen Blick: Ein Kind brauche auch das soziale Lernen in einer Gruppe („einen Kindergarten", V. 6) sowie Bildung („Bücher", V. 7) und spielerische körperliche Aktivität („ein Schaukelbrett", V. 7). Für bedeutsam hält er auch das Umfeld: die Natur („Tiere aller Arten, / Wälder, Wiesen", V. 8/9) und den Wohnort („eine Stadt", V. 9). Weiter nennt er die Erfahrung von Jahreszeiten und Wetter („Sommer, Regen, Winter", V. 10) sowie Möglichkeiten der Fortbewegung („Flieger, Schiffe und ein Rad", V. 11). In den Versen 12–14 wendet er sich den sozialen Kontakten zu: Ein Kind brauche sowohl den Umgang mit Gleichaltrigen („viele andere Kinder", V. 12) als auch Eltern, die ihm Sicherheit geben („einen Mann, der Arbeit hat, / eine kluge Mutter", V. 13/14). Danach geht es um die große Weltpolitik: Ein Kind müsse in einer Welt leben können, in der es keinen Krieg gibt („Länder, wo es Frieden hat", V. 15). Die Aufzählung der Bedürfnisse schließt mit dem Hinweis darauf, dass es für ein Kind auch genügend zu essen geben muss („Brot und Butter", V. 16).

Falls ein Kind dies alles entbehren müsse („nichts davon hat", V. 17), könne es sich nicht gut entwickeln. Es könne dann „nicht menschlich werden" (V. 18). Damit meint der lyrische Sprecher, dass Menschen, die in ihrer Kindheit vieles entbehren müssen, später dazu neigen, negative Verhaltensweisen zu zeigen, z. B. Egoismus und Unfreundlichkeit, und vielleicht sogar zu Gewalt greifen, um ihre Interessen durchzusetzen. Deshalb sei es die Hauptaufgabe der Erwachsenen, dafür zu sorgen, dass Kinder alles bekommen, was sie brauchen.

Im ersten Teil des Gedichts werden scheinbar wahllos alle möglichen Dinge aufgezählt. Bei genauer Betrachtung ist aber doch eine gewisse Ordnung zu erkennen: Am Anfang wendet sich der lyrische Sprecher dem neugeborenen Kind und seinem unmittelbaren Umfeld zu, dann öffnet er auch den Blick für die nähere und weitere Umgebung und am Schluss äußert er sich sogar politisch, indem er für Kinder den Weltfrieden einfordert. Dass Kinder nicht Hunger leiden dürfen, ist im Grunde auch eine politische Forderung.

Eine Ordnung lässt sich auch in der Form des Gedichts erkennen. Zwar gibt es nur eine einzige Strophe, die ziemlich lang ist. Aber den Versen liegt ein klares Reimschema zugrunde: ein regelmäßiger Kreuzreim. Dadurch wirkt das Gedicht vom Klang her ruhig und gelassen – so, als wisse der lyrische Sprecher ganz genau, was er sagt.

Interessant ist eine Gegenüberstellung, die auf den ersten Blick etwas widersprüchlich klingt: Am Schluss heißt es zunächst: „Wenn ein Kind nichts davon hat, / kann's nicht menschlich werden" (V. 17/18). Danach wird gesagt: „Dass ein Kind das alles hat, / sind wir auf der Erden" (V. 19/20). Hier werden zwei Extreme gegenübergestellt: Zunächst wird gesagt, dass ein Kind, das nichts von dem hat, was es braucht, „nicht menschlich" (V. 18) werden könne, und danach heißt es, die Erwachsenen sollten dafür sorgen, dass ein Kind alles bekommt. Dass einem Kind keines seiner Bedürfnisse erfüllt wird, klingt unrealistisch. Man kann sich das eigentlich nur vorstellen, wenn man an die Armut in bestimmten Entwicklungsländern denkt. Aber auch, dass einem Kind alle seine Bedürfnisse erfüllt werden, klingt nicht realistisch, selbst nicht für die Kinder in unserer Wohlstandsgesellschaft. Offensichtlich ist hier ein Ideal gemeint, das angestrebt werden sollte, aber wahrscheinlich nie erreicht werden wird.

Für den lyrischen Sprecher hat das Wohlbefinden von Kindern offensichtlich einen großen Stellenwert. Er scheint der Meinung zu sein, dass jeder Erwachsene den Sinn seines Lebens darin sehen sollte, sich für das Wohlergehen von Kindern einzusetzen. Dahinter steckt wohl die Idee, dass es nur so gelingen kann, die Zustände auf der Welt zu verbessern. Denn nach Ansicht des lyrischen Sprechers werden Kinder, die zu viel entbehren müssen, „unmenschlich". Für Kinder, deren Bedürfnisse weitgehend erfüllt werden, dürfte demnach das Gegenteil gelten: Sie werden „menschlich". Und je mehr Kinder entsprechend ihren Bedürfnissen aufwachsen können, desto „menschlicher" wird es in unserer Welt zugehen.

Übung 35

✦ Hinweis: Beziehe dich bei jeder Eigenschaft, die du nennst, auf den Text. Es gibt zwei Möglichkeiten, sich auf einen Text zu beziehen: das wörtliche Zitat und die Wiedergabe eines Inhalts mit eigenen Worten. Am besten ist es, wenn du wechselweise beide Möglichkeiten benutzt; dann wirkt die Darstellung deines Textes nicht monoton.

Elsa ist eine junge Frau im Alter von 20 Jahren. Sie ist berufstätig und verdient ihr eigenes Geld, lebt aber noch bei ihrer Mutter. Ihr Vater ist bereits verstorben.

Einleitung
Vorstellen der Person

Das Zusammenleben mit ihrer Mutter stört Elsa zunehmend. Das liegt daran, dass sich die Mutter seit dem Tod des Vaters allein fühlt und immer wieder versucht, sich ihrer Tochter zu nähern, um mit ihr sprechen zu können. Elsa findet diese regelmäßigen Kontaktversuche aufdringlich (vgl. Z. 14).

Hauptteil
Grundproblem: Zusammenleben mit der Mutter → Überleitung zur eigentlichen Charakterbeschreibung

Allerdings ist die junge Frau sehr beherrscht. Sie versucht, ihren Unwillen nicht zu zeigen. Obwohl sie sich darüber ärgert, wenn ihre Mutter regelmäßig ins Badezimmer kommt und sie stört, sagt sie nichts über ihre innere Wut. Stattdessen zieht sie sich zurück: Unter dem Vorwand, es sei im Badezimmer zu eng (vgl. Z. 21), verlässt sie den Raum und geht in ihr Zimmer. Dabei bemüht sie sich darum, sich ihren Ärger nicht anmerken zu lassen: „‚Komm, ich mach dir Platz‘, sagte sie zu ihrer Mutter und lächelte ihr zu." (Z. 17/18)

Eigenschaften: ist beherrscht, lässt sich Ärger nicht anmerken

Im Umgang mit ihrer Mutter ist Elsa nicht aufrichtig. Statt ihr zu sagen, dass es sie aufregt, wenn die Mutter immer wieder versucht, sich ihr zu nähern, reißt sie sich zusammen und bemüht sich darum, freundlich und rücksichtsvoll zu sein. Das zehrt an ihren Nerven (vgl. Z. 14). So schafft sie es nicht, durch ein offenes Gespräch ihre Situation zu verbessern.

ist nicht aufrichtig

Stets tritt sie die Flucht an („Elsa floh.", Z. 84). Weil sie glaubt, die aufdringliche Anhänglichkeit ihrer Mutter nicht länger ertragen zu können („Kein einziges Mal würde sie sich mehr beherrschen können, wenn ihre Mutter zu ihr ins Bad kommen würde [...]", Z. 68–71), möchte sie ausziehen. Deshalb verlässt sie eines Nachmittags spontan das Haus, mit dem Ziel, sich eine eigene Wohnung zu suchen. In Bezug auf diesen Plan vermeidet sie jede Auseinandersetzung mit ihrer Mutter, denn sie verlässt das Haus stillschweigend, ohne sich zu verabschieden, wahrscheinlich, um nicht sagen zu müssen, was sie vorhat.

tritt stets den Rückzug/die Flucht an, möchte von zu Hause ausziehen

vermeidet jede Auseinandersetzung mit der Mutter

Allerdings geht sie bei der Wohnungssuche ziemlich planlos vor. Sie fährt einfach mit der Straßenbahn „in die Stadt, in die Gegend der Post" (Z. 41/42), weil sie „einmal gehört" (Z. 44) hat, dass es dort eine Wohnungsvermittlung geben soll. Ihr wird schnell klar, dass es besser gewesen wäre, wenn sie sich die genaue Adresse aus dem Telefonbuch herausgesucht hätte (vgl. Z. 44/45). Als sie die Wohnungsvermittlung trotz einiger Nachfragen nicht findet, kehrt sie nicht nach Hause zurück, sondern läuft noch einige Stunden in der Stadt umher, ohne ein eigentliches Ziel: „Sie trieb mit. Sie betrachtete Kinoreklamen" (Z. 60/61). Erst spät am Abend kehrt sie zurück, in der Hoffnung, dass ihre Mutter dann schon schläft und sie nicht mehr mit ihr reden muss (vgl. Z. 63–65).

geht dabei planlos vor

kehrt erst spät abends zurück, um der Mutter nicht mehr zu begegnen

Ihre mangelnde Offenheit im Umgang mit ihrer Mutter ist darauf zurückzuführen, dass Elsa durchaus in der Lage ist, sich in sie hineinzufühlen. Sie weiß, dass ihre Mutter seit dem Tod des Vaters unter dem Alleinsein leidet, und ihr ist auch bewusst, dass sie „alt und oft krank" (Z. 92/93) ist. Insofern bemitleidet sie ihre Mutter.

Grund für die mangelnde Offenheit: Elsa hat Mitleid mit der Mutter

Ihr Mitgefühl hindert sie nicht nur daran, mit der Mutter ein offenes Gespräch zu führen. Diese Charaktereigenschaft wird sie auch davon abhalten, ihren Plan zu verwirklichen und sich eine eigene Wohnung zu suchen. Nicht ohne Grund ist sie nach ihrer Rückkehr so verzweifelt, dass sie „schreien" (Z. 94) will. Auch die Überschrift zeigt an, dass der Gedanke an den Auszug sie nur für kurze „Augenblicke" überfällt. Danach wird es weitergehen wie vorher.

Folge: wird ihren Plan, von zu Hause auszuziehen, nicht verwirklichen

Wenn es Elsa nicht gelingt, sich zu mehr Offenheit durchzuringen, wird sie es nie schaffen, die Konflikte mit ihrer Mutter zu bereinigen. Aber ihre beherrschte, zurückhaltende Art dürfte sich nicht nur auf das Zusammenleben mit der Mutter auswirken. Auch im Umgang mit anderen Menschen, z. B. mit einem*einer Partner*in oder mit Kolleg*innen, wird sie stets Schwierigkeiten haben, ihre Interessen durchzusetzen. Wenn sie ihr Verhalten nicht ändert, wird sie kein gelingendes Leben führen können.

Schluss
Ergebnis und weiterführende Überlegungen: beherrschte, zurückhaltende Art problematisch, nicht nur im Umgang mit der Mutter

Übung 36

Die Erfahrungen, die man im Betriebspraktikum macht, sind nicht geeignet, einen Einblick ins Berufsleben zu ermöglichen.
→ Behauptung/ These

Die Mitarbeiter*innen werden einem Praktikanten oder einer Praktikantin kaum anspruchsvolle, interessante Aufgaben zuweisen. Wahrscheinlich werden sie nur Dinge auftragen, bei denen nichts schiefgehen kann. Andernfalls müssten sie sich sehr viel Mühe bei der Einweisung geben und dazu fehlt ihnen sicher die Zeit.
→ Begründung (Teil 1)

Vielleicht fordern sie den Praktikanten oder die Praktikantin deshalb auf, zwischendurch den Fußboden zu fegen. Oder er oder sie wird gebeten, für die Frühstückspause Kaffee zu kochen. Und in der übrigen Zeit steht er oder sie tatenlos herum und sieht den anderen beim Arbeiten zu.
→ Beispiel

Was für Erfahrungen kann man dabei machen? Neu sind diese jedenfalls nicht, denn Fegen und Kaffeekochen kennt man schon von zu Hause. Solange ein Praktikant oder eine Praktikantin nur nebensächliche Aufgaben erledigt oder anderen beim Arbeiten zusieht, wird er oder sie kaum etwas hinzulernen. Eigentlich ist die Anwesenheit in dem Betrieb dann nur Zeitverschwendung.
→ Begründung (Teil 2)

Einen Einblick ins Berufsleben bekommt man so nicht.
→ Fazit: Bekräftigung der These

Übung 37

1.	Stichpunkt	Begründung für die Auswahl
	Nr. 3	Lernen mit praktischen Erfahrungen verbinden zu können ist sinnvoll, muss die Schulleiterin überzeugen
	Nr. 1	Schulleiterin könnte Sinn der Aktion infrage stellen, weil die Summe, die dabei von der Klasse erzielt wird, nicht allzu hoch sein dürfte; Hinweis auf Teilnahme vieler anderer Schulen: Gesamtsumme beträchtlich → Teilnahme doch sinnvoll
	Nr. 11	in den Medien häufig Diskussion über fehlende Werte bei Jugendlichen → Hilfsbereitschaft sollte unterstützt werden

2. mögliches Gegenargument: Nr. 5

3. ✦ **Hinweis:** *Solltest du andere Stichpunkte gewählt haben, um deine Argumente auszuformulieren, so wäre das nicht falsch. Entscheidend ist, dass du deine Thesen gut begründest und möglichst auch mithilfe von Beispielen veranschaulichst. Nenne als Erstes den Anlass, der dich dazu bringt, deine Meinung in Form eines Briefes aufzuschreiben. Achte beim Schreiben des Hauptteils darauf, dass du deine Argumente nicht einfach nur aufzählst, sondern sie auch miteinander verknüpfst. Am Schluss solltest du unbedingt noch einmal dein Anliegen klar zum Ausdruck bringen.*

Sehr geehrte Frau …,	*Anrede*
dass Sie gegen den Wunsch unserer Klasse, am „Aktionstag für Afrika" teilzunehmen, Bedenken haben, hat uns sehr enttäuscht. Als Klassensprecher*in möchte ich Ihnen deshalb noch einmal genau darlegen, warum wir es richtig fänden, dabei mitzumachen.	***Einleitung*** *Grund des Schreibens und Meinung*
Wie Sie wissen, haben wir im Ethikunterricht gerade die Situation von Gleichaltrigen in einem ugandischen Dorf behandelt. Die Texte, die wir dazu gelesen haben, und die Filme, die wir gesehen haben, waren sehr bewegend und interessant.	***Argument 1*** *Hinweis auf Unterrichtsthema*
Aber genügt das, um wirklich bleibende Erfahrungen und Kenntnisse zu erwerben? Wir finden, dass uns da etwas fehlt. Solange wir nur immer Informationen entgegennehmen, ohne selbst aktiv zu sein, hinterlassen Unterrichtsinhalte nur wenige Spuren in unserem Gedächtnis. Wir fänden es deshalb wichtig, auch einmal außerhalb der Schule tätig zu werden. Wir möchten selbst erfahren, was es bedeutet, acht Stunden lang zu arbeiten, statt im Unterricht zu sitzen. Wir könnten anhand unseres Tagesverdiensts jeweils hochrechnen, was für ein Monatslohn am Ende herauskommen würde. Diesen mit der Situation der Gleichaltrigen in Uganda zu vergleichen, könnte uns helfen, zumindest ein wenig zu verstehen, was es bedeutet, arm zu sein. Auf diese Weise würde der Unterricht im „Schonraum Schule" ein wenig durch praktische Erfahrungen bereichert.	*These (hier als Frage formuliert): es genügt nicht, immer nur Texte zu lesen und Filme anzusehen* *Begründung: wichtig, einmal außerhalb der Schule aktiv zu werden* *Unterricht durch praktische Erfahrungen bereichern*

Da uns die Probleme der Gleichaltrigen in Uganda sehr berührt haben, möchten wir außerdem einen kleinen Beitrag leisten, um den Jugendlichen dort den Zugang zu Bildung zu ermöglichen. Auch wenn die Summe, die wir durch einen Tag zusammenbekommen, vermutlich nicht sehr hoch sein wird, wäre dieses Geld doch ein Beitrag. Im Übrigen wären wir ja nicht die einzige Klasse, die an diesem Aktionstag teilnimmt. Es gibt in ganz Deutschland Schulen, die sich dafür engagieren – und das seit Jahren. Wenn man all die erzielten Beträge der verschiedenen Schulen zusammenrechnet, dürfte die Summe doch ganz beträchtlich sein. Unsere Teilnahme wäre also durchaus sinnvoll.

Argument 2
These: Wunsch, Beitrag zu leisten, um Menschen in Uganda zu helfen

Begründung: Einnahmen der Klasse allein nur gering, aber Teilnahme vieler Schulen → beträchtliche Summe

Teilnahme sinnvoll

Im Ethikunterricht lernen wir u. a., dass es gut ist, anderen zu helfen; wenn wir dann tatsächlich helfen wollen, dürfen wir doch nicht daran gehindert werden! In den Medien hört man in letzter Zeit oft, dass die Jugendlichen keine Werte mehr haben, nur noch an sich denken, ständig vor dem Computer sitzen oder shoppen gehen und im schlimmsten Fall gewalttätig werden oder andere mobben. Nun zeigen wir, dass wir etwas tun wollen, um Menschen zu helfen, denen es schlecht geht. Sollte die Schule diese Bereitschaft nicht aufgreifen und unterstützen?

Argument 3
These: Wille zur Hilfsbereitschaft darf nicht behindert werden

Begründung: Hilfsbereitschaft sollte von der Schule unterstützt werden

Sie sagen, die Teilnahme an diesem Aktionstag würde zu viel Organisation erfordern und Ihnen zusätzlich Arbeit bereiten, die Sie zurzeit nicht leisten können. Sie können aber davon ausgehen, dass wir alles, was dafür organisiert werden muss, selbst in die Hand nehmen. Das Einzige, was Sie merken werden, ist, dass wir einen Tag lang nicht in der Schule sein werden.

Argument 4
Entkräften eines Gegenarguments: kein Entstehen von zusätzlicher Arbeit für die Schulleiterin

Wir hoffen sehr, dass Sie Ihre ablehnende Haltung noch einmal überdenken und es uns doch ermöglichen, unser Vorhaben in die Tat umzusetzen.

Schluss
Bekräftigung der Bitte

Mit freundlichen Grüßen
(Dein Name)

abschließender Gruß
Unterschrift

Übung 38

1. siehe Aufgabe 2 a

2. a)

Ideen	+/–
(Autofahren macht Spaß)	
früher Erwerb des Führerscheins sinnvoll: Lernen in jungen Jahren leichter	+
Kosten für Eltern nicht zumutbar: teure Fahrstunden, nach Fahrprüfung weitere Kosten → Finanzierung unklar	–
Führerschein ohne spätere Fahrpraxis sinnlos → Gefahr, das Fahren wieder zu verlernen	–
weitere Kosten nach Führerscheinprüfung: eigenes Auto für Jugendliche unerschwinglich, steigende Benzinkosten → Fahrpraxis kaum möglich	–
in Städten gut ausgebautes Nahverkehrsnetz → Autofahren nicht nötig	–
durch Fahrstunden abgelenkt, Verpassen einiger Schulstunden: Sonder-fahrten, z. B. Autobahnfahrt, Lernen für die theoretische Prüfung	–
Unabhängigkeit von den Eltern: Fahrten zum Sportverein, zu Abend-veranstaltungen etc. → Führerschein für Jugendliche gut und sinnvoll	+
(Mit Führerschein Eindruck auf Freund*innen machen → steigert das Ansehen bei Gleichaltrigen)	
Möglichkeit, Eltern zu unterstützen: Besorgungen erledigen → früher Führerscheinerwerb auch gut für die Eltern	+

b)

PRO

Argument 1	Argument 2	Argument 3
These: früher Erwerb des Führerscheins sinnvoll	**These:** Führerschein macht unabhängig	**These:** Führerscheinerwerb auch gut für Eltern
Begründung: Lernen in jungen Jahren leichter	**Begründung:** Entwicklung der Selbstständigkeit	**Begründung:** Unterstützung der Eltern möglich
Beispiel: Radfahren, Schwim-men: alles besser früh lernen	**Beispiel:** selbstständiges Fahren zum Sportverein etc.	**Beispiel:** Besorgungen erledigen (Getränkekästen)

Führerschein mit 16 – eine gute Idee?

Argument 1	Argument 2	Argument 3
These: Führerschein teuer, Kos-ten Eltern nicht zuzumuten	**These:** Schulleistungen evtl. gefährdet	**These:** Führerschein unnötig
Begründung: Führerschein ohne Fahrpraxis sinnlos	**Begründung:** keine volle Kon-zentration auf Schule	**Begründung:** gutes Nahver-kehrsnetz in fast allen Städten
Beispiel: teure Fahrstunden, danach weitere Kosten (Benzin)	**Beispiel:** Lernen für Theorie-prüfung, Versäumen von Schul-stunden für Sonderfahrten	**Beispiel:** Möglichkeit, mit Bus und Bahn Ziel zu erreichen

KONTRA

3. **Hinweis:** *Du könntest die einzelnen Argumente auch anders bewerten. Entscheidend ist, dass du jedes Argument so darstellst, dass die Leser*innen daraus problemlos ableiten können, für wie wichtig du es hältst.*

Einleitung	Hinführung zum Thema: in den USA Führerschein im Alter von 16 möglich: für deutsche Teenager verlockend → sinnvoll auch in Deutschland?
Hauptteil	**Gegenseite:** • wichtigstes Argument: Führerscheinerwerb teuer, Eltern kaum zuzumuten • weniger wichtiges Argument: Gefahr von schlechten Schulleistungen • unwichtigstes Argument: in Städten gut ausgebautes Nahverkehrsnetz → früher Erwerb des Führerscheins unnötig **eigene Seite:** • unwichtigstes Argument: Wunsch der Jugendlichen nach Selbstständigkeit, nach Unabhängigkeit von den Eltern • etwas wichtigeres Argument: Unterstützung der Eltern möglich (Besorgungen mit dem Auto erledigen) • wichtigstes Argument: Lernen fällt in jungen Jahren leichter
Schluss	Fazit – deine eigene Meinung als Ergebnis der Argumentation: früherer Erwerb des Führerscheins gut, Senkung der Altersgrenze ein Gewinn an Freiheit

4. **Hinweis:** *Versuche, Zusammenhänge zwischen den einzelnen Argumenten herzustellen. Bemühe dich, bei jedem Argument passende Beispiele einzufügen und diese auch anschaulich darzustellen.*

In den USA ist es üblich, dass Jugendliche schon im Alter von 16 Jahren den Führerschein machen. Für deutsche Teenager klingt das verlockend. Viele Jungen und Mädchen hierzulande würden sich wünschen, auch schon so früh die Fahrerlaubnis zu bekommen. Aber wäre das tatsächlich sinnvoll und richtig?
Immerhin sind Fahrstunden sehr teuer. Bis man die Prüfung bestanden hat, muss man schon mit Ausgaben von rund 2 000 Euro rechnen. Und damit allein wäre es nicht getan: Anschließend entstehen ja noch weitere Kosten. Beispielsweise bräuchte man ein eigenes Auto, um genügend Fahrpraxis zu bekommen. Bei den steigenden Benzinpreisen und den Kosten für Steuern und Versicherung wäre das kaum zu bezahlen. Ohnehin ist

Einleitung
Hinführung zum Thema

Hauptteil
1. Kontra-Argument
These (Teil 1): hohe Kosten
Begründung: weitere Kosten nach Prüfung
Beispiel: eigenes Auto, steigende Benzinpreise

es fraglich, ob den Eltern das zuzumuten ist. Schließlich wären sie diejenigen, die dafür aufkommen müssten, und eigentlich kann man das gar nicht von ihnen verlangen.

These (Teil 2): Eltern nicht zuzumuten

Außerdem besteht die Gefahr, dass man in den Schulleistungen nachlässt, weil man während der Zeit der Fahrstunden abgelenkt ist und andere Schwerpunkte setzt. Es kann sein, dass man sich mehr auf das Lernen für die theoretische Fahrprüfung als auf Klassenarbeiten konzentriert. Hinzu kommt, dass man auch einige Schulstunden versäumen würde, denn es gibt Fahrstunden, auf deren Termine man keinen Einfluss hat, z. B. bei Sonderfahrten wie der Autobahnfahrt. Auch bei der Terminfestsetzung für die Fahrprüfung wird keine Rücksicht auf den Stundenplan der Schule genommen. Gerade im letzten Schuljahr sollten sich die Schüler*innen aber eher darum bemühen, einen guten Schulabschluss zu erreichen. Für den Erwerb des Führerscheins ist nach der Schule immer noch Zeit.

2. Kontra-Argument
These: Gefahr, in den Schulleistungen nachzulassen
Begründung: abgelenkt, Versäumen einzelner Schulstunden
Beispiel: Lernen für theoretische Prüfung, kein Einfluss bei Terminen für Sonderfahrten

Im Übrigen stellt sich die Frage, ob es wirklich nötig ist, schon so früh den Führerschein zu haben. Es stehen doch genügend andere Transportmittel zur Verfügung. Zumindest in den Städten ist das Netz des öffentlichen Nahverkehrs so gut ausgebaut, dass man gar kein Problem haben dürfte, seine Ziele zu erreichen. Nur Jugendliche, die auf dem Land wohnen, könnten damit Schwierigkeiten bekommen. Aber auch dort gibt es Busse, die einen in die nächste Stadt befördern. Die meisten Jugendlichen besitzen außerdem ein Fahrrad, sodass sie schon deshalb mobil genug sind. Und notfalls springen ja auch die Eltern als Fahrdienst ein.

3. Kontra-Argument
These: früher Führerscheinerwerb unnötig
Begründung: andere Transportmittel zur Verfügung
Beispiel: Busse und Bahnen, Fahrrad, Eltern

Allerdings fühlen sich Jugendliche im Alter von 16 Jahren eigentlich schon zu alt dafür, ständig von den Eltern umherkutschiert zu werden. Man möchte schließlich selbstständig werden und von ihnen unabhängig sein. Auch sollte man Rücksicht auf seine Eltern nehmen. Vielleicht gefällt es ihnen ja gar nicht, immer

1. Pro-Argument
These: Wunsch nach Unabhängigkeit
Begründung: Rücksichtnahme auf Eltern

wieder Absprachen darüber zu halten, an welchen Tagen der Sohn oder die Tochter zum Sportverein oder zur Disco gefahren werden muss. Sie müssten dann ihren Terminkalender nach den Verabredungen ihrer Kinder ausrichten. Da wäre es doch wohl für beide Seiten von Vorteil, wenn der Erwerb des Führerscheins schon früher erfolgen könnte.

Beispiel: Fahrten zum Sportverein, zur Disco

Für die Eltern wäre es sicher hin und wieder sogar von Nutzen, wenn ihr Kind sich schon ab dem Alter von 16 Jahren hinters Steuer setzen dürfte. Der Sohn oder die Tochter könnte sie dann im Alltag ein wenig unterstützen. Beispielsweise könnte er oder sie des Öfteren Besorgungen für die Eltern erledigen, z. B. das Einkaufen von Getränkekästen. Auf diese Weise könnte man seinen Eltern auch zeigen, wie sehr man es schätzt, dass sie einem den Führerschein finanziert haben.

2. Pro-Argument
These: Unterstützung der Eltern möglich
Begründung: gelegentliche Besorgungen
Beispiel: Getränke holen

Vor allem aber ist bekannt, dass man gerade in jungen Jahren besonders gut lernen kann. Nicht ohne Grund gibt es dafür seit Langem ein Sprichwort: „Früh übt sich, was ein Meister werden will." So gesehen, wäre es doch gut, wenn Jugendliche den Führerschein so früh wie möglich machen könnten. Sie würden das Autofahren dann zu einem Zeitpunkt lernen, zu dem es ihnen leichtfällt. Man lernt ja auch das Schwimmen oder Radfahren nicht erst im Alter von 20 oder 30 Jahren.

3. Pro-Argument
These: Lernen in jungen Jahren leichter
Begründung: Autofahren zu einem Zeitpunkt lernen, zu dem es leichtfällt
Beispiel: Schwimmen/ Radfahren wird auch früh erlernt

Alles in allem bin ich also doch dafür, die Altersgrenze für den Erwerb des Führerscheins herabzusetzen. Zumindest sollte uns Jugendlichen die Möglichkeit eingeräumt werden, schon so früh wie möglich die Führerscheinprüfung abzulegen. Dadurch wäre ja niemand verpflichtet, sich gleich im Alter von 15 Jahren bei einer Fahrschule anzumelden. Es würde allen freistehen, ob sie im Alltag weiter mit Bus und Bahn fahren oder nicht. Aber allein die Möglichkeit zu haben, früh das Autofahren zu lernen, wäre schon ein Gewinn an Freiheit. Ich jedenfalls wäre froh, wenn ich diese Wahl hätte.

Schluss
Fazit: Befürworten des frühen Führerscheinerwerbs

Übung 39

✦ **Hinweis:** Lies die Aufgabenstellung genau durch, werte die Materialien aus und notiere alle Informationen, die dir für deinen Text wichtig erscheinen, in deinem Schreibplan. Solltest du beim Schreiben merken, dass die eine oder andere Idee doch nicht so gut zu deinem Text passt, kannst du sie später auch weglassen. Dann streichst du sie im Schreibplan einfach durch. Falls du feststellst, dass du einen wichtigen Gedanken vergessen hast, berücksichtigst du ihn beim Schreiben deines Textes natürlich trotzdem. Ergänze ihn dann an geeigneter Stelle in deinem Schreibplan. Auch an die Reihenfolge deiner Stichpunkte musst du dich nicht ganz streng halten. Wenn du Änderungen vornimmst, solltest du das aber durch Pfeile anzeigen.

	Inhalte	Zugehörige Informationen	Material
Einleitung	Neues Fahrzeug in den Städten: E-Scooter	• Elektro-Roller inzwischen immer öfter zu sehen, vor allem in größeren Städten	M 1
		• insbesondere für kürzere Strecken geeignet	M 1
		• beliebt bei Tourist*innen und jungen Leuten	M 1
Hauptteil	Voraussetzungen zur Verwendung im öffentlichen Raum	• Mindestalter: 14 Jahre	M 2
		• Roller müssen verkehrstauglich sein (Beleuchtung, zwei voneinander unabhängige Bremsen, Klingel)	M 2
		• Versicherungspflicht	M 2
		• Nutzung auf Radwegen, falls nicht vorhanden auch auf Straßen oder kombinierten Fuß- und Radwegen	M 2
		• max. 20 km/h, auf kombinierten Fuß- und Radwegen max. 12 km/h	M 2
	Vorteile von E-Scootern	• geeignet für kurze Strecken → Alternative zum Auto	M 1 / 6
		• unkompliziertes Leihen per App (an beliebigem Ort abholen und anderswo wieder abstellen) → Flexibilität	M 4
		• Entlastung der Innenstädte	M 6
		• bieten Möglichkeiten für Nebeneinkünfte (einsammeln, aufladen, neu verteilen)	M 4

Gefahren von E-Scootern	• Zunahme von Krankenhauseinweisungen in den USA seit Einführung von E-Scootern	M 5	
	• erhöhte Verletzungsgefahr auch für Unbeteiligte, z. B. Fußgänger*innen	M 5/6	
	• Art der Verletzungen: Kopfverletzungen, Prellungen, Brüche, Schnittwunden	M 5	
	• Gründe: Konstruktion der Fahrzeuge (keine Blinker, keine Bremslichter), E-Scooter relativ neu (Verkehrsteilnehmer*innen sind noch nicht darauf eingestellt)	M 5	
Erste Erfahrungen mit E-Scootern	• bisher nur von wenigen Personen genutzt	M 3	
	• E-Scooter häufig als Ärgernis angesehen: Fahrzeuge werden rücksichtslos abgestellt → wird als störend empfunden	M 3/6	
Fazit: Prognose für die Zukunft	• Vermutung: Städte werden durch E-Scooter nicht wesentlich vom Autoverkehr entlastet		
	• Begründung: bisher nur für einen kleinen Kreis von Verkehrsteilnehmer*innen interessant; Scooter werden zum Aufladen meist mit Autos eingesammelt	M 3/4	

Schluss (sidebar label)

🖊 **Hinweis:** *Orientiere dich beim Verfassen deines informierenden Textes an deinem Schreibplan und bemühe dich, deine Darstellung anschaulich zu gestalten. Das gelingt dir, indem du Beispiele einfügst. Verwende eine sachliche Sprache und achte darauf, möglichst oft Zusammenhänge zwischen deinen Sätzen herzustellen. Dafür gibt es vor allem diese Möglichkeiten:*

▶ *Der nachfolgende Satz* **passt inhaltlich** *zum vorigen Satz. Dann verwendest du diese Konjunktionen oder Adverbien: auch, außerdem, genauso, ebenfalls, zusätzlich o. Ä.*

▶ *Der nachfolgende Satz steht* **inhaltlich im Gegensatz** *zum vorigen Satz. Um das deutlich zu machen, kannst du diese Konjunktionen oder Adverbien benutzen: allerdings, aber, trotzdem, dagegen (auch hingegen), obwohl o. Ä.*

Seit einiger Zeit sieht man immer öfter neue Fahrzeuge auf unseren Straßen: E-Scooter. Das sind elektrisch betriebene Roller, die sich in der Stadt flexibel nutzen lassen. Vor allem um kürzere Strecken zurückzulegen, werden die Roller genutzt. Geliehen werden sie hauptsächlich von Tourist*innen sowie von jungen Leuten.

Einleitung
neue Fahrzeuge auf den Straßen: E-Scooter
flexible Nutzung in der Stadt

Damit man die elektrischen Gefährte im öffentlichen Raum nutzen kann, müssen allerdings einige Vorausset-

Hauptteil

zungen erfüllt werden: Der Fahrer oder die Fahrerin muss mindestens 14 Jahre alt sein. Außerdem müssen die E-Scooter verkehrstauglich sein. Dazu gehört, dass sie eine Beleuchtung aufweisen, zwei Bremsen haben und eine Klingel, mit der man andere Verkehrsteilnehmer*innen auf sich aufmerksam machen kann. Wichtig ist zudem, dass die Fahrzeuge versichert sind.

Voraussetzungen für die Nutzung:

Verkehrstauglichkeit: Beleuchtung, Bremsen, Klingel

Versicherung

Fahren darf man mit E-Scootern in der Regel nur auf Radwegen. Dort beträgt die Höchstgeschwindigkeit 20 km/h. Wo es keinen Radweg gibt, darf man auf die Straße ausweichen – oder auf einen kombinierten Fuß- und Radweg. Hier liegt die Höchstgeschwindigkeit jedoch nur bei 12 km/h.

Einhalten der Geschwindigkeitsbeschränkungen

Elektro-Scooter bieten sich vor allem für kurze Strecken an. Tourist*innen können sie z. B. benutzen, um vom Bahnhof zu einem Museum zu gelangen. Mithilfe einer App findet man schnell und unkompliziert einen Roller in der Nähe, den man sich mit nur wenigen Klicks ausleihen und an einem beliebigen Ort wieder abstellen kann. Anders als mit dem Auto gibt es mit E-Scootern auch keine Probleme bei der Parkplatzsuche. In großen Städten können sie insgesamt dazu beitragen, die Stadtzentren vom Autoverkehr zu entlasten, denn für kurze Strecken ist es wesentlich angenehmer auf den E-Roller zu steigen, als das Auto in Bewegung zu setzen.

Vorteile von E-Scootern:

geeignet für kurze Strecken

unkompliziertes Leihen per App

Entlastung der Innenstädte

Außerdem bieten sie Menschen, die ihr Einkommen aufbessern wollen, eine Möglichkeit für Nebeneinkünfte: Sogenannte *Juicer* sammeln leere E-Scooter ein, laden sie zu Hause auf und bringen sie anschließend auf die Straße zurück. Für jeden aufgeladenen Roller, den sie wieder zurückgebracht haben, bekommen die *Juicer* vier Euro.

Möglichkeit für Nebeneinkünfte

E-Scooter sind im Straßenverkehr allerdings nicht ganz ungefährlich. Das gilt nicht nur für die Fahrer*innen, sondern auch für Unbeteiligte, z. B. Fußgänger*innen. In den USA hat man festgestellt, dass die Krankenhauseinweisungen deutlich gestiegen sind, seit die kleinen Flitzer dort zugelassen wurden. Für Benutzer*innen von E-

Gefahren von E-Scootern:

erhöhte Verletzungsgefahr

Scootern ist die Verletzungsgefahr sogar größer als für Radfahrer*innen. Bei Unfällen kommt es vor allem zu Kopfverletzungen. Aber auch Brüche, Prellungen und Schnittwunden kann man sich zuziehen.

Kopfverletzungen, aber auch andere Verletzungen

Fachleute meinen, dass es häufig zu Unfällen kommt, weil die Konstruktion der Fahrzeuge noch nicht ausgereift ist. Es gibt keine Blinker, mit denen die Fahrer*innen ankündigen können, dass sie die Richtung ändern wollen. Und Bremsleuchten, die zeigen, dass sie die Geschwindigkeit verringern oder gar anhalten, sind auch nicht vorhanden.

mögliche Gründe: Konstruktion nicht ausgereift

Hinzu kommt, dass E-Scooter im Straßenverkehr ziemlich neu sind. Deshalb sind die anderen Verkehrsteilnehmer*innen noch nicht auf sie eingestellt. Da sie zudem sehr leise sind, hört man sie kaum, wenn sie sich plötzlich nähern.

neu im Straßenverkehr

sehr leise

Obwohl in Großstädten schon viele E-Scooter zu sehen sind, werden sie noch nicht sehr intensiv genutzt. In einer Umfrage gaben nur drei Prozent an, regelmäßig einen Elektroroller auszuleihen. Und mehr als die Hälfte – nämlich 51,5 Prozent – sagten sogar, sie hätten sich schon über E-Scooter geärgert. Für Ärger sorgt z. B., dass die Roller an allen möglichen Orten abgestellt werden. Der Anblick von rücksichtslos geparkten Rollern wird von vielen als störend empfunden.

*erste Erfahrungen mit E-Scootern: bisher nur wenige Nutzer*innen*

Verärgerung wegen rücksichtslosen Parkens der Roller

E-Scooter haben viele Vorteile und bringen neuen Schwung in die Diskussion um die Verkehrswende. Nur positiv können sie aber nicht gesehen werden, vor allem deshalb nicht, weil sie ein erhöhtes Unfallrisiko mit sich bringen. Und einen wirklich entscheidenden Beitrag zur Verkehrswende werden E-Scooter wohl eher nicht leisten. Dazu ist die Anzahl derjenigen, die sie benutzen, noch zu gering. Im schlimmsten Fall tragen die Roller sogar dazu bei, das Verkehrsaufkommen noch zu erhöhen. Schließlich müssen die Fahrzeuge regelmäßig eingesammelt, aufgeladen und wieder zurückgebracht werden – und das geschieht meist mit Autos.

Schluss

E-Scooter werden Autoverkehr nicht verringern

können Verkehrsaufkommen sogar erhöhen

Übung 40

Hinweis: In jedem Abschnitt äußerst du dich entsprechend den Teilaufgaben zu einem bestimmten Aspekt des Themas: Bedenke, dass alle Abschnitte am Ende einen zusammenhängenden Text ergeben sollen. Achte also darauf, die einzelnen Absätze mit passenden Überleitungen zu verbinden.

In den Materialien geht es um Social Bots. Social Bots sind Computerprogramme, die im Internet menschliche Aktivitäten nachahmen.

Gemeinsames Thema
Social Bots

In ihrem Artikel „Social Bots – darauf müsst ihr bei Twitter & Co. achten" macht Selim Baykara Internet-Nutzer*innen auf die Gefahren von Social Bots aufmerksam. Das Wort „Bot" ist eine Abkürzung für „Roboter", und der Zusatz „Social" verweist darauf, dass sie in sozialen Netzwerken aktiv sind. Die Verfasserin erklärt, dass Social Bots Beiträge im Internet liken, sharen, retweeten und sogar kommentieren können. Auch folgen sie anderen Nutzer*innen oder greifen Hashtags auf, die gerade aktuell sind. Auf diese Weise können sie die Stimmung im Internet und die Meinungsbildung von Nutzer*innen beeinflussen. Es gebe aber einige Hinweise, an denen man erkennen könne, dass im Hintergrund ein Social Bot aktiv sei, erklärt Selim Baykara: Ein fehlendes Foto im Profil oder unglaubwürdige Angaben zur Biografie passen z. B. nicht zu normalen User*innen. Und wer sehr viele Tweets sendet, aber nur wenige Follower*innen hat, ist wahrscheinlich auch ein Roboter, denn bei menschlichen Nutzer*innen ist es in der Regel umgekehrt.

Zusammenfassung von M 1
Erklärung des Begriffs „Social Bots"

Aktivitäten von Bots: liken, sharen, retweeten, kommentieren

Gefahren von Social Bots: beeinflussen die Meinungsbildung

Hinweise auf Bots:

fehlendes Foto

*Absenden vieler Tweets bei wenigen Follower*innen*

In dem Text „Chatbot gegen Fake News" von Nora Belghaus geht es um eine Sonderform von Social Bots, die sogenannten Chatbots. Wie der Name schon sagt, kann man mit ihnen chatten, also im Internet kommunizieren. Die Verfasserin erläutert, wie ein Chatbot namens Novi von ARD und ZDF eingesetzt wird: Er sendet Nachrichten, beantwortet Fragen der Nutzer*innen und kann bei Bedarf zu aktuellen Themen, wie z. B. dem „Brexit", Infokästen einblenden. Die beiden Fernsehsender verfolgen mit dem

Zusammenfassung von M 3
Chatbot als Sonderform von Social Bots

Chatbot Novi sendet Nachrichten und beantwortet Fragen

Einsatz des Chatbots ein bestimmtes Ziel: Sie wollen gegen Falschmeldungen – sogenannte Fake News – vorgehen. Außerdem möchten sie Diskussionen zu strittigen Themen, wie z. B. Rassismus oder Sexismus, anregen.

Ziel: Vorgehen gegen Falschmeldungen

In M 1 wird vor möglichen Gefahren, die von Social Bots ausgehen, gewarnt. Weil es ihnen möglich ist, in Sekundenschnelle eine große Anzahl von Tweets zu versenden, können sie die Diskussion im Internet leicht auf bestimmte Themen lenken und so bestimmen, über was geredet wird. In dem Material wird auch darauf hingewiesen, dass Social Bots durch das Absetzen vieler beleidigender Kommentare einzelnen Nutzer*innen erheblichen Schaden zufügen können.

Vergleich von Social Bots und Chatbot Novi

Social Bots steuern Diskussionsthemen im Internet

*können einzelnen Nutzer*innen großen Schaden zufügen*

In M 3 wird hingegen dargestellt, wie Roboter im Internet sinnvoll eingesetzt werden können. Der Chatbot Novi gibt sich im Vergleich zu anderen Social Bots von Anfang an als Roboter zu erkennen. Er dient als zuverlässige Informationsquelle und leistet so einen positiven Beitrag zur Aufklärungsarbeit im Internet.

Chatbot Novi gibt sich als Roboter zu erkennen

leistet positiven Beitrag zur Aufklärungsarbeit

Social Bots können für unsere Gesellschaft eine ernste Gefahr darstellen. Das verdeutlicht auch das Schaubild aus M 2: Es sind vor allem extreme Ansichten, die durch sie verbreitet werden, wodurch Internetnutzer*innen mit radikalen Einstellungen Bestätigung finden. Dagegen kann der von ARD und ZDF eingesetzte Chatbot leider kaum etwas ausrichten, wie die geringe Zahl der Nutzer*innen zeigt: Sie bewegt sich nur im vierstelligen Bereich. Wer sich in einem sozialen Netzwerk bewegt, sollte also auf jeden Fall wissen, dass dort neben menschlichen User*innen auch Roboter aktiv sind. Immerhin gibt es Anzeichen, die informierte Nutzer*innen misstrauisch machen können. Man muss sie nur kennen – und auch beachten.

Bewertung der Aktivitäten

Social Bots: Gefahr für User

*Chatbot Novi erreicht nur wenige Nutzer*innen*

Übung 41

✦ **Hinweis:** *Schildere als Erstes den Ablauf des Tages. Dabei solltest du an geeigneten Stellen schon Elsas Gefühle zum Ausdruck bringen. Am Schluss schreibst du, welche Gedanken ihr durch den Kopf gehen. Wichtig ist, dass du dich an den Textinhalten orientierst. Du darfst also nichts hinzufinden, das sich nicht aus dem Text ableiten lässt. Die gelegentliche Verwendung von umgangssprachlichen Ausdrücken ist erlaubt. Das Tagebuch ist ja nur für den*die Schreiber*in selbst gedacht.*

Liebes Tagebuch,

heute war es wieder schrecklich mit Mutter. Ich stand gerade im Badezimmer vor dem Spiegel, um mich zu schminken, als sie mal wieder hereinkam. Wie immer ganz zaghaft und vorsichtig. Dieses rücksichtsvolle Getue allein nervt mich schon! Angeblich musste sie sich bloß kurz die Hände waschen. Aber das war natürlich nur ein Vorwand! In Wirklichkeit wollte sie einfach mit mir reden. Ich fand das schrecklich und musste mich furchtbar beherrschen, um sie nicht anzuschreien. Zum Glück ist mir das auch gelungen. Ich glaube, ich habe sie sogar angelächelt und ihr gesagt, dass das Bad für uns beide zu eng sei. Dann bin ich in mein Zimmer gegangen.

Dort habe ich die Tür von innen zugemacht. Dabei habe ich noch lange die Klinke in der Hand gehalten, so als müsste ich das Zimmer verbarrikadieren. Das hat natürlich nichts genützt. Erstens konnte ich nicht ewig so stehen bleiben; also habe ich die Türklinke irgendwann doch losgelassen. Und zweitens kam sie dann trotzdem. Ich habe einfach so getan, als wäre ich mit dem Schminken schon fertig und müsste jetzt was erledigen. Deshalb habe ich mich an meinen Schreibtisch gesetzt und ihr vorgespielt, ich sei furchtbar beschäftigt. Da ging sie dann zum Glück wieder.

Ich halte das Zusammenleben mit Mutter wirklich nicht mehr aus. Am liebsten würde ich ausziehen. Ich bin ja alt genug, und mein eigenes Geld verdiene ich auch schon. Irgendwann habe ich einen günstigen Moment abgewartet und bin einfach abgehauen, ohne mich von Mutter zu verabschieden. Sonst hätte sie mir bestimmt wieder tausend Fragen gestellt: Wohin ich will? Was ich vorhabe? Ob sie nicht mitkommen kann? Ich kenne sie ja.

Ich habe die Tram genommen und bin in die Stadt gefahren, dorthin, wo die Post ist. Irgendwann hatte ich mal gehört, dass dort eine Wohnungsvermittlung sein soll. Leider habe ich sie nicht gefunden. Ich habe zwar noch einige Leute danach gefragt, aber niemand wusste, wo sie ist. Ich hätte doch im Telefonbuch nachsehen und mir die Adresse rausschreiben sollen. Na schön, dann suche ich mir eben gleich nach den Weihnachtsfeiertagen eine eigene Wohnung!

Zum Glück war Mutter schon im Bett, als ich heimkam. Ich setzte mich noch eine Weile in meinen Sessel, ohne Licht einzuschalten, und schaute durch die Fenster in die dunkle Nacht hinaus. Und jetzt packte mich erst richtig die Verzweiflung! Mir ging nun auch Mutters Situation noch einmal durch den Kopf. Seit Vaters Tod ist sie immer so allein. Ich bin der einzige Mensch, den sie noch hat. Außerdem ist sie schon alt, und sie ist auch oft krank. Da hat sie mir plötzlich leid getan. Wäre es wirklich richtig, auszuziehen?

Andererseits: Ich will auch mein Leben leben! Und Mutters aufdringliche Art geht mir einfach auf die Nerven. Ich halte das nicht mehr aus! Was soll ich bloß tun? Mit wem kann ich mal darüber reden?

Ich glaube, es hilft nichts: Ich muss mit Mutter reden. Es gibt keine andere Lösung. Vielleicht ändert sie ihr Verhalten ja doch, wenn ich ihr sage, wie sehr es mich stört, dass sie ständig hinter mir herschleicht. Schließlich: Woher soll sie eigentlich wissen, dass mir das nicht passt? Ich hoffe nur, dass ich das fertigbringe und nicht wieder einen Rückzieher mache ...

Übung 42

/ **Hinweis:** Du solltest den Brief an die Mutter so schreiben, dass er vom Ton her zu Elsas Persönlichkeit passt. Wie schon beim Tagebucheintrag müssen sich die Inhalte, die du erwähnst, aus der Kurzgeschichte entnehmen lassen. Allerdings kannst du bestimmte Dinge ein wenig ausschmücken, z. B. Elsas Gedanken daran, dass die Mutter sie verwöhnt. Frage dich: Wie könnte diese Verwöhnung aussehen?

Ort, Datum

Liebe Mutter,

ich muss dir ein Geständnis machen: Gestern war ich so wütend auf dich, dass ich drauf und dran war, mir eine eigene Wohnung zu suchen. Wie du wohl gemerkt hast, bin ich irgendwann am Nachmittag einfach weggegangen. Eigentlich wollte ich eine Wohnungsvermittlung aufsuchen. Leider (oder zum Glück?) habe ich sie nicht gefunden. So war ich notgedrungen davor bewahrt, Hals über Kopf einen Schritt zu tun, den ich später vielleicht bereut hätte. Als ich zurückkam, lagst du schon im Bett. So hatte ich genügend Zeit und Ruhe, um nachzudenken.

Mutter, ich weiß sehr wohl, dass du mich liebst. Du verwöhnst mich auch, z. B. indem du mir regelmäßig mein Lieblingsessen kochst. Auch sorgst du dafür, dass meine Kleidung immer frisch gewaschen ist, und du machst sogar regelmäßig mein Zimmer sauber. Ich weiß das sehr wohl zu schätzen, auch wenn ich das fast nie sage.

Trotzdem fühle ich mich oft unwohl. Ich habe einfach das Gefühl, dass du mich wie ein kleines Kind behandelst. Dabei bin ich doch schon 20 Jahre alt, und ich bin auch schon berufstätig! Mein Eindruck ist, dass ich mich gar nicht frei entfalten kann, weil du dauernd hinter mir herläufst, um mit mir zu reden. Gestern war das mal wieder der Fall. Da kamst du ausgerechnet zu dem Zeitpunkt ins Bad, als ich gerade damit beschäftigt war, mich zurechtzumachen. Musste das denn sein? Du sagtest, du wolltest dir nur kurz die Hände waschen. Aber gibt es nicht auch in der Küche ein Waschbecken?

Mir ist klar, dass du dich seit Vaters Tod allein fühlst. Du hast praktisch keine Kontakte zu anderen Menschen mehr, nur zu mir. Doch ich frage mich auch: Warum ist das so? Als Vater noch lebte, hattet ihr doch auch Freundinnen, Freunde und Bekannte. Warum triffst du dich nicht mehr mit ihnen? So ist es ja kein Wunder, dass du deine ganze Aufmerksamkeit auf mich richtest. Das gefällt mir aber nicht!

Gewiss, ich hätte dir seit Langem schon sagen sollen, dass ich das nicht mag. Ich weiß auch nicht, warum ich das nicht getan habe. Irgendwie habe ich es einfach nicht fertiggebracht, dir zu sagen, wie es mir geht, wenn du mich umsorgst wie eine Glucke ihr Küken. Ich glaube, ich hatte Angst vor dem Konflikt mit dir. Vielleicht hätte ich mich nicht beherrschen können, hätte mich womöglich im Ton vergriffen und dann wäre es zum Streit zwischen uns gekommen.

Jetzt aber denke ich, dass es wirklich Zeit für ein Gespräch ist. Ehe ich mir eine eigene Wohnung suche, sollten wir noch einmal miteinander reden. Vielleicht finden wir ja doch eine Lösung für unser Zusammenleben, mit der wir beide zufrieden sind. Ich wünsche mir das jedenfalls.

Was hältst du davon, wenn wir es uns am 1. Weihnachtstag nach dem Essen gemütlich machen und in Ruhe unsere Lage besprechen? Ich fände das schön!

Liebe Grüße
Deine Elsa

Übung 43

◢ **Hinweis:** *Ein Leserbrief zu einem Zeitungsartikel ist keine Inhaltsangabe! Du musst dich zwar einerseits auf den Zeitungsartikel beziehen, andererseits musst du aber auch an den passenden Stellen deine Meinung dazu äußern und diese auch begründen. Zugleich muss es dir gelingen, deine Meinung auch ein wenig interessant darzustellen. Am besten solltest du hin und wieder auch ein bisschen provozieren. Andernfalls musst du davon ausgehen, dass dein Leserbrief, solltest du ihn tatsächlich an die Zeitung schicken, gleich im Papierkorb landet.*

Als Schüler*in am Schulzentrum Bruchhausen-Vilsen habe ich Ihren Artikel „Mensa-Essen unter der Lupe" mit großem Interesse gelesen. Die Klagen über das Schulessen sind ja nicht neu, und ich wusste, dass einige Schüler*innen und Eltern sich an den Syker Kurier gewendet hatten, in der Hoffnung, dass ein*e Redakteur*in sich die Misere ansieht (besser: ausprobiert) und dann darüber schreibt. Dass unsere örtliche Zeitung tatsächlich Interesse daran hat, über das Thema zu berichten, hat mich überrascht und zugleich gefreut. Herzlichen Dank dafür!

Einleitung
Bezugnahme auf Zeitungsartikel

Nun war ich natürlich gespannt auf den Bericht. Ich muss sagen: Genau so ist es! Das Essen schmeckt nach nichts; wahrscheinlich kennen die Köch*innen außer Salz und Pfeffer keine anderen Gewürze. Und viele Speisen sind nicht einmal gesalzen, so fad schmecken sie. Die meisten Gerichte sind außerdem völlig verkocht und deshalb matschig. Und dass Vieles nicht frisch gekocht wird, sondern fast alles aus der Tüte kommt, ahnten wir schon. Daher ist es kein Wunder, dass nur zehn Prozent aller Schüler*innen überhaupt an dem Mittagessen in der Schule teilnehmen.

Hauptteil
Bestätigung: Zeitungs-artikel stimmt, Essen ist schlecht

Ich finde es nicht in Ordnung, dass unser Schulzentrum mit so einem schlechten Essen beliefert wird. Gewiss, eine Mahlzeit kostet nur 2,20 Euro. Für so wenig Geld könne man keine „kulinarischen Hochgenüsse" erwarten, sagt die Küchenmeisterin. Aber so schlecht, wie es jetzt ist, müsste das Essen doch nicht sein. Man schaue sich nur einmal im Supermarkt nach den Preisen einzelner Lebensmittel um. Was kostet ein Beutel Möhren? Was kosten fünf Kilo Kartoffeln? Was kostet ein Ei? Ich kann Barbara Stadler nur

persönliche Meinung zum Essen in der Schulmensa

zustimmen: Ein paar frisch gekochte Kartoffeln, dazu Kräu-
terquark – das schmeckt nicht schlecht und wäre überhaupt
nicht teuer, also durchaus machbar.

Nun gut, jetzt hat also der Syker Kurier freundlicherweise
über die Essensmisere am Schulzentrum Bruchhausen-Vilsen berichtet. Aber wie geht es weiter? Dass jetzt alle
Leser*innen darüber Bescheid wissen, wie schlecht das
Essen hier ist, reicht nicht. Das Angebot muss besser
werden! Aber wie? Mir ist nicht ganz klar, was nun
geschehen müsste. Und darüber schweigt unsere
Lokalzeitung ja auch.

Schluss
*Frage: Wie geht es
weiter?*

Ich hätte gern auch etwas darüber gelesen, welche Lösungsvorschläge es gibt. Darüber erfährt man allerdings nichts.
Kritisieren ist leicht. Das allein genügt aber nicht!

*Lösungsvorschläge
nötig*

Übung 44

🖉 **Hinweis:** *Versetze dich in die Lage der Schulleitung: Sie wird die Idee strikt ablehnen, weil sie
denken wird, dass es nicht machbar ist, wenn die Eltern das Kochen übernehmen. Ziel deines
Briefes muss es also nicht nur sein, sie zu überzeugen, sondern du musst sie auch beruhigen. Finde
dafür den passenden Ton.*

Ort, Datum

Briefkopf

Sehr geehrte/-r Frau/Herr …,

Anrede

als Schulsprecher*in fühle ich mich dazu verpflichtet, Sie
darüber zu informieren, dass fast alle Schüler*innen
unserer Schule mit dem Mensaessen äußerst unzufrieden
sind. Die Älteren gehen schon seit Langem gar nicht mehr
hin, sondern verlassen in der Mittagspause das
Schulgelände, um sich in einem Fast-Food-Restaurant
etwas anderes zu essen zu holen. Und die Jüngeren
stöhnen nur und geben ihre Teller halb voll wieder zurück.

Einleitung
*Anlass des Schreibens:
Mitteilung über die
Unzufriedenheit mit
dem Mensaessen*

Wenn Sie zumindest hin und wieder in der Mensa essen
gehen, dann müssten Sie eigentlich selbst gemerkt haben,
dass die Gerichte, die dort serviert werden, sehr schlecht
schmecken. Sie sind fad gewürzt und nur noch lauwarm.
Außerdem ist das Gemüse in der Regel völlig verkocht, sodass es viel zu weich ist und wohl kaum noch Vitamine

Hauptteil
*Einzelheiten über die
Mängel des Mittag-
essens*

enthält. Eines steht fest: Ein solches Essen schmeckt uns nicht, und es ist auch bestimmt nicht gesund.

Letzte Woche haben wir uns auf einer Schulversammlung u. a. über die Unzufriedenheit mit dem Schulessen ausgetauscht und darüber diskutiert, wie sich dessen Qualität verbessern ließe. In unseren Augen gibt es nur eine Möglichkeit: Sie kündigen dem Caterer und wir – genauer: die Eltern – kochen stattdessen!

Idee der Schüler*innen: Caterer kündigen; Eltern kochen

Sie werden einwenden, dass das wohl kaum zu verwirklichen sei, weil nicht geklärt ist, welche Eltern bereit wären, für die Zubereitung des Essens zu sorgen. Außerdem denken Sie sicher, dass dadurch auf Sie zusätzliche Arbeit zukommen würde, weil das alles organisiert werden müsste.

mögliche Bedenken der Schulleitung: ungeklärt, wer das Kochen übernimmt, zusätzliche Arbeit durch Organisation

Aber ich kann Sie beruhigen: Wir haben schon mit den Elternvertreter*innen gesprochen, und die haben uns bereits ihre Unterstützung zugesagt. Einige Väter und Mütter sind im Schichtdienst tätig; die hätten regelmäßig ein paar Wochen am Vormittag Zeit, um in der Schulküche zu kochen oder das Essen auszuteilen. Es gibt auch Mütter, die nur in Teilzeit arbeiten; auch die könnten uns helfen. Und einige Eltern sind zurzeit arbeitslos; diese würden sich freuen, wenn sie vormittags eine sinnvolle Aufgabe hätten. Die Organisation – also den Einkauf und die Terminplanung – würden die Eltern auch übernehmen. Es käme also keine zusätzliche Arbeit auf Sie zu; die Schule müsste nur die Schulküche zur Verfügung stellen.

Hinweis auf Unterstützung der Eltern

Voraussetzung ist natürlich, dass die Schulküche entsprechend ausgestattet wird. Im Moment ist es so, dass nur Schülergruppen darin kochen können. Es müssten wahrscheinlich einige zusätzliche Geräte und Kochgeschirr angeschafft werden. Auch Teller, Gläser und Bestecke für die Schüler*innen müssten aufgestockt werden. Aber dieses Problem lässt sich lösen. Wenn alle Schüler*innen einen kleinen Betrag zahlen, würde das möglicherweise schon ausreichen, um die fehlenden Dinge anzuschaffen. Und vielleicht bekommen wir ja auch Spenden.

Voraussetzung: entsprechende Ausstattung der Schulküche

Vorschlag zur Problemlösung

Es sieht jedenfalls so aus, als ließe sich die Idee mit der Selbstversorgung durchaus lösen. Ich möchte Sie deshalb bitten, mit der Schülervertretung ein Gespräch darüber zu führen. Wir erwarten zwar nicht, dass die Umsetzung von heute auf morgen erfolgt. Aber wir sollten rechtzeitig anfangen, darüber nachzudenken, wie sich unser Vorschlag in absehbarer Zeit verwirklichen lässt. Bitte nennen Sie mir möglichst rasch einen Termin für unser Gespräch.

Mit freundlichen Grüßen
(Dein Name)

Schluss
Bitte um Gespräch mit der Schülervertretung

Übung 45

Sehr geehrter[1] Herr Wolf,
Sie haben bestimmt schon mitbekommen[2], dass wir Schüler*innen das Mensaessen unmöglich[3] finden. Es[4] ist zwar billig, aber es schmeckt uns überhaupt nicht[5]. Wahrscheinlich will der Lieferant vor allem viel Geld verdienen[6], indem er uns ein minderwertiges Essen anbietet, das[7] ihn nicht viel kostet. Ehrlich gesagt: Wir sind nicht mehr bereit, ein Essen zu akzeptieren[8], das offenbar in erster Linie den Interessen des Unternehmers dient. Er denkt wohl[9], dass er mit den[10] Einnahmen, die er durch uns erzielt[11], einen guten Gewinn machen kann[12]. Wir haben deshalb einen Vorschlag, wie man die Verpflegung der Schüler*innen verbessern kann: Sie sollten den Vertrag mit dem Caterer kündigen[13]. Dann kochen wir[14] künftig selbst. Die Eltern haben uns schon ihre Unterstützung zugesagt.

Mit freundlichen Grüßen
(Dein Name)[15]

1 höfliche Anrede verwenden
2 „gepeilt" ist umgangssprachlich – möglich wäre auch: „erfahren"
3 umgangssprachliche Formulierung ersetzen
4 unnötige Wortwiederholung („das Mensaessen") vermeiden
5 umgangssprachliche Formulierung ersetzen
6 umgangssprachliche Formulierung ersetzen
7 umgangssprachliche Formulierung ersetzen
8 umgangssprachliche Formulierung ersetzen
9 unübersichtlichen „Bandwurmsatz" vermeiden, neuen Satz beginnen
10 unnötige Wortwiederholung („durch") vermeiden
11 „machen" durch treffendes Verb ersetzen
12 umgangssprachliche Formulierung ersetzen

13 umgangssprachliche Formulierung ersetzen
14 neuer Gedanke → neuer Satz
15 Schlussgruß und Unterschrift ergänzen

Übung 46

	mögliche Schwierigkeit	Beispiel
Wortanfang	**f** oder **v**?	Frage – Vater
	v oder **w**?	Vene – Wohnung
	f oder **ph**?	Faden – Phantom
	ch oder **k**?	Chor – Kabel
	t oder **th**?	Tür – Theater
Wortmitte	**e** oder **ä**?	Berge – Härte
	eu oder **äu**?	Beutel – Gehäuse
	i oder **ie**?	Gardine – Miete
	x – **chs** – **ks** oder **cks**?	Taxi – Wachs – links – Glücksfall
	mit oder **ohne h**?	lahm – Name
	mit oder **ohne Doppelvokal**?	Beet – beten
	mit oder **ohne Doppelkonsonant**?	hallen – halten
Wortende	**b** oder **p**?	Raub – top
	d oder **t**?	Wild – Welt
	g oder **k**?	Sarg – Park
	ch oder **g**?	endlich – nötig
	s – **ss** oder **ß**?	Gas – Guss – heiß

✏ *Hinweis: Nimm gegebenenfalls dein Wörterbuch zu Hilfe.*

Übung 47

a)   betrügen: Betrüger, Betrug, betrogen

b)   fehlen: Fehler, verfehlen, befehlen

c)   Lob: loben, geloben, verlobt

d)   wagen: Wagnis, waghalsig, Wagemut

✏ *Hinweis: Auch zusammengesetzte Wörter gehören einer Wortfamilie an, wenn ein Bestandteil den Wortstamm enthält.*

Übung 48

Wörter mit ...	Beispielwörter
kurzem Vokal und Doppelkonsonant	1. Überfall (Z. 3) 2. Waffe (Z. 4/5) 3. Mann (Z. 9, Z. 11) 4. Summe (Z. 10, Z. 13) 5. wollte (Z. 12) 6. Bitte (Z. 13) 7. nachgekommen (Z. 14)
ie	1. die (Z. 12, Z. 15) 2. dieser (Z. 13) 3. Dieb (Z. 14)
Dehnungs-h	1. ohne (Z. 7) 2. 21-Jährigen (Z. 10)
silbentrennendem h	1. bedrohte (Z. 3) 2. ausgehen (Z. 12)
ck	1. einzustecken (Z. 7/8)
tz	1. verdutzt (Z. 16)

Hinweis: Das Wort „bedrohte" enthält kein Dehnungs-h, sondern ein h, das in der Grundform am Anfang der zweiten Silbe steht („bedro-hen").

Übung 49

1. a) kran**k**   kränker   b) Wan**d**   Wände
   c) Her**d**   Herde   d) run**d**   runder
   e) Wir**t**   Wirte   f) Kor**b**   Körbe
   g) Ty**p**   Typen   h) har**t**   härter
   i) Gur**t**   Gurte   j) Ber**g**   Berge
   k) Fahr**t**   Fahrten   l) bun**t**   bunter

2. a) die H**äu**ser Haus   b) k**ä**lter   kalt
   c) die De**ck**en   Decke   d) die B**eu**len Beule
   e) er schl**ä**ft   schlafen   f) die K**er**zen Kerze
   g) die R**ä**nder   Rand   h) schl**e**chter schlecht
   i) die Br**äu**che Brauch   j) die F**ä**cher Fach

3. / **Hinweis:** *Bei der Verwandtschaftsprobe musst du oft die Wortart wechseln, z. B. zu einem Nomen ein Adjektiv aus dieser Wortfamilie suchen.*

a)	herrschen	Herr	b)	verächtlich	achten
c)	Säure	sauer	d)	Schwimmbad	schwimmen
e)	räuchern	Rauch	f)	Verräterin	verraten
g)	verfehlen	Fehler	h)	jährlich	Jahr
i)	Härte	hart	j)	verdächtig	Verdacht

Übung 50

Das hört man	Beispielwörter	
stimmhafter s-Laut	1. Reise	2. Faser
	3. niesen	4. Hose
stimmloser s-Laut, davor langer Vokal	1. stoßen	2. süß
	3. fließen	4. Gruß
stimmloser s-Laut, davor kurzer Vokal	1. lassen	2. Messer
	3. Tasse	4. küssen

/ **Hinweis:** *Bei den Wörtern „süß" und „Gruß" kannst du die Verlängerungsprobe durchführen.*

Übung 51

1. / **Hinweis:** *Laut Aufgabenstellung solltest du nur die „unechten" Nomen und ihre Begleitwörter unterstreichen, also die Wörter, die erst durch bestimmte Begleiter im Satz zum Nomen geworden sind. – Begleitwörter: einfach unterstrichen, Nomen: doppelt unterstrichen.*

a) Nächsten Mittwoch muss ich das Schwimmen ausfallen lassen.

b) Ich finde ihr Lachen sehr sympathisch.

c) Das Kleid steht dir wirklich gut! Vor allem das Grün passt zu dir.

d) Das war ein großartiges Rennen.

e) Nach langem Hin und Her ging sie endlich mit.

2. Wie man Dateien richtig löscht

Wenn Anwender ihren Rechner oder eine Festplatte verkaufen oder entsorgen wollen, befinden sich in vielen Fällen noch sensible Daten auf dem Gerät. Viele Nutzer denken, mit dem Löschen der Daten oder dem Formatieren des Datenträgers lassen sich alle persönlichen Daten beseitigen – ein Trugschluss.

Zwar können Anwender mit der Tastenkombination „umschalt + entf" Daten ohne den Umweg über den Papierkorb löschen. Es ist allerdings kein Problem, diese Daten mit Spezialprogrammen wiederherzustellen. Das liegt vor allem daran, dass Windows beim normalen Löschen nur das Inhaltsverzeichnis entfernt, die Daten aber erhalten bleiben. Oder das Betriebssystem löscht die einzelnen Bereiche auf der Festplatte, überschreibt diese aber nicht.

Falls es kein Zurück für die Dateien geben soll, müssen Anwender schwerere Geschütze auffahren – entweder etwas umständlichere Windows-Bordmittel oder Löschtools, die meist einfacher zu handhaben und kostenlos sind.

Quelle: dpa: Wie man Dateien richtig löscht, 10. 01. 2012. Im Internet unter: http://www.berliner-zeitung.de/digital/auf-nimmerwiedersehen-wie-man-dateien-richtig-loescht,10808718,11415320.html

Übung 52

1. a) Wenn du gut lernst, wird dir der Test *leichtfallen*.

 b) Ich denke, wir werden miteinander *zurechtkommen*.

 c) Wo ist hier der *Notausgang*?

 d) Er war von der Sonne *braun gebrannt*.

 e) Auf der Bühne musst du *deutlich sprechen*.

 ✎ **Hinweis:** *Auch Wörter, die zusammengeschrieben werden, können zwei Betonungen haben. Eine davon ist dann aber die Hauptbetonung, denn sie wird stärker betont.*

2. a) Thomas will immer alles ~~schön reden~~ / *schönreden*.

 b) Maria kann ganz *schnell laufen* / ~~schnelllaufen~~.

 c) Costa lässt sich für morgen ~~krank schreiben~~ / *krankschreiben*.

 d) Ich möchte nicht ~~schwarz fahren~~ / *schwarzfahren*.

 ✎ **Hinweis:** *Der erste Bestandteil in den Wörtern „schönreden", „krankschreiben" und „schwarzfahren" lässt sich nicht steigern. Man kann z. B. nicht „schwärzer" fahren.*

Übung 53

Hinweis: Manchmal gehören mehr als zwei Sätze in ein Satzgefüge. Benenne dann jeden einzelnen Satz. – Hauptsatz (HS), Nebensatz (NS)

Was Hotelgäste auf dem Zimmer vergessen

Dass ein Hotelgast etwas im Hotelzimmer liegen lässt, ist nichts Neues. Eine britische Hotelkette hat jetzt eine Liste mit den verrücktesten Fundstücken veröffentlicht. | NS + HS

Gäste ihrer Hotels vergaßen unter anderem eine Urne mit sterblichen Überresten, einen Hamster namens Frederick, die Schlüssel zu einem Ferrari 458 und einen Koffer voller pinkfarbener Büstenhalter. | Aufzählung

Den Vogel abgeschossen hat aber ein Paar, das sein 18 Monate altes Baby zurückließ. Als die beiden sich auf den Weg zu einer Hochzeit machten, dachte jeder von ihnen, der andere hätte das Kind schon ins Auto gepackt, obwohl es noch im Hotelzimmer in seinem Bettchen lag. | HS + NS NS + HS + HS + NS

Die häufigsten Fundstücke in Hotelzimmern sind allerdings nicht so spannend, sondern eher langweilig. Auf Platz eins stehen Ladegeräte für Handys oder Laptops, Platz zwei wird von Schlafanzügen belegt, die oft im Hotelbett liegen bleiben. Auf Platz drei kommen Teddybären, sie werden oft von Kindern vergessen. Sehr häufig bleiben außerdem Kulturbeutel, Kämme, Bücher und elektrische Zahnbürsten auf den Hotelzimmern liegen. | Gegensatz HS + HS* HS + NS HS + HS Aufzählung

Hinweis: *In diesem Satz liegt eine Aufzählung vor, die aus mehreren Hauptsätzen besteht. Deshalb gibt es zwei richtige Begründungen für das Komma: Aufzählung und Satzreihe (HS + HS).

Übung 54

🖋 **Hinweis:** *Du erkennst den Beginn eines neuen Nebensatzes oft an einer bestimmten Konjunktion, z. B. an den Konjunktionen „wenn", „als", „weil" oder „obwohl". Wenn du den Eindruck hast, dass mitten in einem Satz zwei gebeugte Verben direkt aufeinanderprallen, dann ist hier die Nahtstelle zwischen einem Nebensatz und einem nachfolgenden Hauptsatz. Das erste Verb beendet dann den Nebensatz und das zweite Verb eröffnet den Hauptsatz.*
Richtige Kommas in Fettdruck, falsche Kommas eingekreist.

Im Westen sieht es schlecht aus mit der Ganztagsbetreuung

Die Ganztagsbetreuung für Grundschulkinder⊘ ist in vielen Bundesländern unzureichend und weist große Qualitätsdefizite auf. Wohin soll das Kind gehen**,** wenn die Schule aus ist? Diese Frage treibt viele Eltern um**,** wenn ihr Sprössling in die Grundschule kommt.	*falsch* *richtig* *richtig*
Denn während im Vorschulalter das Betreuungsangebot auch am Nachmittag heute bundesweit ausreicht**,** sieht es in den Lebensjahren danach vielerorts düster aus. Vor allem im Westen⊘ fehlt es häufig an einer Ganztagsbetreuung. Inzwischen wird ein Ausbau⊘ auch von der Wirtschaft dringend angemahnt. So soll Eltern die Vereinbarkeit von Familie und Beruf⊘ ermöglicht werden.	*richtig* *falsch* *falsch* *falsch*
Die Qualität der freiwilligen Nachmittagsangebote⊘ ist auch oft unzureichend. Denn die Hälfte der Bundesländer⊘ legt für die Angebote am Nachmittag keine Qualitätsstandards fest. Bei einer schlechten Betreuungssituation⊘ hat eine Ganztagsschule sogar negative Effekte auf die Entwicklung der Kinder.	*falsch* *falsch* *falsch*
Anders ist die Lage bei den Horten**,** wo es im Regelfall gesetzliche Mindeststandards für die Qualifikation des Personals und die Gruppengrößen gibt. Auch ermöglichen die Öffnungszeiten⊘ eine bessere Vereinbarkeit von Familie und Beruf.	*richtig* *falsch*
Denn im Regelfall⊘ sind die Horte an vier bis fünf Tagen in der Woche mindestens bis 17 Uhr geöffnet. Außerdem müssen Horte im Gegensatz zu den Ganztagsschulen⊘ grundsätzlich eine Ferienbetreuung anbieten.	*falsch* *falsch*

Quelle: Dorothea Siems: Westen sieht bei Ganztagsbetreuung schlecht aus, 19.12.11; Im Internet unter: http://www.welt.de/politik/deutschland/article13774766/Im-Sueden-sieht-es-schlecht-aus-mit-Ganztagsbetreuung.html

Kompetenz Sprachwissen und Sprachbewusstsein

Übung 55

Neulich vergaß ein Reptilienhändler in einem Hotelzimmer sein grünes Ch...
Adv   V   Art   N   Präp   Art   N   Pron   Adj   N

Der Gast übersah das Tier am Morgen, als er seinen Koffer packte.
Art   N   V   Art   N   Präp   N   Konj   Pron   Pron   N   V

🖋 **Hinweis:** *Das Wort „am" ist eine Präposition, die mit einem Artikel verschmolzen ist („an dem").*

Das lag an der grünen Farbe der Tapete im Hotelzimmer.
Pron   V   Präp   Art   Adj   N   Art   N   Präp   N

🖋 **Hinweis:** *Das Wort „das" ist ein Pronomen, weil es sich durch das Wort „dieses" ersetzen lässt. Das Wort „im" ist eine Präposition, die mit einem Artikel verschmolzen ist („in dem").*

Abends entdeckte der nächste Besucher das Tier, weil es sich bewegte.
Adv   V   Art   Adj   N   Art   N   Konj   Pron   Pron   V

Er überlegte einen Augenblick, dann alarmierte der Mann sofort die Polizei.
Pron   V   Art   N   Adv   V   Art   N   Adv   Art   N

Die Polizisten fingen das kleine Reptil mit einem Kescher.
Art   N   V   Art   Adj   N   Präp   Art   N

Bald ermittelten die Beamten den Besitzer und benachrichtigten ihn.
Adv   V   Art   N   Art   N   Konj   V   Pron

Der glückliche Reptilienhändler begab sich sofort wieder in das Hotel.
Art   Adj   N   V   Pron   Adv   Adv   Präp   Art   N

Übung 56

🖋 **Hinweis:** *Achte nicht nur auf die richtigen Formen der Artikel und Nomen, sondern auch auf die Endungen der begleitenden Adjektive.*

Einzahl	männlich	weiblich	sächlich
Nominativ	der alte Tisch	die helle Lampe	das dunkle Sofa
Genitiv	des alten Tisches	der hellen Lampe	des dunklen Sofas
Dativ	dem alten Tisch	der hellen Lampe	dem dunklen Sofa
Akkusativ	den alten Tisch	die helle Lampe	das dunkle Sofa

Mehrzahl	männlich	weiblich	sächlich
Nominativ	die alten Tische	die hellen Lampen	die dunklen Sofas
Genitiv	der alten Tische	der hellen Lampen	der dunklen Sofas
Dativ	den alten Tischen	den hellen Lampen	den dunklen Sofas
Akkusativ	die alten Tische	die hellen Lampen	die dunklen Sofas

Übung 57

Hinweis: Achte bei zusammengesetzten Zeitformen auf das Hilfsverb. Es zeigt dir an, ob es sich um das Perfekt (verkauft haben) oder um das Plusquamperfekt handelt (verstoßen hatte). Das Futur I enthält neben dem Hilfsverb „werden" immer den Infinitiv, also die Grundform des Verbs, z. B. „wird sagen". Das Futur II enthält dagegen noch ein weiteres Hilfsverb (sein oder haben) und das Partizip (gefragt, bearbeitet, gegessen …), z. B.: „wird gesagt haben".

Knut bleibt unvergessen!	Präsens
Im Berliner Zoo gab es einmal einen berühmten Eisbären	Präteritum
namens Knut, der sehr beliebt war.	Präteritum
Weil ihn seine Mutter nach der Geburt verstoßen hatte,	Plusquamperfekt
kümmerte sich ein Tierpfleger liebevoll um ihn. Tausende	Präteritum
Gäste, die aus allen Teilen der Welt angereist waren,	Plusquamperfekt
beobachteten die beiden dabei neugierig.	Präteritum
Im Alter von nur vier Jahren starb der süße Knut, da er	Präteritum
infolge einer Gehirnentzündung ins Wasser gefallen war.	Plusquamperfekt
Dort war er ertrunken.	Plusquamperfekt
Die Knut-Fans werden sich noch lange an ihn erinnern.	Futur I
Irgendwann wird man ihm ein Denkmal errichtet haben.	Futur II
Dieses wird dann im Berliner Zoo stehen.	Futur I
Mit Knut haben einige Händler gute Geschäfte gemacht,	Perfekt
indem sie Plüschbären an die Zoogäste verkauft haben.	Perfekt
Tierschützer kritisieren noch heute den Rummel um Knut.	Präsens

Übung 58

Hinweis: Überlege, was zur gleichen Zeit geschah (→ Präteritum) und was vorher geschehen sein muss (→ Plusquamperfekt).

Betrunkener Einbrecher scheiterte zweimal

Am Freitag **verhaftete** die Polizei einen Einbrecher mit zwei Promille. Die beiden Beamten **steckten** den 25-Jährigen in eine Zelle, damit er dort seinen

Rausch **ausschlief**. In der Nacht zuvor **hatte** der junge Mann **versucht**, in ein Einfamilienhaus einzudringen. Das **berichtete** später die Polizei. Nachdem er unabsichtlich ein Regal mit Büchern **umgeworfen hatte**, **erwachte** die Bewohnerin und **schlug** den Mann in die Flucht. Anschließend **rief** sie die Polizei. Bevor diese den Täter jedoch **festnahm**, **hatte** er noch schnell **probiert**, ein Auto zu knacken.

Übung 59

Mit dem Geländewagen in den U-Bahn-Schacht
Vor einiger Zeit **stürzte** ein Autofahrer in San Francisco mit seinem Geländewagen in einen U-Bahn-Tunnel. Dort **blieb** er **stecken**. Warum der Mann in den Tunnel **raste**, wurde nicht **geklärt**. Menschen **kamen** bei dem Unglück nicht zu Schaden. Auch Sachschaden **entstand** nicht. Allerdings **war** der Betrieb aller fünf U-Bahnlinien für mehr als zwei Stunden unterbrochen. Die Polizei **nahm** den Unglücksfahrer **fest**.

✒ *Hinweis: Dadurch, dass die Hilfsverben „haben" und „sein" überall entfallen sind, klingt der Text erheblich eleganter.*

Übung 60

✒ *Hinweis: Bei zusammengesetzten Formen musst du jeweils nur das Hilfsverb ins Präsens setzen (wollte werden → will werden, wurde getötet → wird getötet, wurde verletzt → wird verletzt, musste feststellen → muss feststellen). Die Verben „einsetzen" und „aufhören" sind trennbare Verben. Wenn man sie beugt, rutscht der erste Teil des Verbs an das Satzende.*

Inhaltsangabe zu Günter Kunerts Kurzgeschichte „Die Taucher"
In der Kurzgeschichte „Die Taucher" von Günter Kunert geht es um ein Schiff, das im Jahr 1906 während eines Taifuns gesunken ist. Viele Jahre später **machen** sich zwei Bergungsteams getrennt voneinander auf die Suche nach dem Wrack. Sie **wollen** den Tresor finden, in dem unermessliche Schätze sein sollen. Beide Teams scheitern.

Jedes der beiden Bergungsunternehmen **will** durch den Schatz reich werden und **setzt** sogar Spitzel **ein**, um an Informationen über die Gegenseite zu kommen. Sie **beobachten** einander ständig bei der Suche nach dem Wrack. Als zwei Taucher das gesunkene Schiff schließlich **finden**, **kämpfen** sie gegeneinander. Bei diesem Kampf **wird** einer von ihnen getötet und der andere schwer verletzt. Der Verletzte **findet** schließlich auch den Tresor, aber er

muss feststellen, dass es gar keinen Schatz **gibt**. Kurz danach **erliegt** auch er seinen Verletzungen.

Die Mannschaften **erfahren** nicht, dass ihre beiden Taucher tot **sind** und dass es keinen Schatz **gibt**. Sie **hören** daher mit der Suche nicht **auf**.

Übung 61

Hinweis: Wenn das Subjekt im Plural steht, verwendest du die Umschreibung mit „würde".

Der Verfasser meint, das Schreiben von E-Mails **habe** inzwischen das Schreiben herkömmlicher Briefe fast schon **abgelöst**. Während der Schreiber eines Briefes sich in der Regel Mühe **gebe**, **neige** der E-Mail-Schreiber dazu, seine Texte in Windeseile zu tippen. Häufig **kümmere** er sich dabei nicht um das Einhalten von Regeln. Beispielsweise **spreche** er den Empfänger mit „Hallo Herr X" statt mit „Sehr geehrter Herr X" **an**. Und die Rechtschreibung **bleibe** auch oft auf der Strecke. Einige E-Mail-Nutzer **würden** aus Bequemlichkeit alle Wörter **kleinschreiben**. Und auf die Zeichensetzung **würden** sie auch nicht **achten**. Doch das **sei** ein Fehler. Auch beim Verfassen von E-Mails **würden** bestimmte Regeln **gelten**, die man **einzuhalten habe**.

Übung 62

Hinweis: Achte auf die richtigen Zeitformen: „wurde gefunden" wird im Aktiv zu „fand" und „war gekauft worden" wird im Aktiv zu „hatten gekauft". Wenn der Satz mit einer Zeitangabe oder einer Ortsangabe beginnt, rückt das Subjekt hinter das gebeugte Verb.

Tote Maus als Beilage in Gemüsepfanne entdeckt

Vor einigen Tagen wurde in einem Fertigessen ein ekliger Fund gemacht. In einer Gemüsepfanne **fand ein Pärchen** eine tote Maus. **Die beiden hatten** das Tiefkühlgericht einen Tag zuvor in einem Supermarkt **gekauft**. **Sie mussten** das tiefgefrorene Gericht **erhitzen**. Deshalb **schütteten sie** es in eine Pfanne. Während des Aufwärmens **entdeckten sie** das steife Nagetier.

In letzter Zeit werden immer wieder unappetitliche Funde in Fertiggerichten gemacht: Einmal **fand ein Rentnerpaar** die Klinge eines Teppichmessers in einem Rindergulasch. Vor einem Jahr **biss ein Mann** beim Verspeisen eines Hacksteaks auf einen menschlichen Zahn. Und vor nicht allzu langer Zeit **entdeckte eine junge Frau** einen Frosch in ihrer Salatmischung.

Übung 63

*✎ **Hinweis:** Die Formen der Adjektive „hoch" und „nah" werden unregelmäßig gebildet.*

a) das stille Wasser   → das stillere Wasser   → das stillste Wasser
b) die nette Dame   → die nettere Dame   → die netteste Dame
c) der kluge Hund   → der klügere Hund   → der klügste Hund
d) das hohe Haus   → das höhere Haus   → das höchste Haus
e) der berühmte Star   → der berühmtere Star   → der berühmteste Star
f) die nahe Stadt   → die nähere Stadt   → die nächste Stadt

Übung 64

*✎ **Hinweis:** Wenn das Adjektiv Teil des Prädikats ist, musst du jeweils die zugehörige Form des Verbs „sein" unterstreichen. Ansonsten unterstreichst du das zugehörige Nomen (bei der Verwendung als Attribut) oder das zugehörige Verb (bei der Verwendung als Adverb).*

Putzkraft zerstört <u>wertvolles Kunstwerk</u>	Attribut
Viel zu <u>gründlich ging</u> eine <u>übereifrige Putzkraft</u> bei Reinigungsarbeiten in einem Museum <u>vor</u>. Beim Saubermachen wollte sie einen <u>hartnäckigen Fleck</u> beseitigen, mit dem Ergebnis, dass das Kunstwerk anschließend <u>ruiniert war</u>.	Adverb, Attribut Attribut Prädikatsteil
Das Werk trägt den <u>interessanten Titel</u> „Wenn's anfängt durch die Decke zu tropfen". Nun ist die <u>ganze Angelegenheit</u> ein <u>brisanter Fall</u> für die Versicherung geworden.	Attribut Attribut Attribut
Die Arbeit war eine Dauerleihgabe für das Museum. Sie bestand aus einem <u>massiven Holzplattenturm</u>, der <u>baumhoch war</u>. Unten in der Mitte befand sich ein Gummitrog mit einem <u>weißlichen Kalkfleck</u>.	Attribut, Prädikatsteil Attribut
Diesen <u>rieb</u> die Putzkraft so <u>gründlich weg</u>, dass sie damit <u>unwissentlich</u> ein <u>teures Kunstwerk zerstörte</u>. Nach den Aussagen des Museums <u>ist</u> das Werk nicht <u>wiederherstellbar</u>.	Adverb Adverb, Attribut Prädikatsteil

Übung 65

✎ **Hinweis:** *Trage als Erstes die Adjektive in die Lücken ein, die du sicher zuordnen kannst, und streiche sie dann in der Liste durch. Das erleichtert dir die Arbeit.*

Schluss mit der unnötigen Lebensmittelverschwendung!

In Europa werden **jährlich** viele Tonnen Lebensmittel <u>weggeworfen</u>, die man noch **bedenkenlos** <u>essen</u> könnte. Sie werden **sinnlos** <u>verschwendet</u>. Dagegen können die Verbraucher*innen aber **aktiv** <u>vorgehen</u>, indem sie **sparsam** <u>einkaufen</u> und ihre Einkäufe **sorgfältig** <u>planen</u> oder Übriggebliebenes einfrieren. Wenn es dann einmal **schnell** <u>gehen</u> muss, hat man innerhalb kurzer Zeit sein Mittagessen **fertig** <u>gekocht</u>. Auf diese Weise kann man die Verschwendung von Lebensmitteln im eigenen Haushalt **deutlich** <u>verringern</u>. Nebenbei kann man so auch **richtig** Geld <u>sparen</u>. Dafür kann man sich dann hin und wieder ganz **bequem** in einem Restaurant <u>bekochen</u> lassen.

Übung 66

a) <u>Viele Schüler*innen</u> sorgen sich um die Zeit nach dem Schulabschluss. **Sie** fragen sich, ob sie wohl eine Lehrstelle finden.

b) Aber die Situation der <u>Schulabgänger*innen</u> hat sich in den letzten Jahren deutlich gebessert. **Ihre** Zahl ist nämlich gesunken. Deshalb gibt es für **sie** immer mehr freie Lehrstellen.

c) Einige Ausbildungsbetriebe suchen schon händeringend nach <u>Bewerber*innen</u>. Aber nicht **alle** werden für geeignet gehalten. **Einige** werden also trotzdem nicht eingestellt.

✎ **Hinweis:** *Bei c können die Pronomen als Stellvertreter benutzt werden. Das ist möglich, weil klar ist, worauf sie sich beziehen.*

Übung 67

1. ✎ **Hinweis:** *Bedenke, dass Satzglieder unterschiedlich lang sein können.*

a) | In den Pausen | stehen | die Schüler | auf dem Hof |.

b) | Sie | diskutieren | die neuesten Modetrends |.

c) | Montags | vergehen | die Pausen | viel zu schnell |.

d) | Nach jeder Pause | beginnt | sofort | die nächste Unterrichtsstunde |.

e) | Fast alle Schultage | enden | am frühen Nachmittag |.

2. ✦ **Hinweis:** *Bedenke, dass ein Satz nicht unbedingt mit dem Subjekt anfangen muss. Es kann auch vorkommen, dass ein bestimmtes Satzglied öfter als einmal in einem Satz vorkommt, z. B. kann ein Satz zwei Objekte enthalten oder zwei oder drei Adverbialen.*

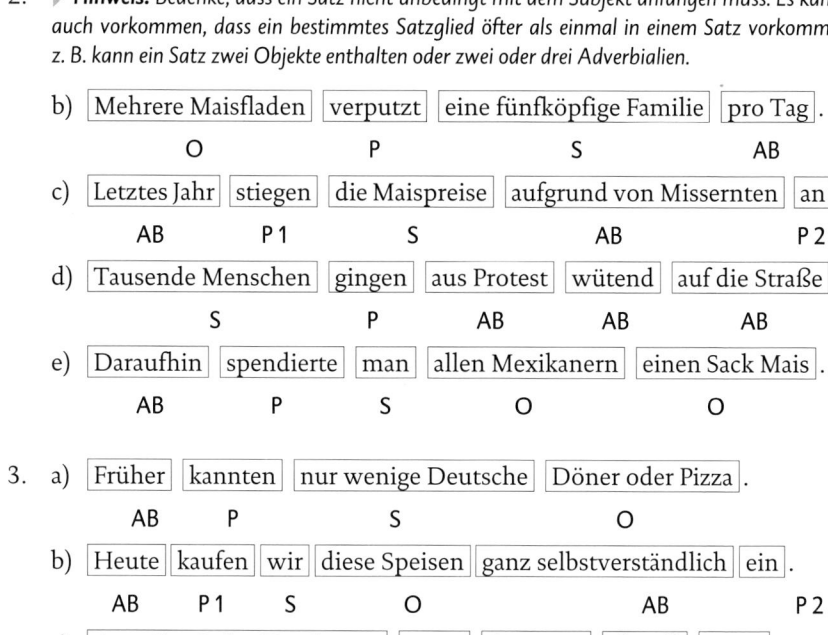

3. a)

Übung 68

Hauskatze läuft 3 000 Kilometer durch Australien

Katze Jessie aus Australien hatte Heimweh. **Deshalb** lief sie 3 000 Kilometer quer durchs Land zurück in ihr altes Zuhause. **Besitzerin** Sheree Gale war mit der Katze vom südlichen Ungarra auf eine Farm nahe Darwin im Norden von Australien gezogen. **Plötzlich** verschwand Jessie. **Sie** tauchte erst 15 Monate später in ihrer alten Gegend wieder auf. **Medienberichten** zufolge war eine andere Familie in das alte Haus gezogen. **Diese** schickte Fotos der gefundenen Katze an Gale. **Katze** Jessie ist nun wieder mit ihrem Bruder Jack vereint. **Dieser** hatte vor knapp einem Jahr den Flieger in die neue Heimat verpasst. **Er** war am Abflugtag der Gales weggelaufen.

Quelle: Martin Klemrath: Hauskatze läuft 3 000 Kilometer durch Australien, 08. 11. 2011. Im Internet unter:
http://www.welt.de/vermischtes/kurioses/article13704751/Hauskatze-laeuft-3000-Kilometer-durch-Australien.html

Übung 69

✐ Hinweis: Satzglieder, die an den Satzanfang gestellt wurden, sind durch Fettdruck hervor-gehoben. Nicht bei jedem Satz ist es nötig, ein Adverbial an den Satzanfang zu rücken. Ansonsten würde eine neue Eintönigkeit entstehen! Bei einigen Sätzen ist auch eine andere Reihenfolge der Satzglieder möglich.

Leiche unter Schnee und Eis

Ein Bergsteigerpaar fand am 19. September 1991 bei einer Bergtour in den Ötztaler Alpen eine Leiche aus der Jungsteinzeit. Sie lag in einem Gletscher unter Eis und Schnee. **Deshalb** war sie ungewöhnlich gut erhalten. **Wegen ihres Fundorts** wurde die Mumie später liebevoll „Ötzi" genannt. **Seitdem** beschäftigen sich Wissenschaftler*innen mit dem Steinzeitmenschen. **Seit 20 Jahren** wollen die Forscher*innen die Umstände seines Todes aufklären. **Durch Untersuchungen** haben sie schon einiges herausgefunden: **Vor rund 5 300 Jahren** kam der Mann ums Leben. Ein Keulenschlag tötete ihn von hinten. **Damals** war er etwa 46 Jahre alt. Der Tod ereilte ihn während einer Rast. Der Angreifer ließ ihn einfach liegen. **Den Grund für den tödlichen Angriff** kennen die Forscher*innen nicht. **Kurz vor seinem Tod** muss der Mann sich aber sicher gefühlt haben. Er hatte nämlich eine lange Rast gemacht und ausgiebig gegessen. **Das** können die Forscher*innen mit einiger Sicherheit sagen. Sie haben Ötzis Mageninhalt gründlich untersucht. **Inzwischen** haben sie auch das Erbgut der Steinzeitmumie entschlüsselt.

Übung 70

Keine Wirkung ohne Nebenwirkung

Der Herbst ist da, **und** viele Menschen sind erkältet. **Oft** nehmen sie Medikamente ein, **denn** sie müssen zur Arbeit oder zur Schule gehen. **Vielleicht** können sie den Tag so überstehen. **Jedenfalls** hoffen sie das. **Aber** jedes Medikament enthält auch unangenehme Wirkstoffe, **denn** es gibt kein Medikament ohne Nebenwirkungen. **Doch** viele wissen das nicht. **Beispielsweise** können Mittel gegen Husten schläfrig machen, **denn** sie beeinträchtigen das Reaktionsvermögen. **Dagegen** wirken andere Mittel anregend, **und** Verwirrtheit und Halluzinationen sind die möglichen Folgen. Selbst harmlose Mittel können die Fahrtüchtigkeit beeinträchtigen. **Deshalb** sollten Autofahrer*innen sich über die möglichen Nebenwirkungen informieren, **denn** im Falle eines Unfalls drohen Bußgelder. **Außerdem** können Fahrverbote ausgesprochen werden. Auskünfte zu den Nebenwirkungen von Medikamenten erteilt medizinisches Fachpersonal. Informationen dazu finden sich **ebenfalls** auf dem Beipackzettel.

✦ *Hinweis: Bei einigen Sätzen sind auch andere Verbindungen denkbar. Beim zweiten Satzpaar wurde die Reihenfolge der Sätze getauscht.*

Übung 71

Labrador als Lebensretter

	K	P
Ein 81-jähriger Mann und seine 3-jährige Enkelin, <u>die</u> während einer Autofahrt einen Unfall erlitten, verdanken ihrem Hund das Leben.	☐	☒
Der 7-jährige Labrador bewahrte die beiden vor dem Erfrieren, <u>indem</u> er sie abwechselnd wärmte.	☒	☐
So überstanden sie die Nacht im Unfallwagen ohne Erfrierungen, <u>obwohl</u> die Temperaturen deutlich unter dem Gefrierpunkt lagen.	☒	☐
Die Polizei entdeckte das Trio am nächsten Morgen in dem Fahrzeug, <u>das</u> umgestürzt in einem Flussbett lag.	☐	☒
Für seine Heldentat, <u>die</u> sich in der Region schnell herumsprach, erhielt der Hund einen Orden und eine Extraportion Hundefutter.	☐	☒
Man kann annehmen, <u>dass</u> sich das Tier mehr über das Hundefutter als über den Orden gefreut hat.	☒	☐

Übung 72

✦ *Hinweis: Achte darauf, welcher Zusammenhang zwischen den Sätzen logisch ist: Nennt einer der beiden Sätze einen Grund (weil, da), eine Bedingung (wenn, falls) oder einen Gegengrund (obwohl, obgleich)? Oder gibt es einen zeitlichen Zusammenhang (nachdem, als)?*

a) Hundebesitzer*innen in Nordrhein-Westfalen können sich freuen, **weil** sie künftig ihre Vierbeiner auf Waldwegen frei laufen lassen dürfen.

b) Das Oberverwaltungsgericht in Münster hat entschieden, **dass** Hunde dort nicht angeleint werden müssen.

c) Eine Leine müssen die geliebten Vierbeiner nur dann tragen, **wenn** sie den Weg verlassen.

d) **Nachdem** eine Hundebesitzerin wegen des Leinenzwangs im Wald gegen die Stadt Hilden geklagt hatte, bekam sie in zweiter Instanz recht.

Übung 73

Hinweis: Achte darauf, dass du im Relativsatz das Wort oder die Wortgruppe streichst, das/die im Hauptsatz genannt worden ist, und setze das gebeugte Verb ans Ende.

a) Eine Frau, **der** man einmal die Handtasche gestohlen **hatte,** verzichtete seither auf dieses modische Beiwerk.

b) Aus Vorsicht wollte sie die Geldbörse, **die** sie bei sich **trug,** nur noch eng am Körper tragen.

c) Sie kaufte fortan ausschließlich Jacken und Mäntel, **die** auf der Innenseite mit einer Tasche versehen **waren.**

d) Taschendieb*innen, **die** es auf ihr Geld **absahen,** sollten bei ihr keine Chance mehr haben.

e) Modische Akzente setzte sie seither nur noch mit Tüchern, **die** farblich zu ihrer Kleidung **passten.**

f) Allerdings lösten sich die Nähte der Innentaschen, **die** deshalb übermäßig belastet **waren,** nach und nach auf.

g) Da griff die Frau zu Nadel und Faden und verstärkte die Nähte, **die** angefangen **hatten,** sich zu lösen.

h) Seither hatte sie beim Einkaufen keine Angst mehr vor Taschendieb*innen, **die** ihr die Geldbörse stehlen **könnten.**

Übung 74

Hinweis: Die Konjunktion „dass" kann auch am Anfang eines Satzgefüges stehen. Das kann ein Relativpronomen nicht!

Steckt <u>das</u> Gähnen auch Wellensittiche an?	*Artikel*
Gähnt jemand, gähnen bald alle – **das** kennt man vom Menschen und von einigen Affenarten. US-	*Demonstrativpronomen*
Wissenschaftler*innen wollen **das** Phänomen nun	*Artikel*
auch bei Wellensittichen beobachtet haben. **Dass**	*Konjunktion*

Gähnen ansteckend ist, gilt außer für Menschen nur für wenige Tierarten wie Schimpansen, Makaken und Paviane. Nun behaupten Forscher*innen, **dass** sich auch Wellensittiche von gähnenden Artgenossen anstecken lassen. Sie filmten 21 der kleinen Papageien in einer Voliere. Zwar gähnten die Tiere insgesamt recht selten, doch war die Wahrscheinlichkeit größer, **dass** ein Sittich den Schnabel aufriss und Flügel und Beine streckte, wenn unmittelbar zuvor andere Käfiggenossen gegähnt hatten. Nur selten passierte es, **dass** ein einzelner Vogel gähnte. Laut den Forscher*innen dient ein Gähnen, **das** ansteckend ist, dem Zusammenleben in der Gruppe. Allerdings ist unklar, ob **das** Gähnen verschiedener Vögel, **das** direkt aufeinanderfolgt, nicht bloß auf Zufall beruht. Möglicherweise ist es auch so, **dass** die Vögel in der Voliere den gleichen Tagesrhythmus haben. Es kann also sein, **dass** sie alle zur gleichen Zeit müde werden.

	Konjunktion
	Konjunktion
	Konjunktion *Relativpronomen*
	Artikel *Relativpronomen* *Konjunktion*
	Konjunktion

Quelle: Katrin Blawat: Steckt Gähnen auch Wellensittiche an? 18. 01. 2012. Im Internet unter: http://www.sueddeutsche.de/ wissen/verhaltensbiologie-steckt-gaehnen-auch-wellensittiche-an-1.1260679; aus didaktischen Gründen stellenweise geändert und leicht gekürzt.

Übung 75

a) Roboter dienen inzwischen dazu, den Alltag **zu erleichtern**.
b) Sie erledigen alles, **ohne** sich darüber **zu beklagen**.
c) Man kann sie z. B. dazu einsetzen, den Hund **zu füttern**.
d) Neue Roboter lernen sogar schon, den Hund **auszuführen**.
e) Allerdings ist es nicht leicht, ihnen das **beizubringen**.
f) Der Roboter läuft nämlich lieber um den Hund herum, **als** ihm **zu folgen**.
g) Er weicht einem Hindernis eher aus, **statt** direkt darauf **zuzusteuern**.

Hinweis: Bei den Sätzen b, f und g müssen die Wörter „ohne", „als" und „statt" erhalten bleiben. Bei den Sätzen d, e und g wird das Wörtchen „zu" jeweils in das Verb eingeschoben.

▶ Lösungen
Übungsaufgaben im Stil
der zentralen Prüfung

Übungsaufgabe 1

Erster Prüfungsteil: Leseverstehen

		passt	passt nicht
1. a)	„In Parks wachsen Tomaten statt Tulpen […]." (Z. 2/3)	☒	☐
b)	„Elektrogeräte werden wiederverwendet." (Z. 1/2)	☐	☒
c)	„Fabriken kehren zurück in die Stadt." (Z. 1)	☐	☒
d)	„Liebevoll bepflanzte Mini-Flächen […] gehören […] zum Alltag." (Z. 100-103)	☒	☐

		trifft zu	trifft nicht zu
2. a)	Geplant sind eine Fischzucht und Gemüseanbau.	☒	☐
b)	Das Projekt entsteht auf einem Hinterhof.	☐	☒
c)	Es gibt nur wenig Platz.	☒	☐
d)	Computer steuern Wärme und Wasser.	☒	☐
e)	Der Anbau von Gemüse erfolgt ohne Erde.	☒	☐
f)	Nur zwei Gemüsesorten sollen angebaut werden.	☐	☒

3. Die Stadt der Zukunft muss zurechtkommen mit einem Mangel an …

a) ☐ Wasser.
b) ☐ Geld.
c) ☐ Licht.
d) ☒ Platz.

✎ **Hinweis:** *Weil es zu wenig Platz gibt, gehen Fachleute davon aus, dass künftig „wieder mehr in die Höhe gebaut werden wird." (Z. 110/111)*

4. Mit der Stadt der Zukunft beschäftigen sich …

	trifft zu	trifft nicht zu
a) Politiker*innen.	X	☐
b) Wissenschaftler*innen.	X	☐
c) Lehrer*innen.	☐	X
d) Unternehmer*innen.	X	☐
e) Architekt*innen.	X	☐
f) Autofahrer*innen.	☐	X

Hinweis: a: Z. 32; b: Z. 34; d: Z. 32; e: Z. 64

5. a) Elektromobilität — B
   b) intelligenter Straßenbelag — B
   c) Anbau von Tomaten in Grünanlagen — A
   d) Verdichtung der Bebauung — C
   e) fahrerlose Autos — B
   f) Gemüsegärten auf Dachterrassen — A
   g) Hochhäuser — C
   h) Ausbau von Fahrradwegen — B
   i) Anbau von Gemüse auf kleinstem Raum — A

6. Sie wünschen sich …
   a) ☐ finanzielle Hilfen vom Staat.
   b) ☐ große Hallen.
   c) X kurze Transportwege.
   d) ☐ breitere Straßen.

   Hinweis: Es heißt im Text, sie wollen „lange Transportwege […] vermeiden." (Z. 117/118)

7. auf Dachterrassen, in Restaurants, in Duschkabinen
   Hinweis: vgl. Z. 99, Z. 126, Z. 127

8. Seine Art des Gemüseanbaus soll die traditionelle Landwirtschaft nicht ersetzen, sondern **ergänzen.**
   Hinweis: vgl. Z. 25–29

9. a) Die Bürger*innen teilen viele Dinge miteinander. ☒

b) Autospuren können ihre Farben ändern. ☐

c) Taxis werden durch Roboterautos ersetzt. ☐

d) Bürger*innen nutzen brachliegende Flächen zum Gärtnern. ☒

e) Autos bewegen sich ohne Fahrer*in. ☐

f) Häuser werden in die Höhe gebaut. ☒

g) Menschen gestalten ihr Umfeld selbstständig mit. ☒

Hinweis: Es geht um die Frage, was schon heute möglich ist, nicht um Pläne für die Zukunft. a: vgl. Z. 42/43; d: vgl. Z. 97–103; f: vgl. Z. 109–111; g) vgl. Z. 135–139

10. a) ☐ Es gibt schon jetzt zu wenige Grünflächen in den Städten.

b) ☒ Das Wachstum der Bevölkerung erfordert den Bau neuer Häuser.

c) ☐ Menschen, die in Großstädten leben, sind leicht erregbar.

d) ☐ In Großstädten haben nur wenige Wohnungen einen Balkon.

Hinweis: vgl. Z. 108–111

	trifft zu	trifft nicht zu
11. a) Die Menschen steuern ihre Autos nicht mehr selbst.	☐	☒
b) Der Ausstoß an Abgasen wird gestoppt.	☒	☐
c) In den Städten fahren weniger Autos.	☐	☒
d) Es gibt weniger Lärm durch Straßenverkehr.	☒	☐
e) Das Autofahren wird deutlich billiger.	☐	☒

Hinweis: Ziele der Elektromobilität sind darin zu sehen, dass Lärm und Abgase vermieden werden (vgl. Z. 34–36).

12. a) Taxis werden durch selbst fahrende Autos ersetzt. ☐3

b) Google testet führerlose Autos. ☐1

c) Roboterautos werden miteinander vernetzt. ☐4

d) Autos rollen allein durch Parkhäuser. ☐2

Hinweis: Um die richtige Reihenfolge herauszufinden, musst du die Zeilen 72–85 genau lesen.

13. Der Straßenbelag …

	trifft zu	trifft nicht zu
a) ist so konstruiert, dass das Befahren der Straßen keine Geräusche verursacht.	☐	☒
b) ändert seine Farbe, um die Spuren ans Verkehrsaufkommen anzupassen.	☒	☐
c) sorgt mit seinen Sensoren für den nötigen Sicherheitsabstand zwischen Fahrzeugen.	☐	☒
d) hilft durch programmierbare Sensoren, selbstfahrende Autos zu lenken.	☒	☐

✦ Hinweis: vgl. Z. 68/69, Z. 70–72

14. In diesen Städten werden in öffentlichen Anlagen anstatt Blumen Gemüsesorten angepflanzt, z. B. Tomaten. Die Bürger können sich daran bedienen und das Gemüse essen.

✦ Hinweis: vgl. Z. 91–93

15. Stadtbewohner*innen …

	trifft zu	trifft nicht zu
a) möchten in ihrem Viertel selbst aktiv werden.	☒	☐
b) erwarten ein perfekt gestaltetes Umfeld.	☐	☒
c) wollen an der Gestaltung ihrer Stadt beteiligt werden.	☒	☐
d) wünschen sich mehr Parkplätze vor der Haustür.	☐	☒
e) wollen bei der Stadtplanung miteinbezogen werden.	☒	☐

✦ Hinweis: a: vgl. Z. 135–139; c: vgl. Z. 149–152; e: vgl. Z. 149/150

16. Ich finde nicht, dass es ein Widerspruch ist, wenn die Bürger*innen beides wollen: die Teilnahme am technischen Fortschritt und eine Art Dorfcharakter in ihrem unmittelbaren Umfeld. Sie suchen auch in einer modernen Welt nach Geborgenheit. Diese finden sie, wenn ihnen ihre direkte Umgebung so vertraut erscheint wie ein Dorf: Es beruhigt sie, wenn sie gut überblicken können, wo das ist, was sie im Alltag brauchen. Das gilt nicht nur für Geschäfte, Behörden und Dienstleistungen, sondern auch für Kontaktpersonen.

*✦ Hinweis: Triff zunächst eine Entscheidung: Ist es für dich ein Widerspruch, wenn Bürger*innen einer Stadt sich sowohl die Teilnahme am technischen Fortschritt als auch eine Art Dorfcharakter wünschen? Anschließend musst du deine Meinung begründen.*

Zweiter Prüfungsteil: Wahlthema 1

✏ **Hinweis:** Du findest in den Materialien ganz unterschiedliche Informationen, die sich verschiedenen Gesichtspunkten der Fragestellung zuordnen lassen. Deshalb kannst du nicht einfach ein Material nach dem anderen „abarbeiten". Am besten markierst du in jedem Material alle Informationen, die du für wichtig hältst, und ordnest sie den einzelnen Teilaufgaben zu.
Danach beginnst du mit dem Schreiben. Denke daran, wer deinem Vortrag zuhören wird: deine Mitschüler*innen. Du kannst sie zwischendurch direkt ansprechen. Das empfiehlt sich vor allem am Anfang und am Schluss. In den rein informativen Abschnitten wäre das eher unpassend. Nachdem du die Argumente der Zoo-Befürworter*innen genannt hast, solltest du mögliche Einwände anführen. Gleiches gilt für den Abschnitt, in dem du die Begründungen der Zoo-Gegner*innen nennst.

Schreibplan

	Mögliche Inhalte (Stichworte)	Quellen
Einleitung Hinführung	• Bezugnahme auf eigene Erfahrungen	Aufgaben-stellung
Hauptteil Ansichten zur Tierhaltung in Zoos	**Geschichtliche Entwicklung**	
	• erste Zoos vor 5 000 Jahren in Ägypten	M 1
	• später auch in China und Europa	M 1
	• Zoos zunächst als Vorrecht von Herrschenden: stellten damit ihre Macht zur Schau	M 1
	• heute: Zoos können von allen Menschen besucht werden; Ansichten dazu sind geteilt	M 4
	Ansichten der Befürworter*innen	
	• Vermittlung von Wissen über Tiere	M 2, M 4
	• Unterstützung der Forschung	M 4
	• Beitrag zum Artenschutz	M 2, M 4
	• Aber: häufigste Tierarten in Zoos sind nicht gefährdet	M 3
	Ansichten der Gegner*innen	
	• Tierhaltung in Zoos nicht artgerecht	M 2
	• Instinkte der Tiere verkümmern	M 2
	• Unterbringung in Zoos kein Mittel zur Arterhaltung, da keine Auswilderung möglich	M 4
	• Aber: laut Studie höheres Lebensalter vieler Zootiere	M 5
Schluss Fazit und Appell	• Zoos müssen Tierhaltung verbessern • Leser*innen sollen sich eigene Meinung bilden	

Lösungsbeispiel

Bestimmt waren alle von euch schon einmal in einem Zoo, wahrscheinlich sogar mehrmals. Sicher habt ihr dort auch eure Lieblingstiere, z. B. Elefanten, Tiger oder Schimpansen. Aber was wisst ihr eigentlich über die Haltung von Tieren in Zoos? Ich möchte euch heute darüber ein paar interessante Informationen vermitteln.

Einleitung
Hinführung zum Thema

Zoologische Gärten gibt es schon sehr lange. In Ägypten wurden exotische Tiere bereits vor rund 5 000 Jahren in Käfigen gehalten. Das war jedoch ein Vorrecht der Pharaon*innen, die die Tiere als Jagd- oder Schlachttiere hielten. Rund 2 000 Jahre später gab es auch in China Zoos. Wieder waren es Herrscherfamilien, die sich in ihren Gärten verschiedene Tiere hielten, z. B. Vögel, Schildkröten oder Fische. Bei ihnen erfuhren die Tiere aber eine andere Wertschätzung als in Ägypten. Das lässt sich schon daran erkennen, dass sie ihre Zoos „Park der Intelligenz" oder „Park des Wissens" nannten.

Hauptteil
Geschichte der Zoos
Beispiel Ägypten: Tierhaltung als Vorrecht der Herrschenden

später Tierparks in China

Zoos als „Park der Intelligenz"

Im Laufe der Zeit errichteten immer mehr Herrschende neben ihren Palästen kleine Tierparks, sogenannte Menagerien. Die Menagerie von Ludwig XIV. aus dem Jahr 1662 wurde ein Vorbild für viele andere Zoos, z. B. für den Zoo Schönbrunn in Wien. Weil es ihn noch heute gibt, gilt er als ältester Zoo der Welt.

immer mehr Herrschende errichteten Tierparks

Beispiel: Ludwig XIV.

Das Halten von wilden Tieren war also zunächst ein Vorrecht von König*innen. Diese stellten damit ihre Macht zur Schau. Heute haben zoologische Gärten andere Aufgaben: Vor allem sollen sie es den Bürger*innen ermöglichen, Wildtiere aus nächster Nähe zu beobachten. Allerdings sind die Ansichten dazu geteilt.

Zwischenergebnis

Befürworter*innen von Zoos sagen, dass die Gäste nur dort die Möglichkeit haben, Wildtieren zu begegnen, die sie sonst nie lebend zu sehen bekommen würden. Dadurch lernen sie die Tiere nicht nur kennen, sondern erfahren auch, wie sie selbst zum Schutz der Tiere in freier Wildbahn beitragen können, so Dag Encke, Direktor des Tier-

Begründungen der Befürworter*innen: Besucher*innen begegnen exotischen Wildtieren

gartens Nürnberg. Außerdem haben Wissenschaftler*innen die Möglichkeit, in Zoos zu forschen. Nirgendwo sonst können sie so leicht mit Tieren in Kontakt treten und z. B. deren Verhalten beobachten. Nicht zuletzt vertreten Befürworter*innen von Zoos die Meinung, dass Tierparks dem Schutz gefährdeter Tierarten dienen.

Zoos wichtig für die Forschung

Artenschutz

Viele der Tiere in Zoos sind aber gar nicht gefährdet und sie sind auch keineswegs exotisch. Auf der Liste der häufigsten Tierarten in europäischen Zoos stehen Ziegen, Pfauen und Hirsche an erster Stelle. Diese findet man auch auf Bauernhöfen oder in heimischen Parks und Wäldern.

Möglicher Einwand: Viele Tiere in Zoos sind nicht gefährdet

Gegner*innen von Zoos sind der Meinung, dass es eine Qual für die Tiere ist, lebenslang in Käfigen oder Gehegen gehalten zu werden, weil man ihnen dort ihre natürlichen Lebensbedingungen nicht verschaffen kann. Da sie in Tierparks nicht artgerecht gehalten werden können, verkümmern so ihre Instinkte nach und nach. Dass Zootiere der Arterhaltung dienen, glauben die Gegner*innen nicht. Dann müssten sie nämlich irgendwann ausgewildert werden, was jedoch kaum möglich ist, weil sie an ein Leben in Freiheit nicht gewöhnt sind.

Begründungen der Gegner*innen: Gefangenschaft ist Qual für die Tiere

keine natürlichen Lebensbedingungen

Zweifel am Artenschutz

Eine aktuelle Studie hat jedoch gezeigt, dass die meisten Säugetiere in Zoos ein höheres Lebensalter erreichen als ihre Artgenossen in freier Wildbahn. Die Forscher*innen führen das darauf zurück, dass Tiere in der Wildnis ihren Fressfeinden ausgesetzt sind. Einige Säugetierarten, z. B. Schimpansen, werden aber in Freiheit doch älter als in einem Zoo. Die Ergebnisse der Studie sind also nicht allgemeingültig.

Möglicher Einwand: Ergebnisse einer Studie: Viele Tiere erreichen im Zoo ein höheres Lebensalter

Aber: einige Ausnahmen

Wie ihr seht, kann man zur Tierhaltung in Zoos ganz unterschiedliche Meinungen vertreten. Zoodirektor*innen sollten weiter darüber nachdenken, wie sich das Leben von Tieren in Gefangenschaft verbessern lässt. Und ihr seid dazu aufgefordert, euch zu diesem Thema ein eigenes Urteil zu bilden.

Schluss

Leben von Tieren in Gefangenschaft muss verbessert werden

Appell: eigenes Urteil bilden

Genutzte Quellen: M 1–M 5   *(561 Wörter)*

Wahlthema 2: Einen Text analysieren und interpretieren

✦ **Hinweis:** *Wichtig ist, dass du erkennst, was der Ich-Erzähler in den kursiv gedruckten Textstellen zum Ausdruck bringt. Hier spricht er seinen toten Bruder direkt an – und am Schluss stellt er sich sogar vor, was der ihm antworten würde. Die Art und Weise, wie diese Antworten ausfallen, machen deutlich, dass er Jakob nun doch verstanden hat. Entscheidend für sein Verständnis ist die Videoaufnahme von dessen erstem Schultag.*

Orientiere dich beim Schreiben an den Teilaufgaben. Achte darauf, deine Darstellung klar zu strukturieren. Zeige nach der Zusammenfassung des Inhalts auf, was der Ich-Erzähler sich nacheinander ansieht, und erläutere jeweils die Gedanken, die er sich dazu macht. Anschließend äußerst du dich zu seinen Gefühlen und überlegst, inwiefern die Ausdrucksweise dazu passt. Vergiss nicht, dich auf Textstellen zu beziehen.

Bei der Stellungnahme gehst du so vor: Stelle zunächst mit eigenen Worten dar, was Jasmin über den Ich-Erzähler gesagt hat. Anschließend setzt du dich damit auseinander: Formuliere deine Meinung zur Äußerung der Schülerin und begründe sie. Es genügt, wenn du zwei Argumente anführst, die deine Meinung stützen.

Lösungsbeispiel

Der Textauszug aus dem Roman „Der Ernst des Lebens macht auch keinen Spaß" von Christopher Wortberg spielt kurz nach dem Selbstmord von Lennys älterem Bruder Jakob. Damit ist für den Ich-Erzähler eine Welt zusammengebrochen. Er versucht nun herauszufinden, warum sich sein Bruder das Leben genommen hat.

Einleitung
Textsorte, Titel, Autor, Thema

Weil Lenny nicht einschlafen kann, steht er mitten in der Nacht auf und geht ins Wohnzimmer, um sich Dokumente aus der Kindheit seines Bruders anzusehen. Auf diese Weise will er versuchen, die Persönlichkeit Jakobs zu erforschen, um dessen Selbstmord zu verstehen. Nachdem er einige Fotos und eine Videoaufnahme vom ersten Schultag Jakobs gesehen hat, wird ihm nach und nach klar, warum sein Bruder unglücklich war: Er hat nie sein eigenes Leben gelebt, sondern musste immer die Erwartungen seines Vaters erfüllen.

Hauptteil
Zusammenfassung des Inhalts

Lenny sieht sich zunächst ein Foto an, das Jakob am Tag seiner Geburt zeigt. Es wirkt auf den ersten Blick unauffällig. Nur eines macht den Jungen skeptisch: die „merkwürdig glatt gestrichene Bettdecke" (Z. 42/43). Er stellt sich vor, dass sein Vater kurz vor dem Betätigen des Auslösers

Vorgehen Lennys: sieht sich Foto an, das Jakob am Tag seiner Geburt zeigt

wird skeptisch wegen glatt gestrichener Bettdecke

die Decke noch glatt gestrichen hat („Nicht mal in einem der schönsten Momente seines Lebens verliert er die Kontrolle." Z. 48–50).

Fotos aus späteren Lebensjahren wirken dagegen durchweg fröhlich. Sie zeigen Jakob beim Schneemannbauen mit dem Vater (vgl. Z. 54–56) und beim Plätzchenausstechen mit der Mutter (vgl. Z. 56–58). Ein Bild erinnert Lenny daran, dass er seinen Bruder früher immer als Beschützer gesehen hat (vgl. Z. 66/67). Allerdings hat er jetzt das Gefühl, dass diese Fotos nicht Jakobs wahre Persönlichkeit zeigen.

Fotos aus späteren Lebensjahren wirken fröhlich

Lenny sah Jakob als Beschützer

Eine Videoaufnahme vom ersten Schultag seines Bruders bringt schließlich Klarheit. Lenny begreift, dass Jakob nicht einmal als kleiner Junge seine wahren Gefühle zeigen durfte. Obwohl er sich unwohl fühlte, sollte er in dem Film, den der Vater für die Großmutter drehen wollte, ein fröhliches Gesicht zeigen. Das fiel ihm sehr schwer, dennoch fügte er sich dem Willen seines Vaters.

Videoaufnahme vom ersten Schultag

Zweifel über wahre Persönlichkeit des Bruders

In seiner Vorstellung unterhält sich Lenny nun mit seinem toten Bruder über das Video. In diesem Gespräch erklärt Jakob, dass er damals „seine Rolle" (Z. 156/157) gespielt habe, ohne zu wissen, welche Folgen das für ihn haben würde (vgl. Z. 159/160).

Ich-Erzähler stellt sich ein Gespräch mit seinem toten Bruder vor

Die Erkenntnis über die wahre Persönlichkeit seines Bruders macht den Ich-Erzähler sehr traurig. Er empfindet Mitleid mit ihm, und das bereitet ihm Schmerzen: „Es tut weh, dich so zu sehen Jakob." (Z. 148) Lennys Gefühle werden im Text auch durch sprachliche Bilder deutlich: Mal sieht er in seinem Zimmer eine Wüste (vgl. Z. 2/3), in der er leidvoll „verdurste[t]" (Z. 14), dann wieder einen Ozean (vgl. Z. 6), in dem er zu ertrinken droht (vgl. Z. 13/14), und schließlich stellt Lenny sich vor, „unter einer Lawine begraben" (Z. 10/11) zu sein. Diese Metaphern zeigen die Verzweiflung, die der Ich-Erzähler aufgrund von Jakobs Selbstmord verspürt. Er ist am Boden zerstört und empfindet die Welt als „schwarzes Loch" (Z. 16).

Gefühle des Ich-Erzählers: Er ist sehr traurig, fühlt sich verloren

sprachliche Bilder im Text

Metaphern verdeutlichen Lennys Gefühle

Dadurch, dass Lenny seinen toten Bruder mehrmals direkt anspricht, wird der Erzählfluss immer wieder unterbrochen. Auch das verdeutlicht die Verzweiflung über den Selbstmord des Bruders.

Unterbrechung des Erzählflusses

Jasmin meint, der Ich-Erzähler hätte schon früher merken müssen, dass Jakob sich nicht wohlgefühlt hat. Diese Meinung teile ich nicht. Sie vergisst, dass Lenny jünger war als sein Bruder und dass er immer einen Beschützer in ihm gesehen hat (vgl. Z. 68/69). Er muss also als Kind zu ihm aufgeschaut haben. Weshalb hätte er das Verhalten seines Bruders anzweifeln sollen?

Stellungnahme
Wiedergabe von Jasmins Meinung
Ausdruck der eigenen Meinung
Begründung:
1. Argument: Jakob als älterer Bruder

Lenny ist nach Jakobs Tod so aufgewühlt, dass er sich selbst schon dem Tode nahe fühlt: „Ich ersticke. Und ertrinke dabei. Und warte darauf, zu verdursten." (Z. 13/14) Eine so heftige Reaktion würde er nicht zeigen, wenn er schon früher angenommen hätte, dass sein Bruder nicht sein wahres Gesicht zeigt. *(610 Wörter)*

2. Argument: Lenny ist nach Jakobs Tod aufgewühlt

→ kann nichts von Jakobs Problemen gewusst haben

Übungsaufgabe 2

Erster Prüfungsteil: Leseverstehen

1. Ins Leben gerufen hat die Schülergerichte ...

    ☐ ein*e Sozialarbeiter*in.

    ☐ ein*e Schulsprecher*in.

    ☐ ein*e Staatsanwalt*Staatsanwältin.

    ☒ das Justizministerium.

2. Sie sind zwischen **15** und **18** Jahre alt.

3. Sie sind ...

    ☐ jünger als die Täter*innen.

    ☐ älter als die Täter*innen.

    ☒ genauso alt wie die Täter*innen.

    ☐ mindestens 18 Jahre alt.

		trifft zu	trifft nicht zu
4.	a) Die Täter*innen sind erstmals straffällig geworden.	☒	☐
	b) Es handelt sich um einen männlichen Jugendlichen.	☐	☒
	c) Die Betroffenen gehen noch zur Schule.	☐	☒
	d) Die Jugendlichen haben eine leichte Straftat begangen.	☒	☐

5. Die Höchststrafe beträgt ...

    ☐ fünfzehn Tage Arbeit in einem Verein.

    ☒ fünfzehn Stunden Sozialarbeit.

    ☐ fünfzehn Tage Gefängnis.

    ☐ fünfzehn Tage Jugendarrest.

6. ☐ Die Eltern der Täter*innen kontaktieren die Schülergerichte.

    ☐ Die Opfer wenden sich an das Schülergericht.

    ☒ Die Staatsanwaltschaft übermittelt die Fälle.

    ☐ Die Täter*innen melden sich selbst beim Schülergericht.

7.

Nummer	Verfahrensschritt
4	Das Schülergericht berät über das Strafmaß.
6	Der Schülerrichter gibt dem*der Täter*in die Strafe bekannt.
1	Das Schülergericht bekommt einen Fall zugewiesen.
3	Der*die Täter*in schlägt eine Strafe vor.
2	Der*die Täter*in äußert sich zu seiner*ihrer Tat.
5	Das Schülergericht legt die Strafe fest.

8. Ladendiebstahl, Stehlen eines Mofas, Fahren ohne Führerschein

9. Er beobachtet die Verhandlung, um notfalls bei Problemen einzugreifen.

10. Die Täter*innen ...

	trifft zu	trifft nicht zu
a) können ihr eigentliches Vergehen vertuschen.		X
b) sahen ihre Tat vorher als eine sportliche Leistung an.	X	
c) hofften zuvor auf Anerkennung für ihre Tat.	X	
d) interessieren sich anschließend weniger für die Meinung Gleichaltriger.		X
e) nehmen es ernst, wenn Gleichaltrige ihre Tat kritisieren.	X	
f) haben vor Schülerrichter*innen mehr Angst als vor richti¬gen Richter*innen.		X
g) werden in den Schülergerichten nicht für ihre Tat bestraft.		X

11.

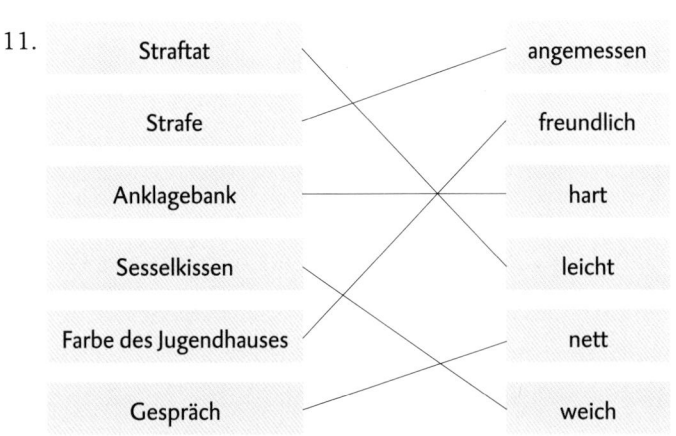

12. ☐ Er hat eine Beschäftigung gesucht.

☒ Er findet die Tätigkeit interessant.

☐ Er möchte neue Leute kennenlernen.

☐ Er hat einen Praktikumsplatz gebraucht.

✎ **Hinweis:** Im Abschnitt Z. 118–129 steht, dass Michael eigentlich genug zu tun hat. Er engagiert sich aber trotzdem im Schülergericht, weil er die Menschen dort und deren Schicksale interessant findet (vgl. Z. 122/123).

13. Die Tätigkeit beim Schülergericht hat …

☐ sein Gewissen geschärft.

☐ seine Neugier befriedigt.

☒ einen Berufswunsch in ihm geweckt.

☐ ihm viel Anerkennung gebracht.

✎ **Hinweis:** Im Abschnitt Z. 130–139 erfährt man, dass das Schülergericht Michael neue berufliche Perspektiven aufgezeigt hat. Er hat deshalb ein Praktikum bei einer Staatsanwaltschaft absolviert und möchte seither Jura studieren und Richter werden.

14. Ladendiebstahl: Ben hat ein Computerspiel gestohlen.

15. Er hofft darauf, dass …

☐ er freigesprochen wird.

☐ der Hausarrest aufgehoben wird.

☐ er nicht rückfällig wird.

☒ er sein Ansehen zurückgewinnt.

16. Ich glaube nicht, dass Ben noch einmal straffällig wird. Dass er bei dem Ladendiebstahl erwischt wurde, war ein Schock für ihn. Außerdem erteilten ihm seine Eltern, als sie davon erfuhren, Hausarrest sowie Fernseh- und Computerverbot. Darüber hinaus haben sie es seinem Fußballtrainer erzählt. Seither hänselt ihn der ganze Verein. Das hat ihn besonders getroffen (vgl. Z. 110/111). Ob es das Verfahren vor dem Schülergericht ist, das ihn vor weiteren Straftaten bewahrt, ist allerdings nicht klar. Ich glaube, die Blamage vor seinen Freund*innen hat ihn mehr getroffen.

Zweiter Prüfungsteil: Wahlthema 1

✦ **Hinweis:** *Bearbeite die einzelnen Teilaufgaben der Reihe nach.*

- **Einleitung:** *Schreibe zunächst den **Einleitungssatz** (Der Auszug aus dem Roman … von … erzählt/beschreibt, wie …) und fasse danach den Inhalt zusammen. Die **Inhaltsangabe** kann sehr kurz ausfallen, weil der Textauszug mehr vom inneren Erleben der Hauptfigur erzählt als von äußeren Handlungen: Assaf liegt zusammen mit der Hündin Dinka auf dem Teppich, legt den Kopf auf sie und fängt an, über sein bisheriges Leben nachzudenken. Dabei gelangt er zu einigen Einsichten.*

- **Hauptteil:** *Beim Beschreiben von **Assafs Verhalten** in der Vergangenheit musst du zwischen seinen Aktivitäten (z. B.: Kneipentouren, Fotografieren) und den Gefühlen, die er dabei empfunden hat (z. B. Unwohlsein, Freude), unterscheiden. Danach gehst du auf die **Beziehung** zu seinem besten **Freund Roi** ein. Stelle vor allem dar, was er im Zusammensein mit Roi vermisst. Als **Zwischenergebnis** äußerst du dich zu Assafs neuen Einsichten. Anschließend wendest du dich Assafs Gedanken an die Zukunft zu: Erläutere insbesondere, welche **Vorstellungen** er sich von einer **Begegnung mit Tamar** macht und was ihn mit Sorge erfüllt.*

- **Schluss:** *Im Schlussabsatz äußerst du dich mit zwei, drei Sätzen zu **Assafs Persönlichkeit**. Beschreibe die entscheidenden Merkmale seines Charakters.*

- *Bei der **Stellungnahme** fragst du dich, ob du Merles Äußerung zustimmen oder ihr widersprechen willst. Überlege, ob Assaf aufgrund seiner neuen Einsichten in Zukunft sein Verhalten ändern wird oder nicht. Begründe deine Meinung am Text.*

Lösungsbeispiel

Der Auszug aus dem Roman „Wohin du mich führst" von David Grossman beschreibt die Gedanken und Gefühle des Jungen Assaf, nachdem er einen Tag lang vergeblich versucht hat, Tamar zu finden, das Mädchen, dem die Hündin Dinka gehört.

Einleitung
Textsorte, Titel, Verfasser, Thema

Am Abend ist der Junge mit Dinka allein zu Hause. In der Gesellschaft des Tiers fühlt er sich geborgen. Er beginnt, über sein bisheriges Leben nachzudenken, und begreift, dass er in all den Jahren zuvor im Grunde immer einsam gewesen ist.

Inhaltsangabe
Assaf denkt über bisheriges Leben nach, erkennt seine Einsamkeit

Zwar hat er sich regelmäßig anderen Jungen bei ihren Unternehmungen angeschlossen, aber er hat sich dabei immer unwohl gefühlt. Er hat sich ihnen angepasst, obwohl das seinen Bedürfnissen nicht entsprach: Er ist mit ihnen durch die Kneipen gezogen, hat mit ihnen Alkohol getrunken und Wasserpfeife geraucht (vgl. Z. 22). Dabei hat er aber nie das Gefühl gehabt, wirklich dazuzugehören.

Verhalten früher
Unternehmungen mit anderen Jungen, hat sich angepasst, hat sich unwohl gefühlt

Stets hat er all seine Energie dafür gebraucht, nach außen cool zu wirken und „zu verbergen, was er tatsächlich fühlte, tat nur das Nötigste, um den Schein zu wahren" (Z. 35–37). Kontakt zu einem Mädchen aufzunehmen, ist ihm nie gelungen.

fühlte sich nicht zugehörig

hat seine wahren Gefühle verborgen

Ihm wird jetzt auch klar, dass er sich selbst mit seinem besten Freund Roi nicht wirklich verbunden fühlt. Ihm fällt auf, dass er mit Roi keine offenen Gespräche führt (vgl. Z. 70/71), auch nicht über die Fotografie, die ihm zu einem wichtigen Hobby geworden ist. Das Fotografieren macht ihm nicht nur Spaß, sondern beschert ihm auch Erfolgserlebnisse und Anerkennung, denn seine Fotos werden zusammen mit denen anderer Fotograf*innen ausgestellt, obwohl er zehn Jahre jünger ist als sie (vgl. Z. 56/57). Roi hat aber noch keine der Ausstellungen besucht, er interessiert sich nicht einmal dafür.

Beziehung zu Roi
keine wirkliche Verbundenheit
keine offenen Gespräche

Erfolgserlebnisse und Anerkennung durchs Fotografieren

kein Interesse Rois an Ausstellungen

Eigentlich hat Assaf immer nur solche Jugendlichen als einsam angesehen, die keine Freund*innen haben, und sie bemitleidet (vgl. Z. 46/47). Jetzt weiß er, dass es um ihn selbst genau genommen nicht anders steht.

Zwischenergebnis
kein typischer Außenseiter, aber doch einsam

Wenn Assaf an das Mädchen Tamar denkt, stellt er sich vor, mit ihr „an einer schönen Stelle" (Z. 81/82) zu sitzen und sich ernsthaft mit ihr zu unterhalten. Nach all dem, was er von ihr gehört hat, scheint er sich schon fast in sie verliebt zu haben, denn er hat das Gefühl, dass sie einen „Sturm […] in seinem Leben ausgelöst [hat]" (Z. 85/86). In seinem Innern geht er aber davon aus, dass er auch ihr gegenüber vorgeben muss, cool und locker zu sein. Er fürchtet, dass sich der „Sturm der Gefühle" dann schnell wieder legen wird.

Vorstellungen von einer Begegnung mit Tamar
möchte sich ernsthaft mit ihr unterhalten

scheint verliebt in sie zu sein

geht davon aus, dass die Kontaktaufnahme scheitern wird

Assaf ist ein sehr nachdenklicher und sensibler Junge, der seine wahre Persönlichkeit vor anderen verbirgt. Er möchte kein Außenseiter sein und hat sich deshalb immer angepasst, auch wenn ihm die Beschäftigungen anderer in Wirklichkeit missfielen. Dabei hat er sich im Grunde immer einsam gefühlt.

Assafs Persönlichkeit
nachdenklich, sensibel
verbirgt seine wahre Persönlichkeit
passt sich an

Ich glaube schon, dass Assaf sein Verhalten ändern wird, unabhängig davon, ob er eines Tages zu Tamar eine offenere Beziehung herstellen kann als zu seinen Freunden. Ihm ist schlagartig klar geworden, dass er eigentlich immer einsam gewesen ist (vgl. Z. 6–8). Diese Einsicht wird er nicht mehr vergessen. Ich kann mir z. B. nicht vorstellen, dass er seine Freunde wie früher auf ihren Kneipenbesuchen begleiten wird. Er gesteht sich jetzt auch ein, dass er sich anschließend immer elend gefühlt hat, „wie ein Fußsack, gefüllt mit tausenden von Styroporkugeln" (vgl. Z. 39/40). Er wird sicher künftig versuchen, seinen eigenen Weg zu gehen.

Stellungnahme
Ablehnung der Schülermeinung: Assaf wird sein Verhalten ändern

(550 Wörter)

Zweiter Prüfungsteil: Wahlthema 2

⧸ **Hinweis:** *Deine Aufgabe besteht darin, drei Texte (M 1, M 2, M 3) genau zu lesen, ihre Inhalte zusammenzufassen, zu vergleichen und abschließend eine Bewertung vorzunehmen. Die einzelnen Teilaufgaben geben dir schon eine Struktur vor.*

- *Bei der **ersten Teilaufgabe** bestimmst du das gemeinsame Thema aller Materialien. Das ist sozusagen deine Einleitung. Versuche, hier schon alle wichtigen Informationen über die Bewegung „Fridays for Future" zu erwähnen: Wer gehört dazu? Was tut die Bewegung?*
- *Achte beim **Zusammenfassen des Inhalts von M 1** darauf, dass die **Zusammenhänge** klar werden. Stelle dar, wer die **Verfasser*innen** sind, welche **Gründe** die Aktivist*innen für ihre Bewegung anführen, welche **Ziele** sie verfolgen und wie sie ihre Aktivitäten rechtfertigen. Löse dich von den Formulierungen im Text und verwende **eigene Worte**.*
- *Um die Positionen der Verfasser*innen von M 2 und M 3 darzustellen, musst du deutlich machen, dass es sich um deren **Meinungen** handelt. Das gelingt dir besonders gut, wenn du entsprechende Verben verwendest, z. B. fordern, erwarten, kritisieren, behaupten, einwenden, überzeugt sein (von), widersprechen. Stelle die Aussagen der Verfasser*innen in Form von **indirekter Rede** dar, z. B. so: Der Verfasser meint, die Schüler*innen **seien** nicht glaubwürdig. Beim Vergleich der beiden Positionen musst du dich laut Aufgabenstellung auch auf den Text beziehen. Hier musst du also geeignete Textstellen zitieren.*
- *In der vierten Teilaufgabe wird von dir verlangt, dass du erklärst, was du von der Äußerung des Schülers hältst, und deine Meinung stichhaltig begründest. Beziehe dich dabei sowohl auf dein **Erfahrungswissen** als auch auf die **Materialien**. Am besten strukturierst du diesen Abschnitt so: Erläutere kurz den Unterschied zwischen „streiken" und „schwänzen". Nimm dann Bezug auf die drei Materialien: Welcher Text ist als **Bestätigung** für die Äußerung des Schülers zu verstehen – und in welchem Text wird dem Schüler eher **widersprochen**? Abschließend triffst du eine **Entscheidung**: Hältst du die Äußerung des Schülers für richtig oder für falsch? Begründe deine Meinung.*

Lösungsbeispiel

In den Materialien M 1, M 2 und M 3 geht es um die Protestbewegung „Fridays for Future", der sich weltweit immer mehr Jugendliche anschließen, indem sie jeden Freitag für den Klimaschutz demonstrieren, anstatt in die Schule zu gehen.

Benennen des gemeinsamen Themas

Protestbewegung „Fridays for Future"

In M 1 stellen sich die deutschen Mitglieder der Bewegung vor. Die Jugendlichen betonen, dass sie aus eigenem Antrieb handeln, und erklären, dass sie mit ihrer Aktion auf die Untätigkeit der Politiker*innen reagieren. Sie wollen die Verantwortlichen dazu bewegen, endlich etwas gegen den Klimawandel zu unternehmen, der eine große Gefahr für die ganze Erde darstelle. Vorbild sei für sie die 16-jährige schwedische Schülerin Greta Thunberg, die seit Monaten freitags den Schulbesuch verweigert, um sich für den Klimaschutz einzusetzen. Die Aktivist*innen stellen klar, dass sich ihre Aktionen nicht gegen die Schule oder die Lehrkräfte richten. Mit ihren Freitagsdemonstrationen kämpfen sie vielmehr für ihre Zukunft – und für die ihrer Kinder und Enkelkinder, so die Vertreter der Bewegung.

Zusammenfassung von M 1

Verfasser*innen: deutsche Vertreter*innen der Bewegung

Ziel: Politiker*innen zum Handeln bewegen

Greta Thunberg als Vorbild der Bewegung

Demonstrationen richten sich nicht gegen die Schule

Arne Ulbricht, ein Gesamtschullehrer aus Nordrhein-Westfalen, erklärt in M 2, dass er die Ziele dieser Protestbewegung zwar richtig finde, viele Teilnehmer*innen aber für nicht ganz glaubwürdig halte. Er begründet seine Meinung mit den Widersprüchen zwischen den Worten und Taten der Schüler*innen. Seiner Meinung nach passen ihre Forderungen nach mehr Klimaschutz nicht zu ihrem eigenen Verhalten. Anhand von Beispielen zeigt er auf, dass sich viele junge Leute, die jetzt demonstrieren, in ihrem Privatleben oft alles andere als umweltfreundlich verhalten. Der Verfasser von M 2 hat daher den Verdacht, dass es den demonstrierenden Schüler*innen vor allem darum geht, Spaß zu haben und dem Schulunterricht fernzubleiben. Überzeugender fände er es, wenn sie ihre Aktionen in der Freizeit durchführen würden. Dann würden

M 2: Position des Verfassers
findet Proteste prinzipiell richtig

sieht Widerspruch zwischen den Worten der Demonstrierenden und ihrem Verhalten

Verdacht: Schüler*innen wollen vor allem dem Unterricht entkommen

auch nur diejenigen daran teilnehmen, denen der Klimaschutz wirklich wichtig ist, so Ulbricht.

Elena Rauch, eine Reporterin der „Thüringer Allgemeinen", hat hingegen den Eindruck, dass die Jugendlichen es den Erwachsenen nie recht machen können. Bisher seien sie immer dafür kritisiert worden, sich nicht für Politik zu interessieren. Nun werde ihnen vorgeworfen, dass sie während der Schulzeit für mehr Klimaschutz auf die Straße gehen. Die Verfasserin von M 3 hält es für falsch, vor allem auf den Unterrichtsausfall zu verweisen. Zwar gibt sie zu, man könne den Zeitpunkt der Demonstrationen durchaus kritisch sehen. Doch ist sie der Auffassung, dass die Jugendlichen bei den Demonstrationen mehr lernen können als in so mancher Schulstunde. Auch dürfe man nicht verlangen, die Protestaktionen nur in der Freizeit durchzuführen, denn dann würden sie viel weniger Aufmerksamkeit bekommen, so Elena Rauch. Immerhin hätten die Jugendlichen schon erreicht, dass das Umweltthema wieder verstärkt in der Öffentlichkeit thematisiert wird, und das ist ihrer Meinung nach positiv zu bewerten.

Grundsätzlich sind die Verfasser*innen beider Texte der Meinung, dass der Einsatz der Schüler*innen lobenswert ist. Während sich Elena Rauch (M 3) jedoch nahezu ausnahmslos auf die Seite der Jugendlichen stellt, werden diese von Arne Ulbricht (M 2) auch kritisiert. Er fände es besser, wenn die jungen Leute nicht während der Schulzeit, sondern am Samstagnachmittag demonstrieren würden, „anstatt Fußball zu gucken oder zu Primark zu gehen" (M 2, Z. 47/48) Elena Rauch (M 3) ist in diesem Punkt anderer Meinung. Sie versteht, dass die Demonstrationen während der Unterrichtszeit stattfinden müssen. Andernfalls, so glaubt sie, würden die Proteste sehr viel weniger Beachtung finden (vgl. M 3, Z. 32–34).

Randnotizen:

M 3: Position der Verfasserin

sieht Unterrichtsausfall unproblematisch

weniger Aufmerksamkeit durch Demonstrationen in der Freizeit

Vergleich der Positionen
*beide Verfasser*innen finden Einsatz der Jugendlichen gut*

Arne Ulbricht bevorzugt Demonstrationen am Wochenende

Elena Rauch hat Verständnis für Proteste während der Schulzeit

Unter einem Streik versteht man den Kampf von Arbeitnehmer*innen für bessere Arbeitsbedingungen. Um das zu erreichen, legen die Beschäftigten für eine bestimmte Zeit ihre Arbeit nieder. Streiks gelten als Recht der Arbeitnehmer*innen. Schüler*innen, die schwänzen, bleiben dem Unterricht hingegen unerlaubt fern. Damit verstoßen sie gegen die Schulpflicht. Ich finde es schwierig, die Protestaktionen der Schüler*innen eindeutig einzuordnen. Auf der einen Seite demonstrieren sie während der Unterrichtszeit. So entsteht der Eindruck, dass sie die Schule schwänzen. Der Verfasser von M 2 sieht das vermutlich genauso, wenn er sagt, er würde sich wünschen, sie gingen in ihrer Freizeit auf die Straße (vgl. M 2, Z. 45–47). Die Schüler*innen selbst bezeichnen ihre Demonstrationen allerdings als Streiks (vgl. M 1, Z. 52). Und auch Elena Rauch (M 3) vertritt diese Ansicht: Sie meint, die Schüler*innen hätten eigentlich gar keine andere Wahl, als während der Schulzeit zu demonstrieren, sonst würden ihre Proteste gar nicht richtig wahrgenommen werden (vgl. M 3, Z. 32–34). Insgesamt erscheint auch mir die Bezeichnung „streiken" passender, denn die demonstrierenden Jugendlichen haben ein klares Ziel: Sie setzen sich für mehr Klimaschutz ein. In ihrem Verhalten steckt also durchaus etwas Kämpferisches. Es ist schließlich auch nicht so, dass sie sich ein paar schöne Stunden machen: Sie gehen jeden Freitag bei Wind und Wetter auf die Straße. Deshalb sind sie in meinen Augen keine „Schulschwänzer*innen".

(761 Wörter)

Stellungnahme zur Äußerung des Schülers

Unterschied zwischen Streik und „schwänzen"

Protestaktionen sind nicht eindeutig zuzuordnen

Bezeichnung „streiken" ist insgesamt zutreffender

Grund: Einsatz für ein klares Ziel

▶ Lösungen
Original-
Prüfungsaufgaben
Deutsch 2015-2021

Erster Prüfungsteil: Leseverstehen

✎ **Hinweis:** *Lies den Text gründlich durch. Bearbeite die Aufgaben dann der Reihe nach. Unterstreiche die Textstellen, die für die Beantwortung der jeweiligen Frage wichtig sind. Beachte:*

1. *Jede Antwort geht aus dem Text hervor! Du sollst nichts erfinden.*
2. *Bei den meisten Fragen wird der Textabschnitt genannt, in dem du die richtige Antwort findest. Konzentriere dich auf diesen Abschnitt.*
3. *Prüfe bei Multiple-Choice-Aufgaben (Auswahl aus mehreren Lösungsmöglichkeiten) jede einzelne Möglichkeit anhand des Textes. Kreuze die Lösung erst an, wenn du die Textstelle gefunden hast, die deine Antwort belegt.*
4. *Wenn die Arbeitsanweisung lautet „Kreuze **die** richtige Antwort an", kann es nur **eine** richtige Antwort geben. Bei Formulierungen wie „Welche der folgenden **Aussagen** sind richtig?" sind **mehrere** Möglichkeiten richtig.*
5. *Die Informationen aus dem Text werden in der Regel nacheinander abgefragt. Du kannst den Text also von oben nach unten „abarbeiten".*

1. Der Text informiert über die Arbeit von Berichterstattern in **Krisengebieten**.

   ✎ **Hinweis:** *Richtig wäre auch „Kriegsgebieten". In mehreren Abschnitten ist von Reporter*innen bzw. Journalist*innen in Krisengebieten die Rede. Damit sind die „Berichterstatter" gemeint. Über ihre Arbeit wird informiert. Auch die Überschrift verrät bereits das Thema.*

2. Reporter in solchen Gebieten (Abschnitt 1) werden als Menschen beschrieben, die ...

   a) ☐ mit ihrer Gesundheit besonders vorsichtig umgehen.

   b) ☐ Angst vor unvorhersehbaren Ereignissen haben.

   c) ☐ als Regierungsabgesandte in fremde Länder reisen.

   d) ☒ in der ganzen Welt als Berichterstatter unterwegs sind.

   ✎ **Hinweis:** *Die Antwort geht aus dem Textzusammenhang von Abschnitt 1 hervor. Der Einsatz der Krisenreporter*innen ist nicht auf ein Land oder ein Ereignis beschränkt: Die Aufzählung im ersten Satz nennt beispielhaft Krisen in der gesamten Welt. Für die Antworten a und b gibt es in diesem Abschnitt keine Anhaltspunkte, Antwort c scheidet ohnehin aus, da Journalist*innen keine Regierungsabgesandte sind.*

3. Manche Reporter gehen ins Ausland (Abschnitt 2), weil sie ...

   a) ☐ Kenner von Krisen sind und über dieses Thema ein Buch schreiben.

   b) ☒ in Kriegsgebieten arbeiten wollen und Gefahren anziehend finden.

   c) ☐ dort dauerhaft bleiben möchten und gerne Geschichten schreiben.

   d) ☐ dort als Fotograf arbeiten und von Ort zu Ort reisen wollen.

✔ **Hinweis:** Hier musst du auf das Wort „Manche" sowohl in der Frage wie auch im Text achten. Nur „manche" Reporter*innen reizt die Gefahr ihres Berufs (vgl. Z. 24). In Zeile 26 – 30 werden weitere Gründe aufgezählt, derentwegen Journalist*innen in Kriegsgebiete reisen. Keiner der Gründe ist jedoch als mögliche Antwort aufgeführt. Lass dich nicht von der Formulierung „gerne Geschichten schreiben" in Antwort c aufs Glatteis führen. Mit der Aussage „… wenn Geschichte geschrieben wird …" ist etwas völlig anderes gemeint.

4. Der Ausdruck „*den Betroffenen vor Ort eine Stimme zu geben, die weltweit zu hören ist*" (Z. 28–30) bedeutet in diesem Zusammenhang, dass …

   a) ☐ die Bevölkerung in Kriegs- und Krisengebieten Reporter für ihre Interessen einsetzen will.

   b) ☒ Reporter stellvertretend für Menschen in Notlagen über deren Schicksal berichten.

   c) ☐ Menschen in Krisengebieten die technische Ausstattung der Reporter nutzen können.

   d) ☐ Reporter bedeutende Personen über internationale Kontakte zu Wort kommen lassen.

✔ **Hinweis:** Den „Betroffenen […] eine Stimme zu geben" bedeutet: ihre Geschichten zu erzählen. Die Welt soll von ihrem Schicksal erfahren. Einzelne Interview-Stimmen stehen damit stellvertretend für eine große Bevölkerungsgruppe. Beispielhaft war dies bei den großen Erdbeben in Nepal im Frühjahr 2015 zu beobachten. Viele Menschen erlitten das gleiche Schicksal, jeder Einzelne, der darüber erzählte, sprach damit für alle Betroffenen. Bei der Formulierung handelt es sich um eine Metapher, die im Journalismus üblich ist und als Bild für einen Ausschnitt aus der Wirklichkeit steht.

5. Der Ausdruck „*auch wenn*" kann im Textzusammenhang ersetzt werden durch folgende Wörter:

   a) ☐ damit

   b) ☐ als ob

   c) ☒ obwohl

   d) ☐ bevor

✔ **Hinweis:** Die Konjunktion „obwohl" ist die einzige der vier Verbindungen, die genauso wie „auch wenn" einen Gegensatz anzeigt. Dieser besteht hier zwischen „sachlich berichten" und „emotional sehr berührt [sein]".

6. Die Aufgabe der Journalist*innen besteht darin, zu beobachten und zu berichten. Sie dürfen für keine Seite Partei ergreifen, sondern sollen objektiv und neutral sein. Mit einer Waffe würden sie aktiv ins Geschehen eingreifen und zu Täter*innen werden, auch wenn sie sich nur verteidigen.

🖋 **Hinweis:** Bei der Antwort geht es darum, den Gegensatz zwischen „Beobachter*in" und „Täter*in" herauszuarbeiten.

7. Eine gefährliche Situation im Alltag von Journalisten in Krisengebieten ist (Abschnitt 5), …

   a) [X] als Berichterstatter erkannt zu werden.

   b) [ ] jeden Tag die Wohnung zu wechseln.

   c) [ ] täglich unbekannte Straßen zu nutzen.

   d) [ ] überraschend ein Interview zu führen.

   🖋 **Hinweis:** In den Zeilen 65/66 heißt es: „Am sichersten sind Journalisten meist dann, wenn sie nicht als solche auffallen." Im Umkehrschluss heißt dies: In Gefahr sind sie, wenn sie als Berichterstatter*innen erkannt werden. Damit ist Lösung a richtig. Die Lösungsmöglichkeiten b, c und d scheiden aus, weil sie beschreiben, wie sich Journalist*innen schützen (vgl. dazu auch Z. 71–76). Du sollst aber angeben, wann es für Journalist*innen gefährlich wird.

8. Reporter wohnen in Kriegsgebieten oft in bestimmten Hotels (Abschnitt 6), weil sie …

   a) [ ] das Militär dort festhält und verhört.

   b) [ ] dort wichtige Informationen erhalten.

   c) [X] eine viel höhere Sicherheit bieten.

   d) [ ] dort viele Medien nutzen können.

   🖋 **Hinweis:** Die Zeilen 82–85 liefern die Begründung: Reporter*innen werden bei Kriegseinsätzen „oft bestimmte Hotels zugewiesen", um ihre Sicherheit zu erhöhen. Für die Lösungen a, b und d gibt es im Text keinerlei Hinweise.

9. Der Kontakt zu ihren Kolleg*innen schützt die Journalist*innen. Sie erhalten so wichtige Informationen über die „aktuelle Sicherheitslage" (Z. 93) und können Reiserouten besprechen. Sie erfahren auch, welche Dokumente sie benötigen. Schließlich ist es für mögliche Entführer*innen in der Regel schwieriger, eine ganze Gruppe von Personen zu entführen, als nur eine einzige.

   🖋 **Hinweis:** Lies dir vor allem die Zeilen 89–94 noch einmal gründlich durch.

10. Die Krisenzentralen (Abschnitt 7) …

    a) [X] entlasten Journalisten.

    b) [ ] verfassen Berichte.

    c) [ ] bearbeiten die Fotos.

    d) [ ] erstellen Statistiken.

Hinweis: Du findest in Abschnitt 7 eine Reihe von Aufgaben, die Journalist*innen in einem Krisengebiet nicht übernehmen können, weil sie mit ihren Texten und Fotos beschäftigt sind. Dazu gehören „im Internet recherchieren", ihre „Lage ... vergleichen" und „einen Flug buchen" (Z. 100–103). Indem die Krisenzentrale ihrer Zeitung oder ihres Senders diese Aufgaben übernimmt, entlastet sie sie. Die Aufgaben in b, c und d gehören hingegen zu den Tätigkeiten der Journalist*innen.

11. Das Bundeswehrtraining für Journalisten (Abschnitt 8) dient ...

   a) ☐ der Abschreckung.

   b) ☐ der Kampferprobung.

   c) ☒ der Vorbereitung.

   d) ☐ dem Wohlbefinden.

   Hinweis: Die Journalist*innen sollen durch das Training bei der Bundeswehr auf die „Gefahren vorbereitet" (Z. 110) werden. Von anderen Zwecken, wie sie in den Lösungsmöglichkeiten a, b und d beschrieben werden, ist im Text nicht die Rede.

12. Zur Aussage der Schülerin Stellung nehmen, die eigene Meinung begründen und mit Textstellen belegen.

   Hinweis: Du kannst der Schülerin zustimmen oder ihre Ansicht ablehnen. Entscheidend ist, dass du deine Meinung gut begründest. Dabei hilft dir der Text: Dort findest du Argumente für beide Seiten. Setze diese so ein, dass sie zu deiner Argumentation passen. Lass auch eigene Gedanken und Überzeugungen einfließen. Notiere deine Ideen am besten zunächst auf einem gesonderten Blatt und ordne sie anschließend: Entkräfte zu Beginn einen Gesichtspunkt der Gegenseite und setze dein stärkstes Argument an den Schluss. Dein Text sollte inhaltlich logisch sein und Zusammenhänge deutlich machen. Achte außerdem auf abwechslungsreiche Satzanfänge.

   Pro-Argumente *(mögliche Argumente **für** die Meinung der Schülerin):*
   - Journalist*innen gefährden ihr Leben und ihre Gesundheit (vgl. Z. 9/10).
   - Berichterstattung aus Krisengebieten ist die gefährlichste Variante des Berufs (vgl. Z. 21–24); auch für erfahrene Journalist*innen ist dies eine große Herausforderung (vgl. Z. 31–40).
   - Die Arbeit kann emotional sehr belastend sein; der Reporter*in muss dennoch immer die Nerven bewahren und sachlich berichten (vgl. Z. 40–43).
   - In vielen Ländern werden Journalist*innen, die kritisch berichten, ermordet, entführt, verhaftet oder misshandelt (vgl. Z. 49–52), trotzdem erwartet man von ihnen, dass sie sich nicht mit Waffen verteidigen, weil sie Beobachter*innen und keine Täter*innen sein sollen (vgl. Z. 52–55).
   - Das Lösegeld für entführte Journalist*innen ist für Terrorist*innen eine wichtige Einnahmequelle (vgl. Z. 78–82).
   - Viele Maßnahmen zum Schutz der Journalist*innen sind ineffektiv:

- „Am sichersten sind Journalist*innen meist dann, wenn sie nicht als solche auffallen."
  (Z. 65/66). „Presse-Kennzeichen auf Kleidung oder Fahrzeugen" (Z. 56/57) schützen
  Journalist*innen im Irak also nicht, sondern gefährden sie eher.
- Sie sind vor Geiselnahmen auch dann nicht sicher, wenn sie sich vorsichtig verhalten und
  zum Beispiel ihre Wohnorte wechseln (vgl. Z. 71–78) oder ein Training bei der Bundes-
  wehr (vgl. Z. 107–113) absolviert haben.

- Die Berichte der Journalist*innen ändern nichts: Die Menschen außerhalb der Krisenländer
  sind dann zwar informiert, können aber doch nichts an der Situation dort ändern, wie an
  den Beispielen Afghanistan, Syrien oder Irak zu beobachten ist.
- Die Journalist*innen sollten auch an ihre Verantwortung der eigenen Familie gegenüber
  denken.
- Berichte werden schnell wieder vergessen. Warum sollte man dafür sein Leben riskieren?

Kontra-Argumente (mögliche Argumente **gegen** die Meinung der Schülerin):
- Journalist*innen in Kriegsgebieten sind dabei, wenn Geschichte geschrieben wird (vgl.
  Z. 26/27).
- Viele Journalist*innen betrachten es als ihre Aufgabe, den Betroffenen vor Ort eine Stimme
  zu geben, die weltweit zu hören ist (vgl. Z. 27–30).
- Je näher Reporter*innen am Geschehen sind, desto wichtiger ist ihr Bericht für die Medien
  (vgl. Z. 33–35).
- Es gibt viele Maßnahmen zum Schutz der Journalist*innen:
  - Journalist*innen können sich schützen, wenn sie Interviews spontan führen, ihre Wohn-
    orte wechseln und feste Routen vermeiden (vgl. Z. 74–76).
  - Die Hotels der Journalist*innen werden vom Militär geschützt (vgl. Z. 82–85).
  - Journalist*innen können durch gewissenhafte Vorbereitung und ständigen Kontakt zu
    Kolleg*innen und Informant*innen Risiken vermeiden (vgl. Z. 85–94).
  - Ein Training der Bundeswehr bereitet Journalist*innen auf gefährliche Situationen vor
    (vgl. Z. 107–113).
- Die Arbeit als Journalist*in in einem Krisengebiet ist freiwillig. Niemand wird gezwungen,
  als Krisenreporter*in zu arbeiten.
- Die Arbeit kann sehr befriedigend sein, weil man als Reporter*in weiß, dass man etwas
  Wichtiges und Sinnvolles tut und anderen Menschen helfen kann, indem man auf ihr
  Schicksal aufmerksam macht.
- Die Menschen würden ohne Journalist*innen nicht erfahren, was in der Welt vor sich geht.
  Ungerechtigkeiten und Unterdrückung würden unentdeckt bleiben.

Lösungsvorschlag für Zustimmung

Ich stimme der Schülerin zu. Wenn es zu gefährlich ist, sollten Journalis-
t*innen nicht aus Krisengebieten berichten. Auch wenn die Öffentlichkeit
durch ihre Berichte über Missstände informiert wird, können die einzelnen Leser*innen, Hörer*innen oder Zuschauer*innen doch nichts an der
Situation in dem Krisengebiet ändern. Der IS-Terror findet z. B. trotz der
gehäuften Krisenberichterstattung aus dem Irak und Syrien statt. Im
Prinzip setzen Journalist*innen „ihr Leben und ihre Gesundheit"

(Z. 9/10) also unnötig aufs Spiel. Nicht umsonst stellt die journalistische Arbeit in Krisengebieten selbst für erfahrene Reporter*innen „die gefährlichste Variante" (Z. 23) dieses Berufs dar. Auch wenn die Bundeswehr die Journalist*innen trainiert, die Reporter*innen in ständigem Kontakt mit Kolleg*innen stehen oder ihre Hotels bewacht werden: Einen hundertprozentigen Schutz etwa vor Überfällen gibt es nicht (vgl. Z. 77–78), da Journalist*innen als Geiseln eine wichtige Einnahmequelle für Terrorist*innen sind (vgl. Z. 79–82). Außerdem sollten die Journalist*innen auch an die Verantwortung gegenüber ihrer eigenen Familie denken. Diese hat schließlich nichts davon, wenn ein Familienmitglied die Welt retten will und dabei sein eigenes Leben verliert. Fakt ist, dass kritische Journalist*innen in vielen Ländern gefährlich leben: „Sie werden ermordet, entführt, verhaftet oder misshandelt." (Z. 51/52) Und dann erwartet man auch noch von ihnen, dass sie keine Waffen benutzen, weil sie nicht aktiv in das Geschehen im Krisengebiet eingreifen sollen (vgl. Z. 52–55). Warum soll man das alles riskieren für einen Bericht, der vielleicht schon wenige Minuten nach der Veröffentlichung vergessen ist?

Lösungsvorschlag für Ablehnung

Ich stimme der Meinung der Schülerin nicht zu. Sicher gibt es unter den Reporter*innen auch einige, die als „Abenteurer" nur den Reiz der Gefahr oder einen „Kick" suchen. Dies dürften aber die wenigsten sein. Schließlich sind die Journalist*innen aufeinander angewiesen, um sich „über Reiseziele, benötigte Dokumente und die aktuelle Sicherheitslage auszutauschen" (Z. 92–94). Leichtsinnige Draufgänger*innen möchte man da sicher nicht im Team haben. Außerdem gibt es zahlreiche Schutzmaßnahmen: Anstatt feste Gesprächstermine zu vereinbaren, führen Krisenjournalist*innen Interviews spontan, wechseln ihre Wohnorte und vermeiden feste Reiserouten (vgl. Z. 71–76). Oft werden ihnen bestimmte Hotels zugewiesen, die von Soldat*innen bewacht werden. Zusätzlich trainiert die Bundeswehr Reporter*innen, bevor sie in Krisengebiete gehen (vgl. Z. 107–113). Dies alles ist zwar kein hundertprozentiger Schutz, aber die Risiken können so vermindert werden. Darüber hinaus riskieren Journalist*innen ihr Leben schließlich nicht ohne Grund: Ohne ihren mutigen Einsatz würden zahlreiche Ungerechtigkeiten und Grausamkeiten auf der Welt unentdeckt bleiben. Die Reporter*innen sorgen mit ihren Berichten dafür, dass die Welt hinschaut. Ohne Journalist*innen wüsste man beispielsweise nicht, welche Verbrechen die Radikalislamist*innen des IS an den Menschen in Syrien und dem Irak verüben. Viele Journalist*innen sehen es deshalb als ihre Aufgabe an, den „Betroffenen vor Ort eine Stimme zu geben, die weltweit zu hören ist" (Z. 28–30). Um dies leisten zu können, müssen die Reporter*innen so nah wie möglich am Geschehen sein und direkt aus den Krisengebieten berichten.

Zweiter Prüfungsteil: Wahlthema 1

✎ **Hinweis:** Bei der Analyse (Untersuchung) eines literarischen Textes empfiehlt sich grundsätzlich folgende Strategie:

1. Lies den Text vollständig und gründlich durch.
2. Überlege, wovon der Text handelt. Was ist das zentrale Thema? Markiere auffällige Textstellen.
3. Lies dir dann die Aufgabenstellung gründlich durch. Am besten nummerierst du die **einzelnen Teilaufgaben**, damit du beim Schreiben nichts vergisst.
4. Der Schreibplan für deine Textanalyse ist dir schon Schritt für Schritt vorgegeben. Bearbeite deshalb die Teilaufgaben unbedingt **der Reihe nach**.
5. Beginne mit der ersten Teilaufgabe. **Unterstreiche** die Textstellen, die für die Antwort wichtig sind, und mache am Rand **Notizen**.
6. Notiere auf einem gesonderten Blatt **Stichworte** oder kurze Sätze zu den wichtigsten Informationen. So hast du ein grobes Konzept für die Lösung der jeweiligen Aufgabe. Gleichzeitig trainierst du mit dieser Übung zwei Fähigkeiten:
   • den Blick für das Wesentliche zu entwickeln,
   • Textstellen in eigene Worte umzuformulieren.
   Denn dies wird immer wieder von dir verlangt: Inhalte mit deinen **eigenen Worten** wiederzugeben. Bedenke: Eine Aufgabe ist nie damit gelöst, dass du die Textvorlage abschreibst. Dafür gibt es null Punkte.
7. Formuliere aus deinen Stichworten einen **zusammenhängenden Lösungstext**. Achte dabei auf eine **saubere äußere Form**.
8. Wichtig ist, dass du den Text **nicht nacherzählst**, sondern dass du die wichtigsten Informationen herausfilterst, die zur jeweiligen Antwort passen.
9. Beachte die Zeitform: Schreibe die Textanalyse im **Präsens**!
10. Lies deinen Text nochmals gründlich durch und verbessere Fehler und Formulierungsschwächen.

Im Folgenden findest du zunächst stichwortartige Antworten zu jeder einzelnen Teilaufgabe. Im Anschluss daran folgt das vollständige Lösungsbeispiel.

Teilaufgabe 1

Einleitung schreiben, darin Titel und Autorin nennen sowie Thema formulieren

✎ **Hinweis:** Die Angaben zu Titel und Autorin stellen kein Problem dar. Über das **Thema** musst du dir dagegen intensiv Gedanken machen. Es reicht z. B. nicht, wenn du schreibst: „Zwei Mädchen fahren mit dem Fahrrad zu einer Tankstelle." Das würde nicht den Kern des Textes treffen. Frage dich: Welche Absicht verfolgt die Autorin? Worauf will sie aufmerksam machen? Um das herauszufinden, suchst du nach **Schlüsselwörtern**:

Sehr häufig kommt der Name „Lucinda" (Z. 1, 6, 13, 15, 28, 39, 46, 54, 58, 64, 70, 78, 102) und das Personalpronomen „sie" vor. Die Schwester der Ich-Erzählerin spielt damit in diesem Textauszug offenbar die Hauptrolle. Darüber hinaus wiederholen sich die Liedzeile „Über den Wolken" (Z. 10/11, 14, 27/28, 49) sowie der Name des Jungen in der Tankstelle: „Bernd" (Z. 56, 59, 83, 84, 93, 114). Auffallend ist auch, dass die Ich-Erzählerin zweimal erwähnt, dass sie ihre Schwester fest umarmt (vgl. Z. 7–9 und Z. 45–48).

Notiere jetzt deine **Gedanken zum möglichen Thema** *in Stichworten oder kurzen Sätzen:*
Lucinda ist die ältere Schwester der Ich-Erzählerin / enge Beziehung zwischen den Schwestern /
riskante nächtliche Fahrradfahrt, Lucinda ist risikobereit, erfahren und frech, Ich-Erzählerin eher
ängstlich und haltsuchend, scheint ihre Schwester zu bewundern / Lucinda hat dominante Persön-
lichkeit / Bernd, schüchterner Junge in Tankstelle / Lucinda spielt mit Erotik und mit dem Jungen,
um ein Ziel zu erreichen / Diebstahl / jugendlicher Leichtsinn, Abenteuerlust / Machtlosigkeit /
Ausgrenzung, Mitgefühl

Stichwortartige Antworten:

Titel: Und auch so bitterkalt

Autorin: Lara Schützsack

Thema: enge Beziehung zwischen zwei Schwestern / Dominanz und
                  Abhängigkeit unter Jugendlichen / Einsatz weiblicher Erotik
                  als Mittel zum Zweck / Ausgrenzung und Mitgefühl

Teilaufgabe 2

Den Text mit eigenen Worten zusammenfassen

✔ **Hinweis:** *Gehe folgendermaßen vor:*

1. *Gehe den Text Absatz für Absatz durch.*
2. *Fasse für jeden Absatz wichtige Informationen als Stichworte oder kurze Sätze zusammen.*
3. *Formuliere aus den Stichworten einen zusammenhängenden Text.*
4. *Beachte dabei die wichtigsten* **Regeln zur Inhaltsangabe:**
   - *Schreibe im* **Präsens** *(Gegenwartsform).*
   - *Wandle direkte Rede in* **indirekte Rede** *um, achte dabei auf die richtige Konjunktivform.*
     Beispiel: Direkte Rede: „Natürlich sind wir irre." (Z. 40)
     Indirekte Rede: Lucinda sagt, dass sie irre seien (vgl. Z. 40).
   - *Vermeide jede eigene Meinung, beschränke dich auf die Informationen, die der Text liefert.*
5. *Wichtig ist, dass du* **keine Nacherzählung** *schreibst, sondern die* **wichtigsten Informationen** *zu den Ereignissen mit deinen* **eigenen Worten** *wiedergibst.*

Stichwortartige Antworten:

- nächtliche Fahrt zweier Schwestern auf einem Fahrrad zu einer Tankstelle;
  beide singen laut, sind übermütig; riskante Fahrt mitten auf der Fahrbahn
  einer Landstraße (vgl. Z. 1–20)
- plötzliches Auftauchen eines Autos von hinten; gefährliche Situation;
  Autofahrer wütend, weil Mädchen ohne Licht fahren, Lucinda lacht ihn aus
  (vgl. Z. 21–45)
- Lucinda betritt Tankstellenshop, in dem Junge aus Nachbarschaft arbeitet;
  Bernd wird wegen seines Aussehens von Nachbarskindern ausgegrenzt;
  Lucinda ist sich ihrer erotischen Wirkung und ihrer Dominanz ihm gegenüber bewusst, legt Eis und Kaugummi auf den Ladentisch (vgl. Z. 54–101)

- Lucinda nutzt ihre Wirkung auf Bernd, um den Laden zu verlassen, ohne für die Waren zu bezahlen; Bernd ist durch Lucindas „Auftritt" wie erstarrt, er reagiert nicht (vgl. Z. 102–115)

Teilaufgabe 3

Darstellen, welche Meinung Ich-Erzählerin von ihrer Schwester hat

Hinweis: An mehreren Textstellen wird deutlich, dass die Ich-Erzählerin ihre Schwester bewundert, sich an sie anlehnt und zu ihr aufschaut. Konzentriere dich auf die persönlichen Bemerkungen und Schilderungen der Ich-Erzählerin über ihre Schwester.

Stichwortartige Antworten:

- Ich-Erzählerin hat ihre Schwester sehr gerne, schaut zu ihr auf und fühlt sich bei ihr sicher: Schlingt Arme um deren Hüfte (vgl. Z. 7–10), drückt Kopf an Lucindas Rücken und umarmt sie noch fester nach Zwischenfall mit Autofahrer (vgl. Z. 45–47)
- Ich-Erzählerin bewundert ihre Schwester, beschreibt anschaulich Faszination, die von Lucinda ausgeht: Lucinda setze Gesetze außer Kraft, wo sie auftaucht, wird sie zum Mittelpunkt (vgl. Z. 79–81)
- Ich-Erzählerin folgt Lucinda widerspruchslos (vgl. Z. 104–107), obwohl sie nicht mit allem einverstanden ist (vgl. Z. 118)

Teilaufgabe 4

Lucindas Trick, um in der Tankstelle nichts zu bezahlen; sprachliche Mittel (Wortwahl, Satzbau)

Hinweis: Lucinda ist sich ihrer anziehenden und faszinierenden Wirkung auf Bernd bewusst und setzt diese gezielt ein. Sie bedient sich ausschließlich nonverbaler Mittel (Blicke, Lächeln), um ihr Ziel zu erreichen. Die Autorin hingegen setzt sprachliche Mittel ein, um Lucindas Verhalten und überlegene Position gegenüber Bernd zu verdeutlichen. Ihr Verhalten, die Reaktion des Jungen und die sprachlichen Mittel der Autorin musst du in einen Zusammenhang bringen.

Stichwortartige Antworten:

Verhalten Lucindas

- bereitet ihre Tat vor, indem sie vor dem Betreten des Tankstellenshops ihr Äußeres kontrolliert (vgl. Z. 73–75)
- langsame, kontrollierte Bewegungen wie „in Zeitlupe" (Z. 90) und eindringliche Blicke (vgl. Z. 98/99) bringen Bernd aus dem Konzept
- absichtliche Berührung von Bernds Hand (vgl. Z. 95–97) steigert die Verlegenheit und Unsicherheit des schüchternen Tankstellenmitarbeiters
- Bernd lässt sich die Waren willenlos abnehmen, Lucinda lächelt (vgl. Z. 102)

Sprachliche Mittel (Wortwahl, Satzbau)

- Veranschaulichung der langsamen und kontrollierten Bewegungen sowie der Spannung durch Vergleich („wie in Zeitlupe" Z. 90) und durch langgezogene Sätze (vgl. Z. 90–103)
- häufige Wiederholung des Personalpronomens „sie" unterstreicht Lucindas Dominanz gegenüber Bernd
- jede einzelne von Lucindas Bewegungen wird genau beschrieben
- Bernds unterlegene Position wird dadurch deutlich, dass er sich nicht traut, Blickkontakt zu Lucinda zu halten; im Text wird dies durch Wiederholungen verdeutlicht: „ohne aufzusehen" (Z. 95), „als er ihren Blick auffängt, wird er rot und schaut schnell wieder zur Kasse" (Z. 98/99); dass Bernd die Waren „mit zitternder Hand" (Z. 101) einscannt, zeigt zusätzlich, wie sehr ihn Lucinda aus der Fassung bringt

Teilaufgabe 5

Erläutern, was Ich-Erzählerin über Bernd und sein Verhalten denkt

✐ **Hinweis:** *Die Ich-Erzählerin ergreift zunächst keine klare Position für oder gegen Bernd. Indem sie den Spott der Nachbarskinder unreflektiert wiedergibt und Bernd als unattraktiv und schreckhaft beschreibt, zeigt sie aber, dass sie keine hohe Meinung von ihm hat. Nach dem Diebstahl in der Tankstelle ändert sie offenbar ihre Ansicht und empfindet Mitleid mit dem Jungen. Diese beiden Seiten müssen herausgearbeitet werden.*

- Ich-Erzählerin beschreibt Bernd als unattraktiv (vgl. Z. 60/61), schreckhaft (vgl. Z. 57/58) und schwärmerisch („als er Lucinda sieht, hellt sein Blick sich auf" Z. 58/59)
- erzählt ohne erkennbares Mitgefühl von Bernds Ausgrenzung durch die Nachbarskinder (vgl. Z. 61–64), hat wenig Mitleid mit ihm
- beschreibt ihn als willenlos gegenüber ihrer Schwester (Z. 84/85)
- bemerkt seine Unsicherheit und seine Schwäche (Z. 94–101)
- Mitleid mit Bernd nach dem Diebstahl (Z. 114–118)

Teilaufgabe 6

Zur Aussage der Schülerin kritisch Stellung nehmen, die eigene Meinung begründen und mit Textstellen belegen

✐ **Hinweis:** *Du kannst der Aussage zustimmen oder nicht. Entscheidend ist, dass du deine Meinung gut begründest und dich dabei auf Textstellen beziehst. Ziehe aus dem Text zunächst Argumente heraus, die für die Aussage der Schülerin sprechen. Danach suchst du Textstellen bzw. Argumente, die dagegen sprechen. Bringe auch eigene Überlegungen mit ein. Entscheide dann, welche Argumente du für überzeugender hältst, und welche Meinung du vertreten willst.*

Stichwortartige **Pro-Argumente** (Man muss mit Bernd kein Mitleid haben):

- Bernd macht es sich in der Opferrolle bequem, er verschafft sich keinen Respekt:
    - widerspricht nicht, wenn ihn die Mädchen aus der Nachbarschaft offen „Kratergesicht" (Z. 63) nennen
    - beschwert sich nicht, als Lucinda mit der Faust gegen die Scheibe schlägt, sondern lächelt sogar noch
    - ist willen- und sprachlos, macht sich damit noch kleiner als er schon ist
- wenn er nachts in einer Tankstelle arbeitet, muss er sich auch wehren können. Er ist 18 Jahre alt und damit kein Kind mehr
- lässt sich für ein bisschen Aufmerksamkeit und ein Lächeln (Z. 102) bestehlen, das ist verantwortungslos
- verstößt damit gegen die Pflichten seines Arbeitsverhältnisses und schadet dem Unternehmen

Stichwortartige **Kontra-Argumente** (Man sollte Mitleid mit Bernd haben):

- Bernd ist ein Außenseiter, kann sich offensichtlich nicht wehren, hat wenig Selbstvertrauen
- Lucinda ist das einzige Mädchen aus der Nachbarschaft, das ein Lächeln für ihn übrig hat und ihn sogar „interessant" (Z. 65) findet
- Lucinda hat starke Persönlichkeit, niemand kann sich ihr entziehen (vgl. Z. 78–81), Bernd erst recht nicht
- Lucinda nutzt aus, dass Bernd wenig Selbstbewusstsein hat und sie mag (Z. 59: „hellt sein Blick sich auf.")
- Verantwortung für Vorfall liegt bei Lucinda, auch als Vorbild für ihre Schwester

Lösungsbeispiel

In dem Auszug aus dem Roman „Und auch so bitterkalt" von Lara Schützsack geht es um die enge Beziehung zweier Schwestern, um Dominanz und Abhängigkeit unter Jugendlichen sowie um Ausgrenzung und Mitgefühl.

Einleitung
Titel, Autorin, Thema

Die Ich-Erzählerin und ihre Schwester Lucinda fahren nachts ohne Licht auf einem Fahrrad über eine Landstraße. Sie fahren mitten auf der Fahrbahn, singen laut und sind übermütig. Die Ich-Erzählerin sitzt auf dem Gepäckträger und hält sich an ihrer Schwester Lucinda fest. Von hinten

Zusammenfassung des Textes

riskante Fahrradfahrt der Ich-Erzählerin mit ihrer Schwester Lucinda nähert sich ein Auto mit hoher Geschwindigkeit, der Fahrer kann nur knapp ausweichen. Während die Ich-Erzählerin Angst hat, kümmern seine wütenden Ermahnungen Lucinda nicht. Lachend fahren die beiden weiter zur Tankstelle. Dort arbeitet Bernd, ein schüchterner Junge, der wegen seines Aussehens von den Mädchen aus der Nachbarschaft gehänselt wird. Lucinda achtet sehr auf ihr Äußeres und ihre Wirkung, als sie die Tankstelle betritt, sodass der Junge jede ihrer Bewegungen gebannt beobachtet. Sie legt Waren auf die Ladentheke und setzt ihre Wirkung gegenüber Bernd gezielt ein: Lucinda macht ihn so verlegen, dass sie den Tankstellenshop verlassen kann, ohne zu bezahlen. Die Ich-Erzählerin empfindet daraufhin Mitleid mit Bernd.

Die Erzählerin bewundert ihre Schwester. Sie vertraut ihr und blickt zu ihr auf. So umarmt sie Lucinda noch inniger und schmiegt sich fest an sie, nachdem der Autofahrer die Mädchen ermahnt hat. Anschaulich beschreibt sie die Faszination, die von ihrer Schwester ausgeht: „Wenn Lucinda einen Ort betritt, dann gerät alles in Bewegung. Es gibt keine Gesetze mehr. Ihre Anwesenheit stellt alles in Frage." (Z. 78–81) Die Ich-Erzählerin folgt ihrer Schwester selbst dann widerspruchslos, als diese ihre Wirkung gegenüber anderen Menschen für einen Diebstahl nutzt.

Stellung der Ich-Erzählerin zu ihrer Schwester

Ich-Erzählerin bewundert Lucinda, sie vertraut ihr und fühlt sich bei ihr sicher

Lucinda hat ihre Tat geplant: Vor dem Betreten des Tankstellenshops kontrolliert sie ihr Äußeres (vgl. Z. 73–75). Ihre langsamen Bewegungen und ihre Blicke setzt sie gezielt ein, sodass sich der schüchterne Bernd ihrer Wirkung nicht entziehen kann. Als sie ihn dann auch noch absichtlich ihre Hand berühren lässt, wird er rot und zieht „die Sachen mit zitternder Hand über den Scanner" (Z. 100/101). Lucindas Lächeln (Z. 102) hat er nichts mehr entgegenzusetzen. So kann sie den Laden verlassen, ohne zu bezahlen und ohne dass Bernd etwas dagegen unternimmt.

Lucindas Trick, um in der Tankstelle nichts zu bezahlen

Lucinda nutzt ihre Ausstrahlung gezielt, um Bernd völlig zu verunsichern

Die Autorin erzeugt an dieser Textstelle Spannung durch sprachliche Mittel: Lucinda spricht kein Wort, sondern spielt ihre Dominanz gegenüber Bernd allein durch Blicke

sprachliche Mittel (Wortwahl, Satzbau)

und langsame, kontrollierte Bewegungen aus. Diese non-
verbale Sprache wird unterstützt durch langgezogene Sätze
und einen anschaulichen Vergleich: Lucinda bewegt sich
„wie in Zeitlupe" (Z. 90). Darüber hinaus wird jede einzelne ihrer Bewegungen beschrieben. Die häufige Wiederholung des Personalpronomens „sie" zeigt Lucindas Überle-
genheit gegenüber Bernd. Dass dieser sich nicht einmal
traut, Blickkontakt mit Lucinda zu halten, wird zweimal
verdeutlicht (vgl. Z. 95 und Z. 98–100).

Die Ich-Erzählerin berichtet ungerührt, dass die Mädchen
aus der Nachbarschaft Bernd auslachen, weil er „klein, un-
scheinbar und pickelig" (Z. 60/61) ist. Er wehrt sich selbst
dann nicht, wenn er offen als „Kratergesicht" (Z. 63) beschimpft wird. Auch die Ich-Erzählerin scheint zunächst
wenig Mitleid mit Bernd zu haben, den sie als schreckhaft
und schwärmerisch darstellt: „Beim Knall zuckt er zusammen, dann aber, als er Lucinda sieht, hellt sein Blick sich
auf." (Z. 57–59) Sie beschreibt ihn weiter als ebenso hinge-
rissen wie willenlos gegenüber ihrer Schwester: Er könne
nicht anders, „als ihr mit den Augen zu folgen" (Z. 84/85).
Seine Schwäche scheint sie zunächst nicht zu berühren, am
Ende verändert sich ihre Gleichgültigkeit gegenüber Bernd
jedoch: Sie empfindet Mitleid für ihn (vgl. Z. 118).

Lösungsvorschlag für Zustimmung

Meiner Meinung nach ist die Aussage der Schülerin richtig.
Warum sollte man Mitleid mit Bernd haben? Er ist 18 Jahre alt und erwachsen. Offenbar macht er es sich gerne in
der Opferrolle bequem. So lässt er es über sich ergehen,
dass die Mädchen in der Nachbarschaft ihn offen als „Kratergesicht" verspotten (vgl. Z. 61–64). Stattdessen müsste
er sich Respekt verschaffen. Als Lucinda gegen die Scheibe
schlägt (vgl. Z. 54/55), sollte er aufstehen und ihr die
Meinung sagen. Stattdessen zuckt er zusammen und lächelt
glückselig, als er sie erkennt (vgl. Z. 58/59). Außerdem
sollte er sich wehren können, wenn er nachts an einer
Tankstelle arbeitet. Er lässt sich aber von Lucinda um den

*Stellung der Ich-
Erzählerin zu Bernd
und seinem Verhalten*
Bernds Äußeres wirkt
unattraktiv, er wird
von den Nachbars-
mädchen gehänselt

Ich-Erzählerin empfin-
det aber erst nach dem
Vorfall in der Tank-
stelle Mitleid mit
Bernd

*Begründete Stellung-
nahme*
Position: Man muss
kein Mitleid mit Bernd
haben

Finger wickeln, anstatt seinen Job ernst zu nehmen. Den Diebstahl nimmt er willen- und sprachlos hin (vgl. Z. 102/103). Dass Bernd für Lucinda schwärmt, rechtfertigt dieses verantwortungslose Verhalten nicht. Wenn sich Bernd so leicht einschüchtern lässt, könnten auch andere „Kund*innen" kostenlose Waren verlangen.

(722 Wörter)

Lösungsbeispiel für Ablehnung

Meiner Meinung nach sollte man sehr wohl Mitleid mit Bernd haben. Er wird von den Mädchen aus der Nachbarschaft offen als „Kratergesicht" (Z. 63) beschimpft und auch die Erzählerin ergreift zunächst keine Partei für ihn. Bernd scheint nur wenig Selbstvertrauen zu haben und sich nicht wehren zu können. Sprachlos lässt er alles über sich ergehen (vgl. Z. 62–64). Lucinda dagegen ist eine starke Persönlichkeit und nutzt Bernds Schwäche gnadenlos aus. Sie weiß, dass er ihr heillos verfallen ist. Mit ihrer Berührung (vgl. Z. 97) und einem Blick (vgl. Z. 98) bringt sie ihn völlig aus der Fassung. Er hat überhaupt keine Chance gegen sie und lässt sich die Waren tatenlos abnehmen. Die Verantwortung für den Vorfall liegt deshalb bei Lucinda. Nicht nur, weil sie Bernds Schwäche ausnutzt, sondern auch, weil sie Verantwortung gegenüber ihrer Schwester hat. Dieser lebt sie vor, dass man einen schwächeren Menschen bestehlen darf, wenn man die Macht dazu hat. Das Mitleid der Ich-Erzählerin mit Bernd ist also angemessen.

(733 Wörter)

Position: Man sollte Mitleid mit Bernd haben

Zweiter Prüfungsteil: Wahlthema 2

✦ **Hinweis:** In dieser Aufgabe sollst du über „Vampire in Büchern und Filmen" **informieren**. Du musst davon ausgehen, dass die Leser*innen deines Textes nichts über dieses Thema wissen. Deine Leitfragen müssen deshalb sein: Was stellen sich die Menschen unter Vampir*innen vor? Woher kommen diese Vorstellungen? Was fasziniert Leser*innen und Zuschauer*innen an dieser Fantasie-Figur, was macht die Vampir*innen zum Mythos? Welche besonderen Eigenschaften werden Vampir*innen zugeschrieben? Wie hat sich das Bild der Vampir*innen gewandelt?

Im Wesentlichen entsprechen diese Fragen den einzelnen Teilaufgaben. Die Antworten dazu findest du in den **Materialien** M1–M6. Lies sie sorgfältig durch und werte sie für jede einzelne **Teilfrage** nacheinander genau aus. Gehe dabei für jede Teilfrage immer wieder alle Materialien durch. Jeder Text, jedes Bild und jede Skizze können wichtige Informationen liefern. Kontrolliere dich dabei immer wieder selbst: Antwortest du auf die jeweilige Frage?

Suche und markiere die passenden Informationen in den Materialien und notiere sie als **Stichworte** auf einem gesonderten Blatt. Schreibe unter jede Teilaufgabe auch die Materialnummer (z. B. Teilaufgabe 2: M2, M4). Diese stichwortartigen Antworten zu den einzelnen Teilaufgaben bilden deinen **Schreibplan**. Am Ende schreibst du aus deinen Stichworten einen zusammenhängenden Text, der aus deinen eigenen Worten besteht.

Tipp: Bearbeite Teilaufgabe 1 zum Schluss. Wenn du dich in das Thema vertieft hast, fällt dir auch eine passende Überschrift ein.

Schreibplan	Mögliche Inhalte (Stichworte)	Quellen
Einleitung	**Begriff „Vampir*in" erklären und geschichtlichen Hintergrund erläutern**	
	• Vampir*in = lebende*r Tote*r mit übernatürlichen Kräften und außergewöhnlichen Eigenschaften	M 2 M 2
	• benötigt Blut für seine*ihre Existenz	M 3
	• Vorstellung stammt aus osteuropäischem Volksglauben	M 3
	• dort Blutsaugen noch unbekannt	
Hauptteil Welche Besonderheiten hat Bram Stokers Dracula?	**Besonderheiten des Vampirs bei Bram Stoker** • Bündelung mehrerer Vorstellungen von Vampir*innen:	M 2, M 4
	– Vampir*innen können nur durch Feuer oder einen Holzpflock ins Herz getötet werden	
	– schlafen tagsüber mit offenen Augen im Sarg, der mit Erde aus eigenem Grab gefüllt ist und von Ratten bewacht wird	
	– vertragen kein Tageslicht; Abwehrmittel: Knoblauch, christliches Kreuz, Weihwasser	

	– Aussehen: bleiche Haut, blutrote Lippen, überlange Fingernägel, eiskalte Hände	
	– erwachen nachts und schleichen sich auf der Nahrungssuche in fremde Häuser, verursachen „hilflose Benommenheit" bei Opfern	
	– übermenschliche Kräfte, eisenharte Fäuste	
	• Bram Stoker dichtet Dracula zusätzlich an: spitze Zähne, Biss in den Hals, Blutsaugen	M 3
Welche besondere Rolle hat Bram Stoker für die Vampirliteratur?	**Stokers Rolle für die Vampirliteratur**	
	• Stoker sammelte Merkmale von Vampir*innen, vermutlich aus überlieferten Erzählungen	M 4
	• ordnete Merkmale geschickt an, schuf 1897 mit dem Roman „Dracula" den Vampirmythos	M 4
	• „Dracula" wurde wichtigstes Vampirbuch; Vorbild für folgende Filme und Bücher	M 3
Wie hat sich das Vampirbild im Film entwickelt?	**Entwicklung des Vampirbildes in Filmen**	
	• von Monstern und brutalen Blutsauger*innen (1922) über ein „Ungeheuer mit gutem Kern" (1992) bis hin zum sympathischen Teenie-Schwarm aus Twilight (heute)	M 1, M 5a
	• Twilight eher romantischer Liebesroman als gruselige Horrorgeschichte:	M 5b
	– Vampir verliebt sich in menschliches Mädchen, will es beschützen	
	– stellt aber selbst größte Gefahr für sie dar: hat Mühe, dem Duft ihres Blutes zu widerstehen	
	– Geliebte will Vampirin werden, um ewig mit Edward vereint zu sein	
Schlussfolgerung	**Warum finden viele Menschen Vampirbücher und -filme faszinierend?**	
	• Auseinandersetzung mit Leben und Tod, Gut und Böse, Verbotenem und Verborgenem	M 6
	• Reiz der Vorstellung, unsterblich zu sein	
	• Begeisterung für jahrhundertealten Mythos: Eintauchen in gruselige, fantastische Welt	
	• Faszinierende Vorstellung von Freiheit und Unbesiegbarkeit	
	• für jeden etwas dabei: Sehnsucht, Liebe, Grusel, Schmerz, Spannung, Crime, Action …	

Lösungsbeispiel

Vom Monster zum Mädchenschwarm

Überschrift

Vampir*innen sind lebende Tote mit übernatürlichen
Kräften und außergewöhnlichen Eigenschaften. Damit sie
existieren können, steigen sie nachts aus ihren Särgen und
saugen den Menschen das Blut und damit auch ihr Leben
aus. Die Vorstellung von einem unheimlichen Wesen, das
nachts umherstreift, um sich die Lebensenergie von Menschen zu holen, stammt ursprünglich aus Osteuropa. Im
dortigen Volksglauben gehörte das Blutsaugen allerdings
noch nicht zu den typischen Eigenschaften von Vampi-
r*innen.

Der Schriftsteller Bram Stoker hat Merkmale verschiedener
Vampirvorstellungen zusammengetragen und eigene Ideen
ergänzt, wie z. B. die typischen spitzen Zähne, den Biss in
den Hals und das Blutsaugen (vgl. M 3). Mit seinem Roman
„Dracula", der 1897 erschien, schuf er einen geheimnisvollen Mythos, der als Vorlage für alle weiteren Bücher und
Filme über Vampir*innen diente und auch heute noch
dient. Laut Stoker schlafen Vampir*innen nachts mit offenen Augen in einem Sarg, der mit der Erde ihres Grabes
gefüllt ist und von Ratten bewacht wird. Zum Geheul von
Wölfen und Hunden wachen sie auf und ziehen mit blei-
chen Gesichtern, überlangen Fingernägeln und eiskalten
Händen durch die Nacht. Sie schleichen sich in Häuser und
stoßen ihre spitzen Zähne in die Hälse der Menschen, die
ihnen hilflos ausgeliefert sind. Diesen saugen sie das Blut
aus, bis sie langsam sterben. Die Vampir*innen fürchten
nichts so sehr wie das christliche Kreuz, Knoblauch und
Weihwasser. Auf natürlichem Weg können sie nicht
sterben. Nur Feuer und ein Holzpflock, der ihnen durch
das Herz gestoßen wird, können sie besiegen.

Das Bild der Vampir*innen hat sich seit Stokers Roman
„Dracula" erheblich gewandelt. Im Film „Nosferatu" von
1922 war der Vampir noch ein furchteinflößendes und
blutrünstiges Monster. Siebzig Jahre später tritt „Dracula"

Einleitung
Definition
*„Vampir*in",*
Ursprung des Mythos

Hauptteil
Besonderheiten (Aus-
sehen, Fähigkeiten)
von Bram Stokers
*Vampir*innen,*
Rolle Stokers für
Vampirliteratur

Entwicklung des
Vampirbildes im Film

in der Coppola-Verfilmung zwar immer noch als Ungeheuer auf, aber mit einem guten Kern (vgl. M 5). Die Twilight-Saga schließlich hat Dracula in einen tragischen Helden verwandelt. Der Vampir Edward Cullen verliebt sich in ein normales Mädchen und will dieses um jeden Preis beschützen – vor allem vor sich selbst. Die Geliebte will hingegen selbst zur Vampirin werden, „um ewig mit Edward vereint zu sein" (M 5 b, Z. 8). Diese außergewöhnliche Liebe zwischen einem Menschen und einem Vampir hat dem geheimnisvollen Mythos möglicherweise viel von seinem Horror genommen.

Die Begeisterung für Vampir*innen scheint jedoch ungebrochen. Leser*innen und Zuschauer*innen erleben angenehm gruselige Schauer, wenn sie daran denken, dass nachts ein unheimliches Wesen aus seinem Grab steigt, um sich vom Blut der Lebenden zu ernähren. Möglicherweise schwingt die Faszination von Gewalt, Angst, Schrecken und Herrschaft über Leben und Tod ebenso mit, wie die Frage, ob die Vampir*innen am Ende nicht doch durch das vermeintlich „Gute" besiegt werden. Den Aussagen der Internet-User*innen in M 6 nach zu urteilen, ist der jahrhundertealte Mythos außerdem deshalb so interessant, weil Vampir*innen unsterblich und völlig frei sind. Sie können tun und lassen, was sie wollen. Daneben ist Erotik ein großes Thema. Spätestens seit der Twilight-Saga, in der von einer außergewöhnlichen und eigentlich unmöglichen Liebe zwischen Vampir und Mensch erzählt wird. Somit ist in den Vampirfilmen und -büchern „für jeden etwas dabei", wie es im dritten Zitat in M 6 heißt: „Liebe, Schmerz, Sehnsucht, Spannung, Crime, Action." *(509 Wörter)*

Schlussfolgerung
Gründe, warum viele Menschen Vampirbücher und -filme faszinierend finden

Verwendete Materialien: M 1, M 2, M 3, M 4, M 5, M 6

Punkteverteilung

Zentrale Prüfung 2015							
1. Prüfungsteil				**2. Prüfungsteil**			
Aufgabe 1	1	Aufgabe 7	1	**Inhaltliche Leistung**			**Darstellungsleistung**
Aufgabe 2	1	Aufgabe 8	1	Wahlthema 1		Wahlthema 2	Wahlthema 1 und 2
Aufgabe 3	1	Aufgabe 9	1	Aufgabe 1	4	Aufgabe 1	1
Aufgabe 4	1	Aufgabe 10	1	Aufgabe 2	5	Aufgabe 2	6
Aufgabe 5	1	Aufgabe 11	1	Aufgabe 3	4	Aufgabe 3	8
Aufgabe 6	1	Aufgabe 12	2	Aufgabe 4	5	Aufgabe 4	8
				Aufgabe 5	5	Aufgabe 5	8
				Aufgabe 6	9	Aufgabe 6	1
				32 Punkte			**8 Punkte**
13 Punkte				**40 Punkte**			
53 Punkte							

Notenverteilung

Note	Punkte
sehr gut	53–46
gut	45–39
befriedigend	38–31
ausreichend	30–24
mangelhaft	23–10
ungenügend	9–0

Erster Prüfungsteil: Leseverstehen

✦ *Hinweis:* Lies den Text gründlich durch. Bearbeite die Aufgaben dann der Reihe nach. Unterstreiche die Textstellen, die für die Beantwortung der jeweiligen Frage wichtig sind. Beachte:
1. Jede Antwort lässt sich im Text finden. Du sollst nichts erfinden.
2. Bei den meisten Fragen wird der Abschnitt genannt, in dem du die richtige Antwort findest. Konzentriere dich auf diesen Abschnitt.
3. Prüfe bei Multiple-Choice-Aufgaben (Auswahl aus mehreren Lösungsmöglichkeiten) jede einzelne Möglichkeit anhand des Textes. Kreuze die Lösung erst an, wenn du die Textstelle gefunden hast, die deine Antwort belegt.
4. Wenn die Arbeitsanweisung lautet „Kreuze **die** richtige Antwort an", kann es nur **eine** richtige Antwort geben. Bei Formulierungen wie „Welche der folgenden **Aussagen** sind richtig?" sind **mehrere** Möglichkeiten richtig.
5. Die Informationen aus dem Text werden in der Regel nacheinander abgefragt. Du kannst den Text also von oben nach unten „abarbeiten".

1. Das erste digitale Smiley (Z. 4) hat folgendes Aussehen:

    a) ⬜ .⌢.

    b) ✗ :-)

    c) ⬜ ⌣̈

    d) ⬜ (-:

    ✦ *Hinweis:* Der Smiley aus Doppelpunkt, Bindestrich und Rechtsklammer wird im ersten fettgedruckten Absatz ausdrücklich und genau in dieser Reihenfolge genannt. Zwar wird die Rechts-Klammer nicht eigens erwähnt, dafür aber das „Grinse-Gesicht".

2. Fahlman hält den Kopf schief (Abschnitt 2), weil er …

    a) ⬜ die Zeit von der Uhr abliest.

    b) ⬜ die Sendetaste drückt.

    c) ✗ seine Erfindung überprüft.

    d) ⬜ plötzlich grinsen muss.

    ✦ *Hinweis:* Im zweiten Absatz ist von Kontrolle die Rede (vgl. Z. 15). Fahlmann „**überprüft**" also seine Erfindung. Zwar drückt er die Sende-Taste, aber dies ist nicht der Grund, warum er den „Kopf schief" hält. Zu achten ist daher auf die kausale (begründende) Konjunktion „weil" in der Frage.

3. In Abschnitt 3 wird gesagt, dass …

    a) ⬜ seit 30 Jahren Textmitteilungen verschickt werden.

    b) ⬜ man Gefühle am besten mit Worten ausdrücken kann.

    c) ✗ digitale Smileys und Emoticons übermäßig verwendet werden.

d) ☐ Emoticons immer nur bestimmte Gefühle ausdrücken.

✦ **Hinweis:** *Bei der Antwort musst du insbesondere auf den ersten Satz des dritten Abschnitts achten. Der Nebensatz besagt, dass seit 30 Jahren Smileys an das Ende von E-Mails und Textmitteilungen gesetzt werden. Es geht also nicht nur darum, dass „seit 30 Jahren Textmitteilungen verschickt werden", wie es in Antwortmöglichkeit a heißt. Nach Ansicht von Scott F. Fahlman, dem Erfinder der digitalen Smileys, werden die Emoticons „viel zu oft" (Z. 27), also „übermäßig", verwendet, wie es in Antwort c heißt.*

4. Der 64-jährige Forscher lehnt bunte Smileys ab (Abschnitt 3), weil …

a) ☐ er sich mit der Entwicklung von künstlicher Intelligenz beschäftigt.

b) ☐ die Grinse- und Gefühlsgesichter viel zu grell gezeichnet sind.

c) ☐ Tränen, Mundschutz und Sonnenbrillen nicht gut zu erkennen sind.

d) ☒ durch sie kaum über neue Tastenkombinationen nachgedacht wird.

✦ **Hinweis:** *Auch hier musst du wieder die kausale Konjunktion „weil" im ersten Antwortteil beachten. Fahlman lehnt die bunten Smileys ab, weil sie seiner Meinung nach „hässlich" (Z. 34) sind und die „Herausforderung [unterlaufen], mit der herkömmlichen Tastatur neue Smileys zu erschaffen" (Z. 34–36). Die User*innen denken also seiner Ansicht nach nicht oder kaum über neue Tastenkombinationen nach.*

5. Ursprünglich zielte Fahlmans Erfindung (Abschnitt 4) darauf ab, …

a) ☒ missverständliche Äußerungen zu kennzeichnen.

b) ☐ Kollegen mit neuen Einfällen zu belustigen.

c) ☐ Kinderbuch-Erinnerungen wiederzubeleben.

d) ☐ Internet-Chatrooms im Sturm zu erobern.

✦ **Hinweis:** *Lies Abschnitt 4, auf den sich die Frage bezieht, genau durch. Gehe, wenn du unsicher bist, nach dem „Ausschlussprinzip" vor. Nirgendwo steht, dass Fahlman seine Kolleg*innen „belustigen" (Antwort b) oder Kinderbuch-Erinnerungen „wiederbeleben" wollte (Antwort c). Er hatte auch nicht vor, „Internet-Chatrooms im Sturm zu erobern" (Antwort d), im Gegenteil hatte er davon „nie zu träumen gewagt" (Z. 55). Also bleibt nur Antwort a: Fahlman wollte „richtig verstanden [werden]" (Z. 43).*

6. Fahlman hätte nie zu träumen gewagt (Abschnitt 4), dass …

a) ☐ er für seinen Entwurf nur 10 Minuten braucht.

b) ☒ seine Idee eine so große Wirkung haben würde.

c) ☐ ein paar Zeichen sein Leben verändern können.

d) ☐ er ein neues Symbol für Freude erfinden würde.

🖋 **Hinweis:** *Die Lösung ergibt sich aus der Antwort zu Frage 5: Fahlman zog es zu keinem Zeitpunkt in Erwägung, dass „sein Smiley die Internet-Chatrooms im Sturm erobern sollte" (Z. 53/54).*

7. Harvey Ball hatte kein Glück mit seiner Erfindung (Abschnitt 5), weil ...

a) ☐ das Betriebsklima seiner Firma schlecht blieb.

b) ☐ sein Honorar mit 450 Dollar sehr niedrig gewesen ist.

c) ☒ er sie nicht gewinnbringend vermarktet hat.

d) ☐ es zu Beginn der Sechzigerjahre noch kein Internet gab.

🖋 **Hinweis:** *Der Werbe-Designer Harvey Ball „vergaß, sich das Copyright zu sichern", wie es in Zeile 64/65 heißt. Er hat für seine Idee des gelben Smileys lediglich 45 Dollar erhalten (Z. 63/64), obwohl er damit über 100 Millionen Dollar hätte erwirtschaften können. Somit hat er seine Erfindung „nicht gewinnbringend vermarktet" (Antwort c).*

8. Loufrani konnte mit seinem Einfall so viel Geld verdienen (Abschnitt 5), weil er ...

a) ☐ das Aussehen des Smileys grundlegend veränderte.

b) ☐ als Journalist weitreichende Kontakte hatte.

c) ☐ mehr als 80 Länder bereiste und bekannt wurde.

d) ☒ sich als Erster das Recht auf Verwendung sicherte.

🖋 **Hinweis:** *Wie aus den Zeilen 64–72 hervorgeht, dachte der französische Journalist Franklin Loufrani mehr wie Geschäftsleute als Ball. Er ließ „die Grafik in über 80 Ländern schützen" (Z. 69/70) und sicherte sich damit das Recht, das Smiley-Zeichen weltweit zu verwenden und an Firmen zu verkaufen. Deswegen verdiente er damit viel Geld und nicht, weil er das Aussehen ein wenig veränderte (Antwort a). Im Text wird überdies nicht davon gesprochen, dass Loufrani „weitreichende Kontakte" (Antwort b) hatte und „mehr als 80 Länder bereiste" (Antwort c).*

9. Fahlman ist offenbar der Ansicht, dass Smileys zu oft verwendet werden. Dies geht bereits aus Abschnitt 3 hervor. Der Wissenschaftler meint, so heißt es in Zeile 26/27, dass Emoticons „viel zu oft" eingesetzt werden. Er spricht von einem „Überangebot" (Z. 80), gegen das man sich „erwehren" (Z. 83) muss.

🖋 **Hinweis:** *Mit dem Begriff „Überangebot" ist grundsätzlich gemeint, dass es von einem Produkt **zu viel** gibt. Fahlman ist der Meinung, dass Smileys zu häufig eingesetzt werden. Beachte auch Abschnitt 3.*

10. Die Hinweise zur Geschichte des Schreibens in Abschnitt 7 zeigen, dass ...

a) ☐ sich alle Wissenschaftler für die Vorzeit interessierten.

b) ☐ zu Goethes Zeiten Tränen in Briefen besonders modern waren.

c) ☒ schriftliche Mitteilungen durch zusätzliche Signale emotionaler wurden.

d) ☐ früher Menschen ihre Gefühle nicht so gut schriftlich ausdrücken konnten.

Hinweis: Dieser Absatz ist aufgrund des geschichtlichen Exkurses etwas schwer verständlich. Versuche nicht, dich zu tief in die Vergleiche aus der Literatur hineinzudenken, sondern beschränke dich auf die Fakten und frage dich, was die genannten Beispiele zur Briefkultur in der Vergangenheit in Bezug auf das Thema des Textes bedeuten. Wie aus der angegebenen Passage hervorgeht, haben Briefeschreiber*innen seit jeher besondere Zeichen verwendet, um den Ausdruck ihrer Gefühle zu verstärken.

11. Fahlman wollte durch „ein liegendes Grinsegesicht" (Z. 17) aus Doppelpunkt, Bindestrich und Klammer sicherstellen, „dass Ironie oder Spott im täglichen E-Mail-Verkehr richtig verstanden wird" (Z. 42/43). Dies ist ihm offenbar gelungen. Dass dieser Smiley „die Internet-Chatrooms im Sturm erobern sollte, davon hätte Fahlman nie zu träumen gewagt", heißt es in Z. 53–55 weiter. Und dabei habe seine Erfindung „keine zehn Minuten gedauert" (Z. 52/53). Es wird deutlich, dass der US-Wissenschaftler Stolz und Freude empfindet.

Über die Entwicklung von seiner Zeichen-Kombination hin zu den Grinsegesichtern „in allen Lebenslagen" (Z. 81) ist er jedoch offenbar nicht so glücklich. Er ist der Ansicht, dass Emoticons „viel zu oft" (Z. 27) eingesetzt werden (vgl. auch Z. 80). Dadurch würden sich die User*innen keine eigenen Tastenkombinationen mehr ausdenken, beklagt er sich gegenüber der „Huffington Post" (vgl. Z. 33–37). Insgesamt sieht er die Entwicklung daher mit „gemischten [...] Gefühlen" (Z. 101).

Hinweis: Du musst bei der Antwort auf diese Frage noch einmal den gesamten Text im Blick haben. Hinweise auf die „gemischten Gefühle", die Fahlman in Bezug auf die digitalen Smileys hat, finden sich in den Abschnitten 3, 4, 6 und 8. Da von „gemischten Gefühlen" (Z. 101) die Rede ist, sollten sowohl die Freude des Smiley-Erfinders als auch dessen Bedenken aufgegriffen werden.

12. Zur Aussage der Schülerin Stellung nehmen, die eigene Meinung begründen und mit Textstellen belegen

✎ **Hinweis:** *Lies den Text unter dem Gesichtspunkt der Aussagekraft von Smileys noch einmal durch. Beziehe deine eigenen Lebenserfahrungen im Umgang mit E-Mails, SMS oder WhatsApp mit ein. Bilde dir auf dieser Basis eine Meinung, die du mit überzeugenden Argumenten begründest. Beziehe dich bei deiner Stellungnahme auch auf mindestens zwei Textstellen, da du mehrere Aussagen anführen sollst.*

Beispiele für Textbezüge:
Zustimmung:
- Emoticons als Stellvertretung für Sprache (vgl. Z. 25)
- Verstärkung der Bedeutung von Aussagen (vgl. Z. 42–43)
- Illustration von Gefühlen (vgl. Z. 94–99)

Ablehnung:
- Eintönigkeit durch zu häufige Verwendung (Vgl. Z. 27)
- schrille Buntheit digitaler Smileys ohne inhaltlichen Mehrwert (Vgl. Z. 29–33)
- Smileys lediglich Zusatz und kein vollständiger Ersatz für Sprache

Lösungsvorschlag für Zustimmung

Ich stimme dieser Aussage zu. Im Text heißt es, Emoticons dienten „in der Netz-Gemeinde als fester Sprachersatz für nahezu jeden Gemütszustand"(Z. 23–26). Bei digitalen Botschaften entweder per E-Mail oder WhatsApp ist es inzwischen üblich, Freude, Witz, Ärger oder Trauer mit Emoticons zu kennzeichnen. So weiß das Gegenüber genau, was man meint. Dies war auch der Grund, warum der amerikanische Wissenschaftler Scott F. Fahlman den digitalen Smiley erfunden hat (vgl. auch Z. 40–48). Je nach Einfallsreichtum lässt sich ebenso die Intensität der Gefühle zeichenhaft darstellen, wie in den Zeilen 94–99 anschaulich erklärt wird.

Lösungsvorschlag für Ablehnung

Ich stimme dieser Aussage nicht zu. Smileys können die Sprache vielleicht ergänzen, aber ein Grinsegesicht mit Brille oder Kussmund ist für mich kein Sprachersatz. Wenn mich zum Beispiel jemand liebt, möchte ich das auch wörtlich lesen. Nur ein Herz oder Kusslippen wären mir zu wenig. Wie der amerikanische Wissenschaftler Scott F. Fahlman, der den digitalen Tasten-Smiley immerhin erfunden hat, bin ich der Meinung, dass die Emoticons „viel zu oft" (Z. 27) eingesetzt werden. Im Vergleich mit wörtlich formulierten Aussagen besteht bei den genannten Zeichen also die Gefahr der Eintönigkeit. Außerdem gibt es inzwischen so viele Arten von Smileys und Emoticons (vgl. Z. 29–33), dass man nicht immer genau weiß, was eigentlich mit einem entsprechenden Zeichen gemeint ist. So können Smileys auch zu Verwirrung oder Irritationen führen, anstatt eindeutige Aussagen zu ermöglichen.

Zweiter Prüfungsteil: Wahlthema 1

✦ **Hinweis:** Bei der Analyse (Untersuchung) eines literarischen Textes empfiehlt sich grundsätzlich folgende Strategie:

1. Lies den Text vollständig und gründlich durch.
2. Überlege, wovon der Text handelt. Was ist das zentrale Thema? Markiere auffällige Textstellen.
3. Lies dir dann die Aufgabenstellung gründlich durch. Am besten nummerierst du die **einzelnen Teilaufgaben,** damit du beim Schreiben nichts vergisst.
4. Der Schreibplan für deine Textanalyse ist dir schon **Schritt für Schritt** vorgegeben. Bearbeite deshalb die Teilaufgaben unbedingt **der Reihe nach.**
5. Beginne mit der ersten Teilaufgabe. **Unterstreiche** die Textstellen, die für die Antwort wichtig sind, und mache am Rand **Notizen.**
6. Notiere auf einem gesonderten Blatt **Stichworte** oder kurze Sätze zu den wichtigsten Informationen. So hast du ein grobes Konzept für die Lösung der jeweiligen Aufgabe. Gleichzeitig trainierst du mit dieser Übung zwei Fähigkeiten:
   - den Blick für das Wesentliche zu entwickeln,
   - Textstellen in eigene Worte umzuformulieren.

   Denn dies wird immer wieder von dir verlangt: Inhalte mit deinen **eigenen Worten** wiederzugeben. Bedenke: Eine Aufgabe ist nie damit gelöst, dass du die Textvorlage abschreibst. Dafür gibt es null Punkte.
7. Formuliere aus deinen Stichworten einen **zusammenhängenden Lösungstext.** Achte dabei auf eine **saubere äußere Form.**
8. Wichtig ist, dass du den Text **nicht nacherzählst,** sondern dass du die wichtigsten Informationen herausfilterst, die zur jeweiligen Antwort passen.
9. Beachte die Zeitform: Schreibe die Textanalyse im **Präsens.**
10. Lies deinen Text nochmals gründlich durch und verbessere Fehler und Formulierungsschwächen.

Im Folgenden findest du zunächst stichwortartige Antworten zu jeder einzelnen Teilaufgabe. Im Anschluss daran folgt das vollständige Lösungsbeispiel.

Teilaufgabe 1

Einleitung schreiben, darin Titel und Autor nennen sowie Thema formulieren

✦ **Hinweis:** Die Angaben zu Titel und Autor stellen kein Problem dar. Über das **Thema** musst du dir dagegen intensiv Gedanken machen. Es reicht z. B. nicht, wenn du schreibst: „Ein Junge und ein Mädchen treffen sich." Das würde nicht den Kern des Textes treffen. Frage dich: Welche Absicht verfolgt der Autor? Worauf will er er aufmerksam machen? Lies dir den Text noch einmal durch und lass ihn auf dich wirken. Worum geht es? Möglicherweise helfen dir **Schlüsselwörter,** also Wörter, die sehr häufig vorkommen.

Durchgehend kommen die Personalpronomen „ich" und „sie" vor. Auch das Adjektiv „wirklich", und das Nomen „Mädchen" werden wiederholt. Bemerkenswert ist auch, was nicht gesagt wird. Rebecca spricht außer einem „Hallo" kein Wort. Dennoch entwickelt Cameron offensichtlich große Gefühle für sie. Sein Gefühlsleben und seine Gedanken kommen durch die Ich-Perspektive besonders deutlich zum Ausdruck.

Die Begegnung zwischen dem Jungen („ich") und dem Mädchen („sie") steht demnach im Mittelpunkt. Dabei wird der Text aus der Sicht des Jungen wiedergegeben. So erhalten die Leser*innen einen Einblick in die **Gefühle und Gedanken des Ich-Erzählers** *während und nach der Begegnung mit dem Mädchen. Die Frage ist, warum der Ich-Erzähler häufig betont, dass Rebecca „wirklich" existiert. Hier liegt möglicherweise der Schlüssel zum Thema. Der Junge kann es wohl kaum begreifen, dass er „wirklich" dieses Mädchen getroffen hat. Die Überschrift („Underdog", also „Verlierer" bzw. „Außenseiter") könnte einen weiteren Hinweis darauf geben.*
Notiere jetzt deine Gedanken zum möglichen **Thema** *in* **Stichworten** *oder* **kurzen Sätzen:**
Cameron fasst es nicht, dass er Rebecca begegnet. / Das Mädchen hat eine große Bedeutung für ihn. / Er ist unsicher, wie er mit dem Mädchen umgehen soll.

Stichwortartige Antworten:

Titel: Underdog
Autor: Markus Zusak
Thema: Gefühlslage eines Jungen, der bei einer Begegnung mit einem Mädchen verunsichert und begeistert zugleich ist / Unverhoffte Begegnung eines Jungen mit einem Mädchen: Illusion oder Wirklichkeit? / Schwärmerei eines Außenseiters für ein Mädchen

Teilaufgabe 2

Den Text mit eigenen Worten zusammenfassen

✎ **Hinweis:** *Gehe folgendermaßen vor:*
1. *Gehe den Text Absatz für Absatz durch.*
2. *Fasse für jeden Absatz wichtige Informationen und Gedanken als Stichworte oder kurze Sätze zusammen.*
3. *Notiere zur eigenen Orientierung hinter den Stichworten die Zeilenangaben.*
4. *Formuliere aus den Stichworten einen zusammenhängenden Text.*
5. *Beachte dabei die wichtigsten* **Regeln zur Inhaltsangabe:**
   - *Schreibe im* **Präsens** *(Gegenwartsform).*
   - *Wandle wörtliche (direkte) Rede in* **indirekte Rede** *um, achte dabei auf die richtige Konjunktivform.*
     Beispiel: *Direkte Rede: „Ich arbeite gern hier."*
     Indirekte Rede: Cameron sagt, dass er gern hier arbeite.
   - *Vermeide jede eigene Meinung, beschränke dich auf die Informationen, die der Text liefert.*

Wichtig ist bei der Zusammenfassung, dass du **keine Nacherzählung** *schreibst, sondern die* **wichtigsten Informationen** *zu den Ereignissen mit* **deinen Worten** *wiedergibst.*

Stichwortartige Antworten:

- Erledigung von anstrengenden Arbeiten durch Ich-Erzähler und seinen Vater auf einer Baustelle unweit des eigenen Hauses an einem Samstagvormittag

- Unerwartete Begegnung des Ich-Erzählers mit Rebecca, der Tochter der Eigentümer*innen
- Faszinierende Wirkung des Mädchens auf den Ich-Erzähler
- Rundgang der Eltern, Alleinsein des Ich-Erzählers mit Rebecca
- Befangenheit des Ich-Erzählers, Selbstzweifel
- Verliebtheit des Ich-Erzählers, Bewunderung, Staunen

Teilaufgabe 3

Rebeccas Wirkung auf Cameron untersuchen, dabei sprachliche Mittel wie Wortwahl und Satzbau beachten

Hinweis: Diese Aufgabe besteht aus zwei Teilen, die ineinandergreifen. Zunächst solltest du sehr darauf achten, was Cameron über Rebecca sagt und denkt. Aus seinen Worten und Gedanken kannst du Rückschlüsse auf die Wirkung ziehen, die das Mädchen auf ihn ausübt. Vor allem aber solltest du auf Wörter achten, die sich wiederholen oder besonders betont werden. Auch der Satzbau ist mitunter auffällig. Manchmal bestehen die „Sätze" nur aus einem Wort, sind unvollständig oder in Einzelteile zerlegt.

Stichwortartige Antworten:

- Cameron nennt die Begegnung mit dem Mädchen ein „Ereignis" (Z. 10). → Attraktion
- Er verwendet ein Demonstrativpronomen: „diesem Mädchen" (Z. 11/12) → Einzigartigkeit
- Cameron findet das Mädchen „klasse" (Z. 14). → Faszination
- Das Mädchen kommt ihm vor wie eine Erscheinung: Plötzlich „war sie da" (Z. 27).
- Cameron verschluckt sich fast bei ihrem Anblick (vgl. Z. 29/30). → Verwirrung
- Er beschreibt immer wieder ihr Gesicht und ihren Körper (Z. 33/34, Z. 86–88 und Z. 114–123). → Anziehung, Attraktivität, Begeisterung, Faszination; Dabei wiederholt er das Adjektiv „wirklich": wirkliches Gesicht, wirkliche Lippen, wirkliche Stimme (vgl. Z. 33–35) / „Sie war wirklich." (Z. 115) → Faszination, Staunen
- Der Ich-Erzähler reiht gedanklich mehrere Fragesätze aneinander, als er mit dem Mädchen alleine gelassen wird (vgl. Z. 57–61). → Unsicherheit
- Cameron weiß nicht, wie er sich verhalten soll, als er mit ihr allein ist (vgl. Z. 65/66). → Verunsicherung
- Er zerlegt einen Satz, seine Aussage gegenüber Rebecca, in mehrere Teile (vgl. Z. 76–79). → Selbstzweifel, Gefühlschaos, Verwirrung

- Der Ich-Erzähler fühlt sich dennoch wohl („ […] aber es war eine völlig neue Erfahrung, mit einem Mädchen zu lachen. Es war auch eine neue Erfahrung, sich so gut zu fühlen.", Z. 109–112). Auch die Anstrengungen und Schmerzen der Arbeit verschwinden (vgl. Z. 97–104). → Begeisterung
- Er hält sich an einem einzigen Wort fest (vgl. Z. 90/91 und Z. 105–107). → Schwärmerei, Überhöhung, Idealisierung
- Cameron beschreibt ihr Äußeres mit Hingabe (vgl. Z. 119–125) und wiederholt die Worte „Augen" und „hübsch". Seine Eindrücke gibt er in Form von unvollständigen Sätzen (Ellipsen) wieder. → Schwärmerei, Faszination

Teilaufgabe 4

Erläutern, wie sich der Ich-Erzähler bei der Begegnung mit Rebecca selbst einschätzt

✦ **Hinweis:** *Du musst bei dieser Frage zwischen der Wahrnehmung, die Cameron von Rebecca hat (Teilaufgabe 3), und seiner eigenen Selbstwahrnehmung unterscheiden. Konzentriere dich hier darauf, wie Cameron sich selbst bewertet und einschätzt – sowohl gegenüber Rebecca wie auch gegenüber Frauen allgemein. Mitunter können sich Antwortmöglichkeiten in Aufgabe 3 und 4 überschneiden, etwa bei der Frage nach der Kommunikation. Das liegt daran, dass Rebeccas Wirkung nicht losgelöst von Camerons Verhalten betrachtet werden kann. Wichtig ist nur, dass du die Punkte erkennst und notierst.*

Stichwortartige Antworten:
- Der Ich-Erzähler Cameron weiß nicht, was er sagen und wie er sich verhalten soll (vgl. Z. 57–66). → Unsicherheit in der Kommunikation
- Er übt harte Selbstkritik („Trottel", Z. 67, und „idiotischer Spruch", Z. 76). → Verunsicherung, negatives Selbstbild
- Er stellt sich infrage (vgl. Z. 68/69 und Z. 91–95). → Unerfahrenheit im Umgang mit Mädchen

Teilaufgabe 5

Einen Text aus der Sicht Rebeccas in der Ich-Perspektive schreiben

✦ **Hinweis:** *Achte darauf, dass du*
- *durchweg die Sicht Rebeccas einnimmst,*
- *mögliche Gedanken und Gefühle der Figur wiedergibst,*
- *die Informationen des Textes berücksichtigst,*
- *die Sprache der jugendlichen Figur passend wiedergibst.*

Mögliche Gedanken Rebeccas:

- Ein netter Typ, aber ein bisschen dreckig.
- Warum starrt er mich bloß so an? Will der vielleicht etwas von mir?
- Jetzt sind wir auch noch allein. Bin mal gespannt, was er sagt.
- Ein bisschen schüchtern ist er ja schon, aber das mag ich. Er ist süß in seiner Verlegenheit.
- Ich mag es, wenn er mich anschaut.
- Er sagt, er arbeitet gerne hier. Was meint er damit? Arbeitet er gerne an unserem Haus? Oder freut er sich, weil ich da bin? Irgendwie lustig.
- Es wäre schön, wenn wir mehr reden könnten. Ich würde ihn gerne ansprechen, aber es ist auch in Ordnung, wenn wir nichts sagen.
- Ich würde ihn gerne wiedersehen. Er ist süß und sieht gut aus in seiner Arbeitskleidung.
- Wenn meine Eltern das nächste Mal auf die Baustelle fahren, werde ich wieder mitkommen.

Lösungsbeispiel

In dem Romanauszug „Underdog" von Markus Zusak geht es um die Gefühlsregungen eines Jungen, der auf einer Baustelle, auf der er mit seinem Vater arbeitet, einem Mädchen begegnet. Dieses fasziniert ihn und macht ihn zugleich unsicher.

Einleitung
Titel, Autor, Thema

Der Ich-Erzähler Cameron arbeitet an einem Samstagvormittag mit seinem Vater an einem Haus in einem Wohngebiet. Die Arbeit ist sehr anstrengend und Cameron beschreibt, wie müde und dreckig er ist. Im Verlauf des Tages betritt ein Paar, die Auftraggeber des Baus, das Gelände. Mit dabei ist auch deren Tochter Rebecca, die Cameron kurz begrüßt. Dieser ist von ihr fasziniert. Während Camerons Vater den Eltern des Mädchens die bisherigen Arbeiten auf der Baustelle zeigt, ist der Ich-Erzähler mit Rebecca allein. Da er nur wenig Erfahrungen im Umgang mit Frauen hat, weiß er nicht genau, wie er sich verhalten soll. Schließlich ringt sich Cameron zu der Aussage durch, dass er gern hier arbeite, woraufhin beide Jugendlichen zu lachen beginnen. Rebecca sagt nichts

Zusammenfassung
des Textes
innere und äußere Handlung bei der unerwarteten Begegnung mit einem Mädchen

mehr, doch das ist für den Ich-Erzähler offenbar nicht entscheidend. Im weiteren Verlauf des Nachmittags und zurück an der Arbeit ruft sich Cameron die Begegnung mit Rebecca ins Gedächtnis. Er ist von ihrem Aussehen wie von ihrer Stimme begeistert und scheint sein Glück kaum fassen zu können, dass er das Mädchen getroffen hat.

Für Cameron ist die Begegnung mit dem Mädchen ein „Ereignis" (Z. 10). Offenbar ist Rebecca für ihn eine Attraktion. Das Demonstrativpronomen bei der Formulierung „Begegnung mit *diesem* Mädchen" (Z. 11/12) zeigt, dass der Ich-Erzähler Rebecca für einzigartig hält. Er findet sie „klasse" (Z. 14) und sie wirkt auf ihn wie eine Erscheinung aus einer fremden Welt, denn vollkommen unerwartet „war sie da" (Z. 27). Bei ihrem Anblick verschluckt sich Cameron fast (vgl. Z. 29/30), was offenlegt, wie verwirrt und beeindruckt er ist. Immer wieder beschreibt der Junge ihr Gesicht und ihren Körper (vgl. Z. 33/34, Z. 86/87 und Z. 114–123).

Rebeccas Wirkung auf Cameron
Attraktivität des Mädchens

Dabei wiederholt er an mehreren Stellen das Adjektiv „wirklich" („wirkliche[s] Gesicht", Z. 33; „wirkliche[] Lippen", Z. 34; „wirkliche Stimme", Z. 35; „Sie war wirklich.", Z. 115). Dadurch scheint sich der Erzähler ins Bewusstsein zu rufen, dass die Begegnung tatsächlich stattfindet und sich nicht im Traum abspielt. Rebecca übt offensichtlich eine große Faszination auf den Jungen aus. Wie begehrenswert, hübsch und anziehend er sie findet, wird besonders im letzten Absatz deutlich, in dem der Ich-Erzähler mit Hingabe ihr Äußeres beschreibt und dabei die Worte „Augen" und „hübsch" wiederholt (vgl. Z. 119–123). Durch die unvollständigen Sätze an dieser Stelle werden die einzelnen Sinneseindrücke besonders hervorgehoben.

sprachliche Mittel
(Wortwahl, Satzbau)

Cameron weiß am Anfang nicht, was er machen soll, als er mit Rebecca allein ist (vgl. Z. 57–66). Den Satz „Ich arbeite gern hier" (Z. 73/74) zerlegt er in Gedanken in mehrere Teile (vgl. Z. 76–79), weil er ihn für so „idiotisch" (Z. 76)

Selbstzweifel, Verwirrung

hält. Daran werden seine Selbstzweifel und das Gefühlschaos deutlich, in dem er sich offenbar befindet.

Gleichzeitig fühlt sich Cameron wohl mit Rebecca. Er weiß
sich verstanden und angenommen. Bis jetzt hatten die
Mädchen immer nur über ihn gelacht (vgl. Z. 108/109),
„aber es war eine völlig neue Erfahrung, mit einem Mädchen zu lachen. Es war auch eine neue Erfahrung, sich so
gut zu fühlen" (Z. 109–112). Auch die Anstrengungen
und Schmerzen der Arbeit verschwinden (vgl. Z. 97–104).
Dies erstaunt, da Rebecca nur ein einziges Wort mit
Cameron spricht und einmal kurz mit ihm gemeinsam
lacht. Daran hält sich der Junge fest (vgl. Z. 88–95 und
Z. 105–107). Seine Schwärmerei geht also einher mit einer
Idealisierung des Mädchens.

Freude, Wohlgefühl

Cameron stellt sich sehr infrage und übt harte Selbstkritik.
Er bezeichnet sich als „Trottel" (Z. 67), weil er nicht weiß,
was er sagen und wie er sich verhalten soll. Sein Selbstbild
im Umgang mit Frauen ist sehr negativ. Selbstironisch
wirft er sich vor, nicht mit Frauen umgehen zu können
(„Ich konnte so richtig gut mit Frauen umgehen, nicht
wahr?", Z. 68/69). Seine eigentlich unproblematische
Bemerkung zur Arbeit an der Baustelle der Eltern Rebeccas
(„Ich arbeite gerne hier", Z. 73/74) bezeichnet er als „idio-
tischen Spruch" (Z. 76). Der Ich-Erzähler zeigt diese
Verunsicherung seiner Einschätzung nach nicht nur gegenüber Rebecca, sondern auch allgemein gegenüber Frauen
(vgl. Z. 68/69).   (689 Wörter)

*Selbsteinschätzung
des Ich-Erzählers*
harte Selbstkritik,
mangelnde Erfahrung
mit Mädchen

Lösungsbeispiel: Text aus der Ich-Perspektive Rebeccas
Cameron heißt er also. Meine Güte, ist der dreckig. Er
scheint richtig geschuftet zu haben an unserem Haus. Wie
er wohl so drauf ist? Warum starrt er mich denn bloß so
entgeistert an? Nur, weil ich „Hallo" zu ihm gesagt habe?
Dieser Blick! Will der vielleicht etwas von mir?
O Mann, jetzt sind wir auch noch allein. Bin mal gespannt,
was er zu sagen hat. Ein bisschen schüchtern ist er ja schon,
aber das mag ich. Er ist süß in seiner Verlegenheit. Ich finde

*Text aus der Sicht
Rebeccas*

es toll, wenn er mich anschaut. Wohin will er denn jetzt? Ach, die Liegestühle. Gut, dass wir die im Rasen gelassen haben. Täusche ich mich oder humpelt er ein wenig? Er sagt, er arbeitet gerne hier. Was meint er damit? Arbeitet er gerne an unserem Haus? Oder weil ich da bin? Irgendwie lustig. Jetzt merkt er es selbst. Als ob er schon zu viel gesagt hätte. Es tut gut, mit ihm zu lachen.

Schön wär's, wenn wir mehr miteinander reden könnten. Ich würde ihn gerne ansprechen, aber es ist auch in Ordnung, wenn wir nichts sagen. Ich würde ihn gerne wiedersehen, er ist süß und sieht gut aus in seinen Arbeitsklamotten. Er wirkt stark. Warum fragt er mich nicht nach meiner Handy-Nummer? Wenn meine Eltern das nächste Mal auf die Baustelle fahren, werde ich wieder mitkommen.

(220 Wörter)

Zweiter Prüfungsteil: Wahlthema 2

✦ **Hinweis:** In dieser Aufgabe sollst du über „Mehrsprachigkeit" **informieren**. Du musst davon ausgehen, dass die Leser*innen deines Textes nichts über dieses Thema wissen. Deine Leitfragen müssen deshalb sein: Was bedeutet Mehrsprachigkeit? Wen betrifft es? Welche Vorteile und Nachteile bringt es, mit mehreren Sprachen gleichzeitig aufzuwachsen? Welche Bedeutung haben Sprachen in der modernen Arbeitswelt?

Im Wesentlichen entsprechen diese Fragen den einzelnen Teilaufgaben. Die Antworten dazu findest du in den **Materialien** M 1–M 6. Lies sie sorgfältig durch und werte sie für jede einzelne **Teilfrage** nacheinander genau aus. Gehe dabei für jede Teilfrage immer wieder alle Materialien durch und frage dich, ob eine bestimmte Textstelle relevante Informationen für die betreffende Teilaufgaben enthält oder nicht. Kontrolliere dich dabei immer wieder selbst: Antwortest du auf die jeweilige Frage?

Suche und markiere die passenden Informationen in den Materialien und notiere sie als **Stichworte** auf einem gesonderten Blatt. Schreibe unter jede Teilaufgabe auch die Material-Nummer (z. B. Teilaufgabe 4: M 2, M 3). Diese stichwortartigen Antworten zu den einzelnen Teilaufgaben bilden deinen **Schreibplan**. Am Ende schreibst du aus deinen Stichworten einen zusammenhängenden Text, der aus deinen eigenen Worten besteht.

Tipps: Bearbeite Teilaufgabe 1 zum Schluss. Wenn du dich in das Thema vertieft hast, fällt dir auch eine passende Überschrift ein. Beziehe dich bei deiner Antwort zu Teilaufgabe 3 auf die Quelle, also auf den Autor Georg Rüschemeyer. Zitiere ihn, wenn möglich und nötig. Die negativen Meinungen zur Mehrsprachigkeit musst du bei Teilaufgabe 4 als Umkehrschluss aus den Materialien M 2 und M 3 herausziehen. Dabei helfen dir Schlüsselwörter wie „früher" (M 2, Z. 7) oder „noch immer" (M 3, Z. 1). Lasse bei Teilaufgabe 5 in deine Antwort auch eigene Erfahrungen einfließen.

Schreibplan	Mögliche Inhalte (Stichworte)	Quellen
Überschrift	**Mehr Chancen durch mehr Sprachen**	
Einleitung	**Was ist Mehrsprachigkeit?**	
Mehrsprachigkeit erklären	• Beherrschung mindestens zweier Sprachen	M 1 a–c
	• im Kindesalter erworben oder durch Fremdsprachenunterricht gelernt	
	• Mehrsprachigkeit als Normalfall in anderen Ländern	M 4
Hauptteil Vorteile von Mehrsprachigkeit von Geburt an	**Welche Vorteile hat es, als Kind mehrsprachig aufzuwachsen?**	
	• natürliches Erlernen der Sprachen durch Gespräche mit den Eltern	M 2
	• mehrere Sprachen als „Muttersprache"	M 2, M 6
	• Kinder lernen Sprachen schneller und leichter als Erwachsene	M 2, M 6

	• später schnelleres Erlernen weiterer Sprachen durch besseres Sprachverständnis und flexibleres Denken (lebenslanger Vorteil)	M 2
	• besseres Sprachverständnis auch für andere geistige Fähigkeiten vorteilhaft	M 2
Änderung der Meinungen über „Mehrsprachigkeit ab Geburt"	**Wie haben sich die Meinungen zur Mehrsprachigkeit geändert?**	
	• früher: negatives Image der Mehrsprachigkeit	
	– Sorge vor Sprachverwirrung durch gleichzeitiges Lernen mehrerer Sprachen	M 2
	– Probleme bei der sprachlichen oder körperlichen Entwicklung	M 3
	– Verschlimmerung von Sprachstörungen	
	• heute: positive Sichtweise	
	– Vorteile durch Forschung belegt	M 2
	– schnelleres Lernen weiterer Sprachen durch zweisprachiges Aufwachsen	
	– besseres Sprachverständnis	
Schlussfolgerung Bedeutung von Mehrsprachigkeit in der Arbeitswelt	**Warum haben mehrsprachige Auszubildende in Firmen Vorteile?**	
	• Verständigung mit Kund*innen in deren Sprache schafft mehr Nähe; daher: Wettbewerbsvorteil	M 5
		M 5
	• Vorteil der Mehrsprachigkeit an Exportzahlen abzulesen	M 5
	• besonders Englisch als Weltsprache Nummer eins von grundlegender Bedeutung	M 5
	• fremdsprachliche Kompetenz in allen Unternehmensbereichen gefragt	
	• eigene Überlegung: auch Belegschaft von Unternehmen wird zunehmend internationaler, daher: Mehrsprachigkeit als Voraussetzung zur besseren internen Verständigung, Folge: positive Effekte auf das Arbeitsklima	

Lösungsbeispiel

Mehr Chancen durch Sprachen

Mehrsprachigkeit bedeutet grundsätzlich, mindestens zwei Sprachen sicher zu beherrschen. Dabei unterscheidet man zwischen „Mehrsprachigkeit von Geburt an" (vgl. M 1 a und c) und einer Mehrsprachigkeit, die man durch Fremdsprachenunterricht in der Schule als Kind oder im Erwachsenenalter lernt (vgl. M 1 b und c). Während Mehrsprachigkeit in Deutschland immer noch die Ausnahme bildet, ist es in Ländern wie Ghana oder Gibraltar der Normalfall, dass Kinder mehrsprachig aufwachsen (vgl. M 4).

Mehrere Muttersprachen von Geburt an zu lernen, bringt verschiedene Vorteile mit sich. Nach Meinung von Expert*innen fällt es Kindern im Gegensatz zu Erwachsenen leichter, Sprachen zu lernen. Sie „saugen […] die Sprache oder eben auch mehrere Sprachen ihrer Eltern und anderer Bezugspersonen ganz nebenbei in sich auf und lernen sie dabei besser, als man es später mit Unterricht im Jugend- oder Erwachsenenalter je könnte" (M 2, Z. 14–16), schreibt Georg Rüschemeyer in der FAZ. Manche Kinder wachsen in ihren ersten Lebensjahren sogar mit drei Sprachen auf, ohne diese mühsam erlernen zu müssen (vgl. M 6, Z. 1–4). Zudem lernen diese Kinder generell flexibler zu denken (vgl. M 2, Z. 23–25). Von dieser Erweiterung des Horizonts im Denken profitieren Kinder, die mehrsprachig aufwachsen, ein Leben lang (vgl. M 2, Z. 26/27). Bei diesen Sprecher*innen ist außerdem das Sprachverständnis besser ausgeprägt, was ihnen das Erlernen weiterer Fremdsprachen erleichtert (vgl. M 2, Z. 23/24 und Z. 26).

Trotz der grundlegenden Vorteile, die mit dem Erwerb mehrerer Sprachen von Kindheit an verbunden sind, war das Thema „Mehrsprachigkeit" lange Zeit mit verschiedenen Vorurteilen verbunden. So glaubte man, dass Kinder verwirrt werden könnten, wenn sie „zwei oder mehrere Sprachen" (M 3) hören und sprechen sollten (vgl. auch M 2, Z. 7). Zwar ist es richtig, dass mehrsprachig aufwach-

Überschrift
Einleitung
Definition von Mehrsprachigkeit

Hauptteil
Vorteile von Mehrsprachigkeit

Frühere Vorurteile gegen Mehrsprachigkeit

sende Kinder die Sprachen hin und wieder vermischen und der Spracherwerb zunächst langsamer abläuft als bei ihren Altersgenoss*innen mit nur einer Muttersprache. Diesen Rückstand holen sie jedoch meist schnell wieder auf. Dennoch gingen in früheren Zeiten die Vorbehalte gegen eine mehrsprachige Erziehung von Kindern so weit, dass Sprachstörungen oder sogar körperliche Probleme befürchtet wurden (vgl. M 3). Inzwischen wissen die Sprachforscher*innen, dass diese Vorurteile unbegründet sind (vgl. M 2, Z. 7–9). Mehrsprachigkeit beeinflusst den Spracherwerb offenbar nicht negativ und die Kinder haben keine Probleme, wenn sie gleichzeitig zwei oder mehrere Sprachen lernen (vgl. M 3). Vielmehr heben Wissenschaftler*innen heutzutage in Bezug auf Mehrsprachigkeit das bessere Sprachverständnis sowie die Vorteile beim Erwerb weiterer Fremdsprachen positiv hervor (Vgl. M 2).

Von wirtschaftlicher Seite wird Mehrsprachigkeit als zusätzliche Kompetenz geschätzt, denn für Firmen ist Mehrsprachigkeit ein großer Vorteil. Infolge der Globalisierung arbeiten Firmen in aller Welt enger zusammen. Wie wichtig dabei Fremdsprachenkenntnisse sind, belegen Forschungsergebnisse einer Studie, die von der Europäischen Kommission in Auftrag gegeben wurde. Darin hat man herausgefunden, dass Unternehmen, die in die Sprachausbildung ihrer Angestellten investieren, 44,5 Prozent mehr Waren in das Ausland verkaufen als Unternehmen, die die Fremdsprachenkenntnisse ihrer Mitarbeiter*innen vernachlässigen (vgl. M 5 b, Z. 1–7). Der Grund dafür liegt nahe: Mitarbeiter*innen, die sich mit den Kund*innen in deren Sprache unterhalten können, schaffen eine größere Nähe und mehr Vertrauen. Vor allem die Beherrschung von Englisch als Weltsprache Nummer eins ist hier von grundlegender Bedeutung (vgl. M 5 a, Z. 3/4). Mehrsprachigkeit erleichtert nicht nur den Austausch mit Kund*innen aus aller Welt, auch die Zusammenarbeit innerhalb des Unternehmens ist einfacher, angenehmer und effektiver. Das betrifft alle Unternehmensbereiche und ist

Schlussfolgerung

Bedeutung von Mehrsprachigkeit in der Arbeitswelt

gerade für größere Konzerne mit internationaler Beleg-
schaft relevant. So können die firmeninternen Abläufe,
und zwar vom Einkauf über die Produktion bis hin zum
Export, leichter abgewickelt werden (vgl. M 5a, Z. 5–7).
Auch im Personalwesen sind positive Effekte zu verzeich-
nen. Beispielsweise können neue Kolleginnen und Kollegen im Betrieb leichter eingearbeitet und fortgebildet werden. Angesichts einer zunehmend internationalen Beleg-
schaft ist dies von besonderer Bedeutung. Die bessere Ver-
ständigung auf Basis mehrerer Sprachen wird sich auch
positiv auf das firmeninterne Arbeitsklima auswirken.
Somit ist Mehrsprachigkeit insgesamt als Wettbewerbsvor-
teil für ein Unternehmen anzusehen. *(647 Wörter)*

Verwendete Materialien: M 1, M 2, M 3, M 4, M 5, M 6

Punkteverteilung

Zentrale Prüfung 2016							
1. Prüfungsteil				**2. Prüfungsteil**			
Aufgabe 1	1	Aufgabe 7	1	**Inhaltliche Leistung**			**Darstellungsleistung**
Aufgabe 2	1	Aufgabe 8	1	Wahlthema 1		Wahlthema 2	Wahlthema 1 und 2
Aufgabe 3	1	Aufgabe 9	1	Aufgabe 1	4	Aufgabe 1	1	
Aufgabe 4	1	Aufgabe 10	1	Aufgabe 2	6	Aufgabe 2	6	
Aufgabe 5	1	Aufgabe 11	1	Aufgabe 3	8	Aufgabe 3	8	
Aufgabe 6	1	Aufgabe 12	2	Aufgabe 4	5	Aufgabe 4	8	
				Aufgabe 5	9	Aufgabe 5	8	
						Aufgabe 6	1	
				32 Punkte			**8 Punkte**
13 Punkte				**40 Punkte**			
53 Punkte							

Notenverteilung

Note	Punkte
sehr gut	53 – 46
gut	45 – 39
befriedigend	38 – 31
ausreichend	30 – 24
mangelhaft	23 – 10
ungenügend	9 – 0

Erster Prüfungsteil: Leseverstehen

*⬛ **Hinweis:** Lies den Text gründlich durch. Bearbeite die Aufgaben dann der Reihe nach. Unterstreiche die Textstellen, die für die Beantwortung der jeweiligen Frage wichtig sind. Beachte:*

1. *Jede Antwort steht im Text.*
2. *Bei den meisten Fragen wird der Abschnitt genannt, in dem du die richtige Antwort findest. Konzentriere dich auf diesen Abschnitt.*
3. *Prüfe bei Multiple-Choice-Aufgaben (Auswahl aus mehreren Lösungsmöglichkeiten) jede einzelne Möglichkeit anhand des Textes. Kreuze die Lösung erst an, wenn du die Textstelle gefunden hast, die deine Antwort belegt.*
4. *Wenn die Arbeitsanweisung lautet „Kreuze **die** richtige Antwort an.", kann es nur **eine** richtige Antwort geben. Bei Formulierungen wie „Welche der folgenden **Aussagen** sind richtig?" sind **mehrere** Möglichkeiten anzukreuzen.*
5. *Die Informationen aus dem Text werden in der Regel nacheinander abgefragt. Du kannst den Text also von oben nach unten „abarbeiten".*

1. Mira Modi verdient Geld mit dem Verkauf von Passwörtern (Abschnitt 1), weil ...

   a) ☐ sichere Passwörter teuer sind.

   b) ☐ die Anwendung leicht ist.

   c) ☐ die Leute gerne würfeln.

   d) ☒ die Kunden bequem sind.

   *⬛ **Hinweis:** In den Zeilen 1/2 heißt es, dass der Verkauf von Passwörtern „ein Geschäft mit der Faulheit der Leute" ist. Das Wort „bequem" aus Antwort d ist ein anderer Ausdruck für „faul", meint hier aber das Gleiche.*

2. In erster Linie gilt ein Passwort als sicher (Abschnitt 3) durch die ...

   a) ☒ Anzahl der Zeichen.

   b) ☐ Anordnung von Zahlen.

   c) ☐ Kombination von Buchstaben.

   d) ☐ Vielfalt der Wörter.

   *⬛ **Hinweis:** Passwörter gelten als sicher, wenn sie „möglichst lang" (Z. 20/21) sind. Dem Text zufolge kommt es also auf die Anzahl der Zeichen an.*

3.

Vorgehen bei der Diceware-Methode	Reihenfolge: 1, 2, 3
a) aus einer Liste ein Wort suchen	2
b) eine Zahl mit fünf Stellen würfeln	1
c) das gefundene Wort aufschreiben	3

✎ *Hinweis: Die Lösung steht hintereinander im Text. Bei der Diceware-Methode wird zunächst eine fünfstellige Zahl gewürfelt (vgl. Z. 35/36; Antwort b), danach sucht man in einer Liste nach dem Wort für die Zahl (vgl. Z. 36–38; Antwort a). Zuletzt muss schließlich Antwort c folgen, auch wenn dieser Schritt („das gefundene Wort aufschreiben") in Abschnitt 4 nicht direkt erwähnt wird.*

4.   Die Passwort-Kette von Mira Modi (Abschnitt 4) besteht aus …

a) ☐ einer Reihe von Zahlen.

b) ☐ der Auflistung von Zeichen.

c) ☒ einer Folge von Wörtern.

d) ☐ der Idee für eine Geschichte.

✎ *Hinweis: Gleich drei Textstellen liefern dir in Abschnitt 4 Hinweise auf die richtige Lösung: Dem Anfang des Abschnitts kannst du entnehmen, dass Miras Passwörter aus „mehreren Wörtern" (Z. 32) zusammengesetzt sind. Zudem erfährst du in den Zeilen 38–41 und 45–48, dass Mira Modi Passphrasen erzeugt, die aus sechs Wörtern bestehen.*

5.   Die Diceware-Methode ist sicher (Abschnitt 4) durch die …

a) ☐ Ansammlung von Zahlen und Wörtern.

b) ☐ Anzahl von Wörtern in einer Liste.

c) ☐ große Menge an gewürfelten Zahlen.

d) ☒ Zuordnung von Zahlen zu Wörtern.

✎ *Hinweis: Die Antwortmöglichkeiten a und d wirken auf den ersten Blick sehr ähnlich, unterscheiden sich jedoch in den Wörtern „Ansammlung" und „Zuordnung". Überlege, was mit den beiden Begriffen gemeint ist, bevor du dich für eine Antwort entscheidest. In den Zeilen 36–38 steht sinngemäß, dass jeder Zahl genau ein Wort **zugeordnet** ist. Antwort d ist also richtig.*

6. Viele Internet-Benutzer kaufen bei Mira Modi ein Passwort (Abschnitt 5), weil sie ...

a) ☐ keine eigenen Ideen haben.

b) ☐ nicht denken können.

c) ☐ keine Würfel haben.

d) ☒ Zeit sparen möchten.

Hinweis: Neben dem genauen Lesen hilft dir bei dieser Frage das Ausschlussverfahren. Die Antwortmöglichkeiten a, b und c werden in Abschnitt 5 nicht genannt. Im Text steht jedoch, dass sich nur wenige Personen Zeit „zum Würfeln nehmen" (Z. 52). Antwort d ist somit korrekt.

7. Mira Modis Mutter arbeitete an einem Buch über die Privatsphäre im Internet. Während der Arbeit an dem Buch bat sie ihre Tochter darum, Passwörter nach der Diceware-Methode zu erstellen. So lernte Mira diese Methode kennen und kam schließlich auf die Idee, diese speziellen Passwörter auch zu verkaufen.

Hinweis: In Abschnitt 5 findest du alle nötigen Informationen, um die Frage zu beantworten. Wichtig ist, dass du die Antwort mit eigenen Worten formulierst.

8. Damit sie mit ihrer Idee Geld verdienen kann (Abschnitt 5), verkauft Modi ihre Passwörter ...

a) ☐ bei einer Veranstaltung.

b) ☒ durch einen Internetauftritt.

c) ☐ in einer Fachzeitschrift.

d) ☐ durch einen Bucheintrag.

*Hinweis: Im Text werden zwei Arten genannt, wie Mira die Passwörter verkauft: Auf den Lesungen der Mutter und im Internet. Hier geht es darum, wie Mira mit ihrer Idee **Geld verdienen** kann. Der Verkauf der Passwörter auf den Lesungen der Mutter war „nicht besonders gewinnbringend" (Z. 63/64). Antwort a scheidet daher aus. Mira richtete sich anschließend eine eigene Website ein, um ihre Passwörter im Internet anzubieten (vgl. Z. 64/65). Antwort b ist also korrekt.*

9. Die Kunden erhalten das Passwort (Abschnitt 6) ...

   a) ☐ ausgedruckt.

   b) ☐ eingescannt.

   c) ☒ aufgeschrieben.

   d) ☐ ausgehändigt.

   🖊 **Hinweis:** Im Text heißt es: Mira „**schreibt** die Passphrase mit der Hand auf ein Stück Papier" (Z. 74/75).

10. Um das Passwort noch mehr zu schützen (Abschnitt 6), empfiehlt Mira Modi Kunden, das Passwort zu ...

   a) ☐ verschlüsseln.

   b) ☐ vernichten.

   c) ☒ verändern.

   d) ☐ verzieren.

   🖊 **Hinweis:** Im Text steht, dass die Kund*innen „kleine Änderungen" (Z. 77/78) an dem Passwort vornehmen sollen.

11. In dem Text wird deutlich, dass die Diceware-Methode ...

   a) ☐ eine Idee von Mira Modi ist.

   b) ☒ nicht besonders aufwändig ist.

   c) ☐ für Hacker sehr attraktiv ist.

   d) ☐ absolut sicher ist.

   🖊 **Hinweis:** Zu a: Es wird an keiner Stelle erwähnt, dass die Diceware-Methode eine „Idee" von Mira Modi ist.
Zu b: Im ersten und zweiten Abschnitt heißt es bereits, dass die Methode „ganz einfach" (Z. 5) ist und Mira Modi „nur ein paar Würfel, einen Stift und eine Wortliste" (Z. 6/7) braucht. Antwort b ist also korrekt.
Zu c: In den Zeilen 41–43 heißt es ausdrücklich, dass die Methode „für Hacker nicht besonders attraktiv" ist.
Zu d: Mira Modi ist sich darüber bewusst, „dass auch ihre Passwörter nicht absolut sicher sind." (Z. 79/80)

12. Zur Aussage des Schülers Stellung nehmen, die eigene Meinung begründen und mit Textstellen belegen

   🖊 **Hinweis:** Du kannst die Meinung des Schülers ablehnen oder ihr zustimmen. Wichtig ist, dass du deine Ansicht begründest. Dabei sollst du dich auf den Text beziehen. Suche zunächst im Text nach Argumenten, die deine Position stützen und markiere sie. Schreibe dann deine

Stellungnahme, in der du die ausgewählten Textstellen kommentierst und so deine Meinung begründet darlegst.

Beispiele für Textbezüge:
Zustimmung:
- Erstellung von Passwörtern nach der Diceware-Methode ist sehr einfach (vgl. Z. 4/5)
- Versuch, Passwörter gewinnbringend zu verkaufen (vgl. Z. 63–65)
- Passwörter sind nicht absolut sicher (vgl. Z. 79/80)

Ablehnung:
- Passwörter sind einzigartig (vgl. Z. 41)
- Erstellung der Passphrasen macht Arbeit (vgl. Z. 35–41 und Z. 74–76)
- aufwändiger Versand per Post (vgl. Z. 67–69)

Lösungsvorschlag für Zustimmung:

Ich stimme der Meinung des Schülers zu. Mira geht es nur darum, Geld zu verdienen. Sie zockt ihre Kund*innen ab. Sie weiß, dass „ihre Passwörter nicht absolut sicher sind" (Z. 79/80) und auch der Entwickler der Diceware-Methode sagt, dass Passwörter, die nach seiner Methode erstellt werden, „geknackt werden [können]." (Z. 84/85) Trotzdem verlangt Mira Geld für diese Passphrasen. Es ist also offensichtlich, dass es ihr nur darum geht, möglichst viel einzunehmen. Nachdem der Verkauf der Passwörter bei den Lesungen ihrer Mutter „nicht besonders gewinnbringend" (Z. 63/64) ist, richtet sie sich sogar „eine eigene Website" (Z. 65) ein, um ihre Passwörter für je zwei Dollar zu verkaufen. Dieser Preis ist deutlich zu hoch dafür, dass jeder ganz einfach selbst Passwörter nach der Diceware-Methode erstellen kann.

Lösungsvorschlag für Ablehnung:

Ich bin nicht der Meinung des Schülers. Zwar verkauft Mira Modi ihre Passwörter im Internet für zwei Dollar (vgl. Z. 66), doch hat sie auch viel Arbeit mit der Erstellung und dem Versand der Passwörter. Sie setzt für alle Kund*innen jeweils eine einzigartige Passphrase aus sechs Wörtern zusammen (vgl. Z. 40/41). Jedes Passwort schreibt sie „mit der Hand auf ein Stück Papier" (Z. 74/75) und verschickt es aus Sicherheitsgründen nicht per E-Mail, sondern mit der Post (vgl. Z. 68/69). Zudem hat auch Mira Ausgaben, etwa für die Versandkosten und den Kauf der Briefumschläge. Ihr Gewinn ist also vermutlich nicht mehr sehr groß. Alle Kund*innen zahlen freiwillig dafür, dass sie ein Passwort bequem nach Hause geschickt bekommen. Von Abzocke kann daher keine Rede sein.

Zweiter Prüfungsteil: Wahlthema 1

✦ **Hinweis:** *Bei der Analyse (Untersuchung) eines literarischen Textes empfiehlt sich grundsätzlich folgendes Vorgehen:*
1. *Lies den Text vollständig und gründlich durch.*
2. *Überlege, wovon der Text handelt. Was ist das zentrale Thema? Markiere auffällige Textstellen.*
3. *Lies dir dann die Aufgabenstellung gründlich durch. Am besten nummerierst du die **einzelnen Teilaufgaben**, damit du beim Schreiben nichts vergisst.*
4. *Der Schreibplan für deine Textanalyse ist dir durch die Aufgabenstellung schon **Schritt für Schritt** vorgegeben. Bearbeite deshalb die Teilaufgaben unbedingt **der Reihe nach**.*
5. *Beginne mit der ersten Teilaufgabe. **Unterstreiche** die Textstellen, die für die Antwort wichtig sind, und mache am Rand **Notizen** dazu.*
6. *Notiere auf einem gesonderten Blatt **Stichworte** oder kurze Sätze zu den wichtigsten Informationen. So hast du ein grobes Konzept für die Lösung der jeweiligen Teilaufgabe. Gleichzeitig trainierst du mit dieser Übung zwei Fähigkeiten:*
   - *den Blick für das Wesentliche zu entwickeln und*
   - *Textstellen in eigene Worte umzuformulieren.*
   *Denn es wird immer wieder von dir verlangt, Inhalte mit deinen **eigenen Worten** wiederzugeben. Bedenke: Eine Aufgabe ist nie damit gelöst, dass du die Textvorlage abschreibst. Dafür gibt es keine Punkte.*
7. *Formuliere aus deinen Stichworten einen **zusammenhängenden Lösungstext**. Achte dabei auf eine **saubere äußere Form**.*
8. *Wichtig ist, dass du den Text **nicht nacherzählst**, sondern dass du nur die Informationen heraussuchst, die zur jeweiligen Teilaufgabe passen.*
9. *Beachte die Zeitform: Schreibe die Textanalyse im **Präsens**.*
10. *Lies deinen Text nochmals gründlich durch und verbessere Fehler und Formulierungsschwächen.*

Im Folgenden findest du zunächst stichwortartige Antworten zu jeder einzelnen Teilaufgabe. Im Anschluss daran folgt das vollständige Lösungsbeispiel.

Teilaufgabe 1

Einleitung schreiben, darin Titel und Autorin nennen sowie Thema formulieren

✦ **Hinweis:** *Die Angaben zu Titel und Autorin stellen kein Problem dar. Auch die Textsorte ist eindeutig: Es handelt sich um einen Auszug aus einem Roman, also um einen literarischen Text. Über das **Thema** musst du dir dagegen intensiv Gedanken machen. Es reicht z. B. nicht, wenn du schreibst: Ruby arbeitet in Mr Vines Supermarkt. Das würde den Kern des Textes nicht treffen. Frage dich: Welche Absicht verfolgt die Autorin? Worauf will sie aufmerksam machen? Lies dir den Text noch einmal durch und lass ihn auf dich wirken. Worum geht es? Möglicherweise helfen dir **Schlüsselwörter**, also Wörter, die sehr häufig vorkommen. In diesem Text fallen vor allem die Wörter „Arbeit", „bezahlen" und „Geld" auf. Rubys Forderung, für ihre Arbeit entlohnt zu werden, scheint also ein zentrales Thema zu sein. Auch der Gedanke der Ich-Erzählerin, dass sie Rückgrat* zeigen müsse (vgl. Z. 81), kann dir bei der Formulierung des Themas helfen. Wichtig erscheinen in diesem Zusammenhang die einleitenden Sätze, in denen die Leser*innen erfahren, dass Ruby eigentlich eher zurückhaltend und bescheiden ist. Diese Angaben sind entscheidend für die Interpretation der Textstelle.

Stichwortartige Antworten:

Titel: Am Ende des Alphabets

Autorin: Fleur Beale

Thema: zurückhaltendes Mädchen, das sich mit Mut, Hartnäckigkeit und Entschlossenheit gegen seinen ungerechten Chef durchsetzt

Teilaufgabe 2

Den Text zusammenfassen

🖊 **Hinweis:** Gehe folgendermaßen vor:

1. Arbeite den Text Absatz für Absatz durch.
2. Fasse für jeden Absatz wichtige Informationen und Gedanken als Stichworte oder kurze Sätze auf einem separaten Blatt zusammen.
3. Formuliere aus den Stichworten einen zusammenhängenden Text.
4. Beachte dabei die wichtigsten **Regeln zur Inhaltsangabe:**
   - Schreibe im **Präsens** (Gegenwartsform).
   - Wandle wörtliche (direkte) Rede in **indirekte Rede** um. Achte dabei auf die richtige Konjunktivform.
     Beispiel: Direkte Rede: Mr Vine sagt: „Du hast das Klo nicht geputzt."
     Indirekte Rede: Mr Vine sagt zu Ruby, dass sie das Klo nicht geputzt habe.
   - Vermeide es, deine eigene Meinung einzubringen und beschränke dich auf die Informationen, die der Text liefert.
5. Wichtig ist, dass du **keine Nacherzählung** schreibst, sondern die **wichtigsten Informationen** zu den Ereignissen mit deinen **eigenen Worten** wiedergibst.

Stichwortartige Antworten:

- Rubys erster Arbeitstag als Aushilfe in einem Supermarkt
- ungerechtes und respektloses Verhalten des Chefs gegenüber seiner Angestellten
- Konflikt mit dem Chef und Streit über die Bezahlung
- Entschlossenheit Rubys, ihre Forderung, täglich bezahlt zu werden, trotz ihrer Angst durchzusetzen
- Erfolg Rubys aufgrund der Unterstützung durch zwei Kund*innen des Supermarkts

Teilaufgabe 3

Das Verhalten Mr Vines gegenüber Ruby sowie den Kund*innen darstellen

*✦ **Hinweis:** Hier musst du zeigen, dass sich Mr Vine gegenüber Ruby und gegenüber seinen Kund*innen völlig unterschiedlich verhält. Notiere dir dazu am besten Stichpunkte, die sein Verhalten gegenüber beiden Seiten aufzeigen. Dabei ist es sinnvoll, einen Textabschnitt nach dem anderen durchzuarbeiten und zunächst sein Verhältnis zu Ruby zu analysieren. Danach untersuchst du sein Auftreten gegenüber den Kund*innen. Notiere dir auch die entsprechenden Zeilenangaben der Textstellen, dann kannst du später in deiner zusammenhängenden Darstellung schneller darauf zurückgreifen. Für deine Textanalyse ist es nämlich wichtig, dass du dich auf Textstellen beziehst. Dabei kannst du wörtlich zitieren, die indirekte Rede verwenden oder die Textaussagen sinngemäß wiedergeben. In jedem Fall solltest du immer die entsprechende Zeilenzahl angeben.*

Stichwortartige Antworten:

Verhalten gegenüber Ruby

- Unfreundlichkeit und grober Umgang (vgl. Z. 2/3)
- keine Begrüßung, keine namentliche Ansprache (vgl. Z. 3/4)
- respektloser Befehlston (z. B. „Fang an." Z. 3 / „An die Arbeit oder raus." Z. 63)
- Unzufriedenheit mit Rubys Arbeit (vgl. Z. 25)
- bestimmendes Auftreten und Unbeherrschtheit (vgl. Z. 15/16)
- Beleidigungen und Bloßstellungen (z. B. „Du kannst ja noch nicht einmal einen Boden wischen" Z. 25–27 / „Verzieh dich" Z. 108)

Verhalten gegenüber den Kund*innen

- freundlicher Plauderton (vgl. Z. 70/71)
- sympathisches Auftreten (vgl. Z. 74)
- macht viele Scherze (vgl. Z. 84–86)
- aufgesetzte Fröhlichkeit (vgl. Z. 98/99)
- Veränderung der Situation am Ende: verärgertes Lächeln (vgl. Z. 118)

Teilaufgabe 4

Untersuchen, welche Empfindungen Ruby während des Konflikts durchlebt

*✦ **Hinweis:** Ruby durchlebt an diesem Tag viele aufwühlende Gefühlszustände. In deiner Textanalyse musst du die gesamte Bandbreite an Gefühlen, die Ruby empfindet, darstellen. Einige Empfindungen spricht sie direkt aus, andere musst du dir aus dem Text erschließen. Notiere dir die Gefühlsausdrücke, die du im Text findest, zunächst stichpunktartig. Gehe dabei wieder Abschnitt für Abschnitt vor und schreibe zu jeder Textstelle die entsprechende Zeilenzahl auf.*

Stichwortartige Antworten:

- Schreck über Unbeherrschtheit des Chefs („Er ließ die Faust auf den Tresen donnern." Z. 15/16)
- Gefühl, sich gegen Mr Vine wehren zu müssen (vgl. Z. 28–31)

- Nervosität, Angst („Mein Herz klopfte" Z. 50 / „Trotzdem zitterte ich" Z. 82/83)
- Wut, Ärger („Ich funkelte ihn böse an." Z. 31/32)
- Mut (vgl. Z. 50–54 / „Ich musste Rückgrat zeigen" Z. 79)
- Übelkeit („Mir war übel." Z. 60)
- Kampfgeist und Unerschrockenheit (vgl. Z. 87–90)
- Erleichterung und Glück (vgl. Z. 123/124)

Teilaufgabe 5

Erläutern, wie Rubys Verärgerung über Mr Vine durch sprachliche und formale Mittel deutlich wird

🖋 Hinweis: Hier musst du anwenden, was du im Unterricht über rhetorische Mittel gelernt hast. Zeige auf, wie Rubys Empörung und ihre Wut durch die sprachliche Gestaltung des Textes zum Ausdruck kommen. Achte genau auf die Wortwahl, vorhandene Sprachbilder und die Erzählperspektive. Aus der Art und Weise, wie Ruby spricht, kannst du Rückschlüsse auf die Spannungen, die zwischen Mr Vine und ihr herrschen, ziehen.

Stichwortartige Antworten:
- Ich-Erzählung aus Rubys Sicht: Ihre Gedanken und Gefühle (insbesondere die Wut auf Mr Vine) werden besonders deutlich
- bildhafte Sprache veranschaulicht Mr Vines Aggressivität
  <u>Beispiel</u>: „Er ließ die Faust **auf den Tresen donnern**." (Z. 15/16)
- Wortwahl, die Mr Vine negativ darstellt
  <u>Beispiele</u>: „Mr Vine verwandelte sich wieder in ein **Ekel**" (Z. 62/63) / „Ha, das geschah ihm recht, diesem **Griesgram**." (Z. 40/41)
- ausdrucksstarke Verben zur Verdeutlichung von Rubys Wut auf Mr Vine
  <u>Beispiele</u>: „Ich **funkelte** ihn böse an." (Z. 31/32) / Er ließ den Mop „auf den Boden **klatschen**" (Z. 36) / Er „**rammte** den Mop in den Eimer und **stiefelte** davon." (Z. 41/42)

Teilaufgabe 6

Zur Aussage des Schülers Stellung nehmen, die eigene Meinung begründen und am Text belegen

🖋 Hinweis: Du kannst der Aussage zustimmen, ihr widersprechen oder eine neutrale Position einnehmen. Wichtig ist, dass du deine Meinung anhand des Textes begründest. Das heißt, dass du aus dem Text Argumente sammeln musst, die deine Position stützen. Auch eigene Gedanken aus deiner alltäglichen Lebenserfahrung kannst du einbringen. Deine Argumentation wird glaubwürdiger und

verständlicher, wenn du auch die Sicht der Gegenseite berücksichtigst. Entscheidend ist, dass deine Position klar wird und die Leser*innen sie nachvollziehen können. Entscheide dich für eine Position und suche im Text Belege, die deine Argumentation stützen.

Stichworte für Zustimmung:
- Ruby fordert bereits Geld, ohne überhaupt mit der Arbeit begonnen zu haben (vgl. Z. 5/6)
- Ihre Geldforderung drückt Misstrauen gegenüber Mr Vine aus (vgl. Z. 7/8)
- Die distanzierte Haltung Mr Vines ist daher verständlich
- Die hartnäckige Geldforderung für nur eine Arbeitsstunde ist unangebracht
- Ruby verhält sich unangemessen: Sie fordert ihren Chef auf, ihre Arbeit zu erledigen (vgl. Z. 30/31)
- Ruby widersetzt sich den Anweisungen von Mr Vine (vgl. Z. 51–54)

Stichworte für Ablehnung:
- Das respektlose Verhalten des Chefs erfordert ein selbstbewusstes Auftreten von Ruby
- Mr Vine empfängt Ruby unfreundlich und unhöflich im Supermarkt (vgl. Z. 3/4)
- Er spricht in einem unangebrachten Befehlston mit ihr, dennoch arbeitet Ruby engagiert (vgl. Z. 67/68)
- Mr Vine drückt seine Unzufriedenheit über Rubys Leistung herablassend aus
- Die Gegenwehr Rubys ist berechtigt und mutig (vgl. Z. 30/31)
- Ihre Forderung, für die Arbeit bezahlt zu werden, ist verständlich

Lösungsbeispiel

In dem Auszug des Romans „Am Ende des Alphabets" von Fleur Beale geht es um ein eigentlich zurückhaltendes Mädchen, das sich mit Entschlossenheit und Mut gegen ihren unverschämten und ungerechten Chef durchsetzt.

Einleitung
Titel, Autorin, Thema

Die Ich-Erzählerin Ruby beginnt als Aushilfe in einem Supermarkt in einer amerikanischen Kleinstadt zu arbeiten. Ihr Chef, Mr Vine, behandelt sie von Anfang an ungerecht und respektlos. Bereits am ersten Arbeitstag kommt es zu einem Streit zwischen den beiden. Ruby besteht darauf, direkt nach getaner Arbeit ausbezahlt zu werden. Sie bringt Mr Vine zwar dazu, einzuwilligen, später weigert sich der Chef

Zusammenfassung des Textes
Rubys erster Arbeitstag im Supermarkt

Streit über die Entlohnung

jedoch, ihr den vereinbarten Stundenlohn zu zahlen. Die eigentlich zurückhaltende Ruby lässt sich aber nicht von ihrem Chef einschüchtern und kämpft für ihr Recht. Dabei bekommt sie unerwartete Hilfe von den Kund*innen des Supermarkts und kann sich schließlich durchsetzen.

Ruby setzt sich durch und bekommt ihr Geld

Mr Vine verhält sich durchgehend unfreundlich gegenüber Ruby. Als sie ihre Arbeit antritt, begrüßt er sie weder, noch fragt er sie nach ihrem Namen. Stattdessen drückt er ihr einen Wischmop in die Hand und befiehlt ihr, anzufangen (vgl. Z. 3). Obwohl Ruby sich anstrengt, ist ihr Chef nicht zufriedenzustellen und kritisiert ihre Arbeit. So wirft er ihr zum Beispiel vor, dass sie „nicht einmal einen Boden wischen" (Z. 26/27) könne. Mr Vine tritt Ruby sehr bestimmend entgegen und richtet fast ausschließlich Befehle an sie.

Mr Vines Verhalten

bestimmendes, unhöfliches Verhalten gegenüber Ruby

Den Kund*innen gegenüber verhält er sich vollkommen anders. Er unterhält sich mit ihnen im freundlichen Plauderton (vgl. Z. 70/71), macht Scherze (vgl. Z. 85/86) und selbst, als der LKW-Fahrer den Konflikt mit Ruby mitbekommt und Mr Vine verwundert anstarrt, setzt dieser noch „ein breites Lächeln" (Z. 98) auf. Erst nachdem sich die Kund*innen für Ruby einsetzen und Mr Vine nachgeben muss, verändert sich sein Verhalten ihnen gegenüber. So hat er am Ende nur noch ein „schmales Lächeln" (Z. 118) für den Trucker übrig.

freundliches, sympathisches Auftreten gegenüber den Kund*innen

Ruby durchlebt an ihrem ersten Arbeitstag die verschiedensten Gefühlszustände. Gleich zu Beginn beschreibt sie, wie ihr Chef seine „Faust auf den Tresen donnern" (Z. 15/16) lässt. Daraus kann man schließen, dass sie erschrocken über seine Grobheit und Unbeherrschtheit ist. Dennoch lässt sich die eigentlich zurückhaltende Ruby nicht unterkriegen. Sie ist zwar merklich nervös, tritt Mr Vine jedoch trotzdem mutig entgegen und lässt ihn ihre Wut über sein Verhalten deutlich spüren (vgl. Z. 30–32). Doch auch wenn Ruby nach außen selbstbewusst auftritt, wird besonders in den Zeilen 92/93 deutlich, dass sie der Konflikt belastet: „Mir war schlecht, und mein Herz klopfte wie verrückt." Durch

Rubys Empfindungen während des Konflikts

Schreck über Grobheit Mr Vines

mutiges Auftreten trotz Nervosität

Wut auf Mr Vine

Übelkeit und Angst

ihren Kampfgeist und ihre Hartnäckigkeit gelangt sie jedoch schließlich an ihr Ziel: Sie bekommt ihr Geld. Darüber ist sie so erleichtert und glücklich, dass sie den Kund*innen, die ihr geholfen haben, „am liebsten [...] um den Hals gefallen" (Z. 124/125) wäre.

Freude und Erleichterung

Die Geschehnisse im Supermarkt werden als Ich-Erzählung aus Rubys Sicht geschildert. Dadurch erhalten die Leser*innen einen genauen Einblick in ihre Gedanken und Gefühle und können ihre Verärgerung über Mr Vine besonders gut nachempfinden. Durch sprachliche Bilder wird Rubys Wut auf ihren Chef zusätzlich deutlich. Ein Beispiel dafür ist die Metapher in den Zeilen 60/61: „Ich ballte die Fäuste und bohrte sie mir in den Bauch." Diese Metapher zeigt Rubys Reaktion auf Mr Vines Verhalten und veranschaulicht, wie sehr sie sich über ihren Chef aufregt. Auch an Rubys Wortwahl ist ihre Wut auf Mr Vine zu erkennen. Im Text bezeichnet sie ihn zum Beispiel als „Griesgram" (Z. 41) und „Ekel" (Z. 63), wodurch ihre Abneigung gegenüber Mr Vine zum Ausdruck kommt. Zudem wird Rubys Verärgerung über das Verhalten ihres Chefs sprachlich durch die vielen ausdrucksstarken Verben deutlich, durch die ein negatives Bild von Mr Vine gezeichnet wird. So lässt er z. B. den Mop „auf den Boden klatschen" (Z. 36), „rammt[...]" (Z. 41) ihn in den Eimer und „stiefelt[...]" (Z. 42) davon.

Verdeutlichung von Rubys Ärger durch sprachliche und formale Mittel
Ich-Erzählung

sprachliche Bilder

negative Wortwahl im Bezug auf Mr Vine

ausdrucksstarke Verben

(616 Wörter)

Lösungsvorschlag für Zustimmung

Ich bin auch der Meinung, dass man so wie Ruby am ersten Tag im neuen Job nicht auftreten sollte. Sicher ist der Ton von Mr Vine ruppig und unhöflich. Doch auch Ruby verhält sich gleich zu Beginn ihres Arbeitstages ungeschickt, indem sie ihre Bezahlung einfordert, ohne auch nur mit der Arbeit begonnen zu haben (vgl. Z. 5/6). Damit drückt sie ihrem Chef gegenüber Misstrauen aus. Diese negative Einstellung ist sicher keine gute Voraussetzung für eine vertrauensvolle Zusammenarbeit und dürfte auch Mr Vine nicht verborgen

Stellungnahme
Position: Rubys Auftreten ist unangemessen

geblieben sein. Seine ablehnende Haltung ist daher verständlich. Zudem lässt sich Ruby nichts von ihrem Chef sagen. Auch wenn Mr Vines Kritik hart und teilweise respektlos ist (Z. 25–27), ist es unangemessen, sofort auf Konfrontationskurs zu gehen. Das tut Ruby, indem sie ihrem Chef den Wischmop in die Hand drückt und ihn auffordert, ihre Arbeit zu tun (vgl. 28–31). Ruby akzeptiert nicht, dass sie sich Mr Vine unterordnen muss. Dieses Verhalten würde wohl jeden Chef verärgern. Trotz des unfreundlichen Verhaltens von Mr Vine habe ich deshalb kein Verständnis für Ruby.

(179 Wörter)

Lösungsvorschlag für Ablehnung

Ich bin nicht der Meinung, dass Ruby sich falsch verhält. Bei diesem Chef hat sie meiner Meinung nach keine andere Wahl, als bestimmt und hartnäckig aufzutreten. Mr Vine empfängt sie bereits zu ihrem ersten Arbeitstag unfreundlich. Anstatt sie zu begrüßen, sich vorzustellen und sie nach ihrem Namen zu fragen, drückt er ihr einen Wischmop in die Hand und befiehlt ihr, mit der Arbeit zu beginnen (vgl. Z. 3). Obwohl Mr Vine unhöflich ist und offenbar schnell aggressiv wird, bleibt Ruby im Supermarkt und beginnt zu arbeiten. Sie ist engagiert und gibt sich große Mühe (vgl. Z. 17–25), doch Mr Vine ist nicht zufriedenzustellen. Ihre erste Arbeitsleistung kommentiert er mit den Worten: „Du kannst ja noch nicht einmal einen Boden wischen." (Z. 25–27). Diese Reaktion ist respektlos und herablassend. Es ist daher mehr als verständlich, dass Ruby sich zur Wehr setzt und nach getaner Arbeit hartnäckig auf die Auszahlung ihres Lohnes besteht. Ruby verdient für ihr mutiges und entschlossenes Auftreten Anerkennung. Ihr Verhalten ist zwar ungewöhnlich, aber das Benehmen dieses Chefs fordert eine solche Reaktion – es ist daher gerechtfertigt.

(178 Wörter)

Position: Rubys Verhalten ist angemessen

Zweiter Prüfungsteil: Wahlthema 2

✏ **Hinweis:** *In dieser Aufgabe sollst du über „Comics" **informieren**. Du musst davon ausgehen, dass die Leser*innen deines Textes nichts über dieses Thema wissen. Daher musst du es möglichst anschaulich darstellen. Was sind Comics überhaupt? Was ist das Besondere an ihnen? Warum sind die einen davon begeistert, während andere diese Form von Literatur kritisieren?*

*Im Wesentlichen entsprechen diese Fragen den einzelnen Teilaufgaben. Die Antworten dazu findest du in den **Materialien** M 1 – M 5. Lies sie sorgfältig durch und werte sie für jede **Teilfrage** nacheinander aus. Jeder Text, jedes Bild und jede Skizze können wichtige Informationen liefern. Kontrolliere dich dabei immer wieder selbst: Antwortest du auf die jeweilige Frage?*

*Suche und markiere geeignete Informationen in den Materialien und notiere sie als **Stichworte** auf einem gesonderten Blatt. Schreibe neben jeden Stichpunkt auch das Material, dem du die Information entnommen hast. Diese stichwortartigen Antworten zu den einzelnen Teilaufgaben bilden deinen **Schreibplan**. Am Ende schreibst du aus deinen Stichworten einen zusammenhängen Text. Achte dabei darauf, keine Formulierungen aus den Materialien zu übernehmen, sondern eigene Worte zu verwenden.*

Bearbeite Teilaufgabe 1 zum Schluss. Wenn du dich in das Thema vertieft hast, fällt es dir leichter, eine passende Überschrift zu finden. In Teilaufgabe 5 steht ausdrücklich, dass du auch eigene Erfahrungen in die Schlussfolgerung einfließen lassen sollst. Überlege dir hierzu, welche positiven Erfahrungen du schon mit Comics gemacht hast und warum es jungen Menschen in deinem Umfeld Spaß macht, Comics zu lesen.

Schreibplan	Mögliche Inhalte (Stichworte)	Quellen
Überschrift	**Comics: Zwischen Schundliteratur und Kunst**	
Einleitung Definition von Comic und Begriff herleiten	**Was ist ein Comic und woher stammt der Begriff?** • gezeichnete Bildergeschichte • Aussagen und Gedanken stehen in Sprechblasen • Begleittext unter bzw. neben den Bildern • Begriff leitet sich vom Adjektiv „komisch" ab	M 1 a M 1 a M 1 a M 1 b
Hauptteil Merkmale und sprachliche Besonderheiten von Comics	**Welche speziellen Merkmale und sprachlichen Besonderheiten weisen Comics auf?** • bildliche Darstellung von Gefühlen • Wiedergabe von Text fast ausschließlich als direkte Rede • Bewegungsstriche zur Erzeugung von Dynamik • kurze Sätze und einfache Sprache	M 2 M 2 M 1 a M 3 a

	• verkürzte Verben zur Darstellung von Geräuschen sowie Gedanken und Gefühlen	M 3 c
	• Mischung aus Wort und Bild	M 2
	• Darstellung von Tönen und Geräuschen durch Lautmalereien	M 3 b
Bewertung von Comics früher und heute	**Wie wurden Comics früher bewertet und wie werden sie heute bewertet?**	
	Früher:	
	• große Beliebtheit von Comics	M 4 a
	• Comic-Industrie boomt	M 4 a
	• aber: Comicgegner*innen befürchten negative Auswirkungen auf Jugendliche	M 4 a
	• Comics werden als Schundliteratur bezeichnet und sogar verboten	M 4 a
	Heute:	
	• Comics werden von der Gesellschaft akzeptiert	M 4 b
	• Comic wird als literarische Kunstform gesehen	M 4 b
	• großes Interesse an Comics bei Film- und Fernsehproduzenten	M 4 b
	• trotzdem noch immer Skepsis bei einigen Eltern	M 5 a
Schlussfolgerung **Gründe für die Beliebtheit von Comics**	**Warum werden Comics so gern gelesen?**	
	• weniger anstrengend zu lesen als andere Bücher	M 5 b
	• Anregung der Fantasie	M 5 b
	• Aufmerksamkeit der Leser*innen wird auf Bild und Text gelenkt	M 2
	• Beanspruchung von zusätzlichen Gehirnbereichen beim Lesen von Comics	M 5 a
	eigene Überlegungen:	
	• Lesen von Comics macht Spaß	
	• Leicht verständliche Darstellung schwieriger Themen möglich	

Lösungsbeispiel

Comics: Zwischen Schundliteratur und Kunst

Ein Comic ist eine gezeichnete Bildergeschichte mit Text, in der die Aussagen und Gedanken der Figuren in Sprechblasen stehen. Begleittexte neben oder unter den Bildern geben zudem oft kurze Hintergrundinformationen zum Geschehen in den Bildern. Der Begriff „Comic" lässt sich vom Adjektiv „komisch" ableiten, was dadurch zu erklären ist, dass Comics die Menschen früher zum Lachen bringen sollten.

Comics weisen einige ganz typische Besonderheiten auf. Im Gegensatz zu Romanen oder Kurzgeschichten stehen bei Comics die Bilder im Vordergrund. Die Comiczeichner*innen stellen in ihnen Gefühle wie Angst, Wut oder Freude dar. So etwa, wenn die berühmte Comicfigur Donald Duck die Augenbrauen hochzieht, wenn ihr mal wieder etwas Geniales eingefallen ist. Um den Bildern zusätzlich Dynamik zu verleihen, versehen Comiczeichner*innen ihre Werke häufig mit Bewegungsstrichen. Wörter werden dagegen eher sparsam eingesetzt, sind aber trotzdem wichtig. Entweder sind sie als wörtliche Rede in den Sprechblasen zu finden oder als kurzer Text neben oder unter den Bildern. Grundsätzlich werden in Comics meist sehr kurze Sätze und eine einfache Sprache verwendet. Ein besonderes Merkmal der Comicsprache sind Verben, die bis auf den Wortstamm verkürzt sind. So entstehen für Comics typische Ausdrücke, wie „schluck", „stöhn", „grübel" oder „zitter". Die Comicübersetzerin Erika Fuchs setzt diese „besonderen" Verben zum Beispiel ein, um Gefühle und Geräusche auszudrücken, die sich nur schwer zeichnen lassen. Bei Comics handelt es sich also um eine Mischung aus Wort und Bild, bei der der Schwerpunkt auf dem Bild liegt. Zur Darstellung von Tönen und Geräuschen verwenden Comiczeichner*innen die sogenannte Lautmalerei. Dabei setzen sie Buchstaben so zusammen, dass sie an einen bekannten Laut erinnern. Für eine Explosion verwenden sie zum Beispiel die Buchstabenkombination „BOOOOOM"

Überschrift

Einleitung
Definition von Comics

Ursprung des Begriffs „Comic"

Hauptteil
Merkmale und sprachliche Besonderheiten von Comics

oder für das Zischen beim Öffnen einer Limonadenflasche die Buchstabenfolge „ZIIISCCCHHH". Die Großbuchstaben sollen das Geräusch in der Vorstellung der Leser*innen noch verstärken.

Comics waren auch früher schon sehr beliebt. In den USA lasen im Jahr 1949 z. B. 91 Prozent aller Jugendlichen im Alter von 6 bis 17 Jahren Comics. Es existierten zu dieser Zeit 216 verschiedene Comic-Magazine und in fast jeder Tageszeitung war eine Comic-Beilage. Doch es gab damals auch Gegner*innen, die die Hefte als Schundliteratur bezeichneten. Sie befürchteten, dass das Lesen von Comics einen negativen Einfluss auf die Jugendlichen haben könnte, und so wurden im Jahr 1949 Comics in den USA sogar verboten.

Bewertung von Comics früher und heute

So extrem ist die Kritik an Comics heute nicht mehr. Sie gelten inzwischen als literarische Kunstform und werden von der Gesellschaft akzeptiert. Auch die Film- und Fernsehindustrie hat großes Interesse an Comics. Für die Genehmigung, Comics verfilmen zu dürfen, wird oft viel Geld gezahlt. Dennoch gibt es auch heute noch einige Eltern, die glauben, dass die Beschäftigung mit Comics mit Lesen nichts zu tun habe und den Kindern schade.

In weiten Teilen der Bevölkerung erfreuen sich Comics jedoch aus den verschiedensten Gründen großer Beliebtheit. Für manche Leser*innen sind die gezeichneten Bildergeschichten mit der einfachen Sprache sicher weniger anstrengend zu lesen als etwa ein Roman. Doch trotz der vereinfachten Darstellung erzählen Comics spannende Geschichten, die die Fantasie anregen und dadurch die Lust am Lesen fördern. Comics sind auch deshalb so beliebt, weil sie die Aufmerksamkeit vom Bild zum Text lenken und wieder zurück. Die anschaulichen Bilder reißen nicht nur mit, sondern tragen in Kombination mit dem Text auch dazu bei, dass die dargestellten Situationen schneller verstanden werden. In modernen Comics wird das zum Beispiel genutzt, um auch schwierige geschichtliche oder politische Themen anschaulich und leicht verständlich darzustellen.

Schlussfolgerung
Gründe für die Beliebtheit von Comics

Einige Eltern unterschätzten Comics aber immer noch. Sie halten die Hefte mit Superman, Asterix, Tim und Struppi und Co. für überflüssig und bezeichnen sie als minderwertige Literatur. Dabei ist inzwischen erwiesen, dass beim Lesen von Comics sogar Gehirnbereiche beansprucht werden, die beim Lesen anderer Bücher keine Rolle spielen.

(609 Wörter)

Verwendete Materialien: M 1, M 2, M 3, M 4, M 5

Punkteverteilung

Zentrale Prüfung 2017					
1. Prüfungsteil				**2. Prüfungsteil**	
Aufgabe 1	1	Aufgabe 7	1	**Inhaltliche Leistung**	**Darstellungsleistung**
Aufgabe 2	1	Aufgabe 8	1	**Wahlthema 1** — **Wahlthema 2**	**Wahlthema 1 und 2**
Aufgabe 3	1	Aufgabe 9	1	Aufgabe 1 — 4 — Aufgabe 1 — 1	
Aufgabe 4	1	Aufgabe 10	1	Aufgabe 2 — 5 — Aufgabe 2 — 6	
Aufgabe 5	1	Aufgabe 11	1	Aufgabe 3 — 5 — Aufgabe 3 — 8	
Aufgabe 6	1	Aufgabe 12	2	Aufgabe 4 — 4 — Aufgabe 4 — 8	
				Aufgabe 5 — 5 — Aufgabe 5 — 8	
				Aufgabe 6 — 9 — Aufgabe 6 — 1	
				32 Punkte	**8 Punkte**
13 Punkte				**40 Punkte**	
53 Punkte					

Notenverteilung

Note	Punkte
sehr gut	53–46
gut	45–39
befriedigend	38–31
ausreichend	30–24
mangelhaft	23–10
ungenügend	9–0

Erster Prüfungsteil: Leseverstehen

✎ **Hinweis:** Lies den Text gründlich durch. Bearbeite die Aufgaben dann der Reihe nach. Unterstreiche die Textstellen, die für die Beantwortung der jeweiligen Frage wichtig sind. Beachte:

1. Jede Antwort steht im Text.
2. Bei den meisten Fragen wird der Abschnitt genannt, in dem du die richtige Antwort findest. Konzentriere dich auf diesen Abschnitt.
3. Prüfe bei Multiple-Choice-Aufgaben (Auswahl aus mehreren Lösungsmöglichkeiten) jede einzelne Möglichkeit anhand des Textes. Kreuze die Lösung erst an, wenn du die Textstelle gefunden hast, die deine Antwort belegt.
4. Wenn die Arbeitsanweisung lautet „Kreuze **die** richtige Antwort an.", kann es nur **eine** richtige Antwort geben. Bei Formulierungen wie „Welche der folgenden **Aussagen** sind richtig?" sind **mehrere** Möglichkeiten anzukreuzen.
5. Die Informationen aus dem Text werden in der Regel nacheinander abgefragt. Du kannst den Text also von oben nach unten „abarbeiten".

1. Im Unterschied zu anderen Bibliotheken kann man in der Kölner Bibliothek (Abschnitt 1) …

   a) ☐ nur religiöse Bücher ausleihen.

   b) ☐ Bücher nur für einen Tag ausleihen.

   c) ☒ sprechende Bücher ausleihen.

   d) ☐ Bücher auch an Sonntagen ausleihen.

   ✎ **Hinweis:** vgl. Z. 5

2. Der ehemalige Wohnungslose Bernd wird als „lebendes Buch" bezeichnet (Abschnitt 2), weil …

   a) ☐ er in seinem Leben viele unglaubliche Dinge erlebt hat.

   b) ☐ er seine Geschichte sehr lebendig und anschaulich erzählt.

   c) ☐ die Schüler seiner Lebensgeschichte sehr gespannt zuhören.

   d) ☒ man ihn ausleihen und seiner Lebensgeschichte zuhören kann.

   ✎ **Hinweis:** vgl. Z. 14–16

3. „*30 Minuten Zeit [. . .] für ein ‚Buch'*" (Abschnitt 3) bedeutet, dass . . .

   a) ☐ sich Schülerinnen und Schüler täglich 30 Minuten Zeit für das Lesen nehmen.

   b) ☒ jemand den Schülerinnen und Schülern 30 Minuten aus seinem Leben erzählt.

   c) ☐ die Seitenzahl des Buches so gering ist, dass man es in 30 Minuten lesen kann.

   d) ☐ man sich nach 30 Minuten entscheiden muss, ob man das Buch ausleihen will.

   ✎ **Hinweis:** *vgl. Z. 26–28*

4. Mit der „Lebenden Bibliothek" begegnet man Menschen (Abschnitt 4), die . . .

   a) ☐ man bis dahin nur beobachtet hat.

   b) ☒ man möglicherweise nicht wahrgenommen hätte.

   c) ☐ lange auf ein Gespräch warten mussten.

   d) ☐ über alltägliche Dinge sprechen wollten.

   ✎ **Hinweis:** *vgl. Z. 38*

5.

Weg	Reihenfolge: 1, 2, 3, 4
a) Köln	3
b) Genoveva-Gymnasium	4
c) Wien	2
d) Dänemark	1

   ✎ **Hinweis:** *vgl. Z. 41–58. Die Idee stammt aus Dänemark (1), die Projektleiterin Sabine Kern hat sie während einer Reise in Wien kennengelernt (2) und von dort nach Köln (3) mitgebracht. Im Kölner Genoveva-Gymnasium (4) veranstaltet sie schließlich das Projekt.*

6. Zu den Aufgaben der Projektleiterin gehört auch die Suche nach (Abschnitt 5) . . .

   a) ☐ spannenden Dokumentationen über Jäger.

   b) ☐ einem Buch über Astronauten.

   c) ☒ neuen interessanten Menschen.

   d) ☐ einer großen Veranstaltung.

   ✎ **Hinweis:** *vgl. Z. 46–48*

7. In einem Übergangsheim (Abschnitt 6) …

 a) ☐ kann man nur über Tag bleiben.

 b) ☒ muss man sich an festgelegte Zeiten halten.

 c) ☐ kann man immer umsonst essen.

 d) ☐ muss man sein eigenes Zimmer säubern.

 ✎ *Hinweis: vgl. Z. 72–74. Wenn du unsicher bist, verfahre nach dem Ausschlussprinzip: Prüfe, was auf keinen Fall richtig sein kann bzw. was nicht im Text steht, und streiche diese Möglichkeit dann.*

8. Bernd berichtet, dass sich die Bewohner des Übergangswohnheims an festgelegte Zeiten und Regeln zu halten haben. So herrscht von 21 Uhr abends bis 7 Uhr morgens Anwesenheitspflicht. Jede Woche muss jemand anderes kochen, und es gibt Putz- und Einkaufsdienste. Deswegen hat er sich „auch manchmal wie in einem Gefängnis gefühlt." (Z. 80/81)

 ✎ *Hinweis: Du solltest den gesamten Abschnitt, in dem das Zitat zu finden ist, noch einmal lesen und dich bei deiner Antwort auf den Text beziehen. Das gelingt dir z. B., indem du konkrete Beispiele aus dem Text nennst.*

9. Bernd musste erst lernen (Abschnitt 7), …

 a) ☐ den Wert seiner Arbeit einzuschätzen.

 b) ☐ andere Menschen um Hilfe zu bitten.

 c) ☐ im Wohnheim zurechtzukommen.

 d) ☒ über sein Leben zu sprechen.

 ✎ *Hinweis: vgl. Z. 87–91. Im Text steht, dass es „nicht immer so gewesen" sei, dass er „seine Geschichte fremden Menschen erzählen" konnte. Also musste er erst lernen, über sein Leben zu sprechen.*

10. Bernd möchte andere dazu ermutigen (Abschnitt 7), Hilfe …

 a) ☐ anzufragen.

 b) ☐ anzubieten.

 c) ☐ abzulehnen.

 d) ☒ anzunehmen.

 ✎ *Hinweis: vgl. Z. 98/99. Das Verb „annimmt" (Infinitiv: annehmen) wird ausdrücklich im Text genannt.*

11. Die Schülerinnen und Schüler schätzen an den „lebenden Büchern"
(Abschnitt 8), dass diese ...

a) [X] eigene Erfahrungen schildern.

b) [ ] gute Geschichten erfinden.

c) [ ] einfach irgendwas erzählen.

d) [ ] von Niederlagen berichten.

✦ *Hinweis: vgl. Z. 104–106*

12. Zur Aussage des Schülers Stellung nehmen, die eigene Meinung begründen
und mit Textstellen belegen

✦ *Hinweis: Du kannst die Meinung des Schülers ablehnen oder ihr zustimmen. Wichtig ist,
dass du deine Ansicht begründest. Dazu musst du dich auf den Text beziehen. Du solltest aber
auch eigene Gedanken einfließen lassen. Suche im Text zunächst Argumente für deine Position.
Unterstreiche sie mit einer bestimmten Farbe und kommentiere sie innerhalb deiner Stellungnahme.*

Lösungsvorschlag für Zustimmung:

Ich stimme der Meinung des Schülers zu. Selbstverständlich sind die Er-
zählungen aus der „lebenden Bibliothek" nicht mit richtigen Büchern zu
vergleichen, aber zumindest wird so die Phantasie der Zuhörer*innen
angeregt und sie lernen verschiedene Lebensweisen kennen. Die
Projektleiterin Sabine Kern versucht schließlich, immer neue „Exemplare"
(Z. 46/47) für ihre „lebende Bibliothek" zu finden: vom Jäger über den
Astronauten bis hin zu Veganern oder einer modernen Muslima (vgl.
Z. 51–63). Ihre Geschichten sind sicher so vielfältig wie die Bücher in einer
Bibliothek. Und möglicherweise regen sie sogar dazu an, richtige Bücher zu
lesen.

Lösungsvorschlag für Ablehnung:

Ich bin nicht der Meinung des Schülers. Die Schüler*innen hören in der
„lebenden Bibliothek" zwar möglicherweise eine spannende
Lebensgeschichte, aber wissen sie, ob sie stimmt? Sie können es nirgendwo
nachlesen. Auch in Büchern sind Geschichten oft erfunden, aber dann weiß
man es wenigstens, etwa in Romanen oder bei Science-Fiction-
Geschichten.

Außerdem wird den Schüler*innen dadurch, dass sie Geschichten erzählt
bekommen, jede eigene Aktivität abgenommen. Sie müssen sich keine
Texte selbst erschließen, sondern können sich einfach berieseln lassen. Die

Lesekompetenz stärkt das jedenfalls nicht. Hin und wieder ist es sicher gut, wenn Leute aus allen möglichen Schichten der Gesellschaft ihre Geschichten erzählen. Was das soziale Miteinander betrifft, kann sich das bestimmt positiv auswirken. Aber dennoch geht es bei diesen Erzählungen nicht um ein Buch- oder Leseerlebnis.

Zweiter Prüfungsteil: Wahlthema 1

✦ **Hinweis:** Bei der Analyse (Untersuchung) eines literarischen Textes empfiehlt sich grundsätzlich folgende Strategie:

1. **Lies** den Text **vollständig** und gründlich durch.
2. Überlege, wovon der Text handelt. Wie lautet das **zentrale Thema**? Markiere auffällige Textstellen.
3. Lies dir dann die Aufgabenstellungen gründlich durch. Am besten **nummerierst** du die **einzelnen Teilaufgaben** auf dem Aufgabenblatt, damit du beim Schreiben später nichts vergisst.
4. Der Schreibplan für deine Textanalyse ist dir durch die Aufgabenstellung schon **Schritt für Schritt** vorgegeben. Bearbeite deshalb die Teilaufgaben unbedingt **der Reihe nach**.
5. Beginne mit der ersten Teilaufgabe. **Unterstreiche** die Textstellen, die für die Antwort wichtig sind, und mache dir am Rand **Notizen**.
6. Notiere auf einem gesonderten Blatt **Stichworte** oder kurze Sätze zu den wichtigsten Informationen. So hast du ein grobes Konzept für die Lösung der jeweiligen Aufgabe. Gleichzeitig trainierst du mit dieser Übung zwei Fähigkeiten:
   • den Blick für das Wesentliche zu entwickeln und
   • Textstellen in eigenen Worten wiederzugeben.
   Bedenke: Eine Aufgabe ist nie damit gelöst, dass du die Textvorlage abschreibst.
7. Formuliere aus deinen Stichworten einen **zusammenhängenden Lösungstext**. Achte dabei auf eine saubere äußere Form.
8. Wichtig ist, dass du den Text **nicht nacherzählst**, sondern dass du die wichtigsten Informationen herausziehst, die zur jeweiligen Antwort passen.
9. Beachte die Zeitform: Schreibe die Textanalyse im **Präsens**.
10. Lies deinen Text nochmals gründlich durch und verbessere Fehler und Formulierungsschwächen.

Im Folgenden findest du zunächst stichwortartige Antworten zu jeder Teilaufgabe. Im Anschluss daran folgt das vollständige Lösungsbeispiel.

Teilaufgabe 1

Einleitung schreiben, darin Textsorte, Titel, Autor und Erscheinungsjahr benennen sowie Thema formulieren.

Titel:	Skizze eines Sommers
Autor:	André Kubiczek
Textsorte:	Roman
Erscheinungsjahr:	2016
Thema:	Zufällige Begegnung und erstes Gespräch zwischen einem 16-jährigen Jungen und dem Mädchen, in das er verliebt ist

Teilaufgabe 2

Den Text mit eigenen Worten zusammenfassen

- René liest auf einer Bank ein Buch
- zufälliger Blickkontakt mit einem Mädchen, in das er verliebt ist
- kennt Mädchen aus der Disco
- Mädchen nähert sich; René wird nervös
- Begrüßung und erstes Gespräch
- Mädchen nimmt Einladung an, sich auf die Bank zu setzen
- Kurzes Gespräch, dann stilles Nebeneinandersitzen

Teilaufgabe 3

Darstellung der Annäherung vor der Begegnung auf der Parkbank

- kurze Blickkontakte in der Disco, in der Kaufhalle und an der Straßenbahnhaltestelle
- gegenseitiges Zulächeln
- scheue Begegnungen, jedoch immer aus der Ferne
- schnelles Abwenden nach jedem Blickkontakt

Teilaufgabe 4

Untersuchung der sprachlichen und formalen Mittel mit denen Renés Unsicherheit beschrieben wird

- Auslassungspunkte verdeutlichen das Zögern von René (vgl. Z. 43)
- Gegensatz steigert die Spannung (vgl. Z. 43–45)

- Personifizierung der Schuhe lässt Annäherung des Mädchens beinahe bedrohlich erscheinen (vgl. Z. 47/48)
- paralleler Satzbau und Reihung von Hauptsätzen zeigt die innere Anspannung Renés (vgl. Z. 47/48)
- Anapher „sie" unterstreicht Bedeutung der Schuhe
- Schuhe stehen symbolisch für das erste Treffen, das plötzlich schnell und unerwartet näher rückt
- kurze unvollständige Fragen an sich selbst (vgl. Z. 50–55)

Teilaufgabe 5

Erläuterung, wie sich die Begegnung zwischen René und dem Mädchen entwickelt und welche Rolle die Schuhe dabei spielen

Schritte der Annäherung:
- langsame, behutsame Annäherung
- intensiverer Blickkontakt als bei vorherigen Begegnungen (vgl. Z. 18/19, Z. 31–33)
- kurzes Zuwinken des Jungen (vgl. Z. 38/39)
- Lächeln des Mädchens (vgl. Z. 43)
- langsame räumliche Annäherung (vgl. Z. 45–49)
- Begrüßung durch das Mädchen (vgl. Z. 56)
- schüchterne Erwiderung der Begrüßung (vgl. Z. 63)
- Einladung an das Mädchen, sich zu setzen (vgl. Z. 100)
- kurzes Gespräch über das Lesen (vgl. Z. 102–107)
- stilles, vertraut wirkendes Nebeneinandersitzen

Bedeutung der Schuhe:
- schüchtern gesenkter Blick von René; starrt auf die Schuhe des Mädchens (vgl. Z. 46/47)
- Schuhe kommen näher und werden größer; wirken dadurch bedrohlich (vgl. Z. 47/48)
- René stellt Turnschuhe des Mädchens in einen Gegensatz zu den eigenen Schuhen (vgl. Z. 57–59)
- Schuhe als Symbol für mögliche Partnerschaft (vgl. Z. 60–62)
- Bemerkung über Schuhe als verstecktes Kompliment (vgl. Z. 96)

Teilaufgabe 6

Text aus Sicht des Mädchens

Mögliche Gedanken:

- netter Junge, aber etwas schüchtern
- Warum wollte er mir nicht sagen, was er ausprobiert hat?
- Was hatte es mit den Schuhen auf sich?
- Das Kompliment war schön. Er scheint aufmerksam zu sein.
- War er nervös? Mag er mich?
- Habe ich ihn verunsichert?
- Ob wir uns wiedersehen?

Lösungsbeispiel

In dem Auszug des Romans „Skizze eines Sommers" von André Kubiczek, der im Jahr 2016 erschienen ist, geht es um die Annäherung und das erste Gespräch eines 16-jährigen Jungen mit einem Mädchen, in das er sich verliebt hat und mit dem er bislang nur kurze Blicke ausgetauscht hatte.

Einleitung
Titel, Autor, Textsorte, Erscheinungsjahr, Thema

René sitzt auf einer Bank und liest ein Buch. Als er den Blick hebt, sieht er zufällig ein Mädchen, das ihm bereits länger sehr gefällt. Sie sind sich schon öfter begegnet, bisher haben sie aber noch nie miteinander gesprochen, sondern nur kurze, schüchterne Blicke ausgetauscht. Das Mädchen erkennt René und kommt langsam auf ihn zu. Der Junge überlegt, wie er sich verhalten und was er sagen soll. Nach einer kurzen Begrüßung dauert es eine Weile, bis ein knappes Gespräch entsteht. Dabei macht René dem Mädchen ein verstecktes Kompliment und lädt es ein, sich neben ihn zu setzen. Nach einem weiteren kurzen Dialog sitzen die beiden schließlich schweigend nebeneinander.

Inhaltsangabe
zufälliges Treffen

Mädchen kommt langsam auf René zu

kurze Begrüßung und Gespräch

stilles Nebeneinandersitzen

Vor der Begegnung auf der Parkbank haben sie sich schon einige Male gesehen: in der Discothek, in einem Kaufhaus und an der Straßenbahnhaltestelle. Dabei haben sie sich oft gegenseitig angeschaut und sich zuletzt „sogar zugelächelt" (Z. 24), allerdings immer nur einige Sekunden lang und mit einem „gewissen Sicherheitsabstand" (Z. 26/27). Für René

Annäherung vor der Begegnung auf der Parkbank
kurzer Blickkontakt
gegenseitiges Anlächeln

Begegnungen aus der Ferne

ist sie trotzdem bereits das „allerschönste [Mädchen] auf der ganzen, weiten Welt" (Z. 11/12). René ist offensichtlich überrascht, als er das Mädchen sieht. Ihre Blicke treffen sich länger als sonst. Doch als sie sich entschließt, auf ihn zuzugehen, wird er merklich nervös.

Der Autor verdeutlicht diese Unsicherheit zunächst durch Auslassungspunkte zwischen den Gedanken des Jungen (vgl. Z. 43). Der Leser kann dadurch Renés Zögern beim Näherkommen des Mädchens nachempfinden. Ein Gegensatz erhöht die Spannung, die René verspürt, zusätzlich: „[...] sie wandte sich nicht ab, sondern – im Gegenteil – kam langsam heran." (Z. 43–45) In den Zeilen 46–49 setzt Kubiczek gleich mehrere Stilmittel ein, um die Unsicherheit des Jungen zu zeigen. Die Schuhe des Mädchens werden personifiziert („Sie wurden immer größer, sie kamen immer näher", Z. 47/48), sodass ihre Annäherung fast bedrohlich wirkt. Außerdem wird die innere Anspannung an dieser Stelle durch eine Reihe von Hauptsätzen mit parallelem Satzbau ausgedrückt. Dabei unterstreicht die Anapher „sie" die Bedeutung der Schuhe, die symbolisch für das erste Treffen stehen, das – genau wie die Schuhe des Mädchens – in diesem Moment immer schneller näher rückt. Renés Unsicherheit wird durch die kurzen, unvollständigen und dadurch hektisch wirkenden Fragen in den Zeilen 50 bis 55 zusätzlich betont.

René und das Mädchen nähern sich ganz langsam und behutsam an. Zum ersten Mal schauen sie sich länger als ein paar Sekunden an (vgl. Z. 18/19, Z. 31–33), dann winkt René dem Mädchen etwas unsicher zu (vgl. Z. 38/39). Als sich ihre Blicke zum zweiten Mal treffen, lächelt das Mädchen. Langsam kommt sie auf René zu, wobei dieser schüchtern den Blick senkt und auf ihre Schuhe starrt. Die Schuhe spielen offenbar eine wichtige Rolle, da sie mehrfach erwähnt werden. So stellt René die „weißen Turnschuhe" (Z. 57) des Mädchens in einen Gegensatz zu seinen „abblätternden weißen Säuretreter[n]" (Z. 59), denkt sich dann aber, dass diese zwei Paar Schuhe sehr gut zusammenpassen

Untersuchung der sprachlichen Mittel hinsichtlich der Unsicherheit Renés
Auslassungspunkte

Gegensatz erhöht Spannung

Personifizierung der Schuhe

Hauptsätze mit parallelem Satzbau
Anapher „sie"

Schuhe als Symbol für das Treffen

unvollständige Fragen

Entwicklung der Begegnung

unsicheres Zuwinken

Lächeln des Mädchens

Gegensatz zwischen den Turnschuhen

würden (vgl. Z. 60–62). Damit drückt er indirekt aus, dass auch das Mädchen und er, genau wie die Schuhe der beiden, gut zueinander passen würden. Nach einer kurzen Begrüßung setzt René wiederum die Schuhe ein, um dem Mädchen ein verstecktes Kompliment zu machen („Du hast schöne Schuhe", Z. 96). Danach lässt die Unsicherheit etwas nach und der Junge lädt das Mädchen ein, sich zu ihm zu setzen. Nach einem kurzen Gespräch über ihre Lesegewohnheiten sitzen die beiden schließlich still nebeneinander.

Schuhe als Symbol für mögliche Partnerschaft
kurze Begrüßung

verstecktes Kompliment

Einladung an Mädchen, sich zu setzen

stilles Nebeneinandersitzen

Er ist nett, aber schon etwas schüchtern. Und am Anfang unseres Gesprächs, hat er den Kopf so ruckartig bewegt. Das war wirklich seltsam… Warum er mir wohl nicht sagen wollte, was er da ausprobiert hat? Und was hatte es mit meinen Schuhen auf sich? ‚Du hast schöne Schuhe', hat er gesagt. War das vielleicht ein Kompliment? Auf jeden Fall ist er aufmerksam und scheint sich für mich zu interessieren… irgendwie jedenfalls. Aber warum wollte er nicht wissen, was ich lese? Vielleicht hätte ich es ihm einfach sagen sollen. Und was hat er eigentlich gelesen? Naja, ein interessanter Typ ist das auf jeden Fall. Wie er mich wohl findet? Er schien fast ein wenig verlegen… ja vielleicht sogar unsicher zu sein. Hatte das was mit mir zu tun? Das wäre ja irgendwie süß! Ober habe ich ihn durch mein Verhalten etwa verunsichert? Ich würde ihn auf jeden Fall gerne wiedersehen! Ja, ich muss ihn unbedingt noch einmal treffen!

Text aus der Sicht des Mädchens

(762 Wörter)

Zweiter Prüfungsteil: Wahlthema 2

Hinweis: In dieser Aufgabe geht es darum, Informationen zusammenzufassen, zu vergleichen und schließlich zu bewerten. In einer Art Einleitung benennst du zunächst das **gemeinsame Thema** aller Materialien. Anschließend fasst du M 1 zusammen. Dieses Material liefert Hintergrundinformationen zum Schlaf-wach-Rhythmus der Menschen. Denke daran, die **Inhaltszusammenfassung** im **Präsens** zu verfassen und möglichst **eigene Formulierungen** zu verwenden. Danach befasst du dich mit den Materialien 2 und 3. Darin äußern zwei Schülerinnen ihre Meinung zu der Frage, ob der Unterricht an Schulen grundsätzlich später beginnen sollte. Du musst ihre jeweiligen Positionen herausarbeiten, sie vergleichen und dich dann kritisch mit ihnen auseinandersetzen. Halte dich dabei genau an die Aufgabenstellung: Die Aussagen von M 2 und M 3 sollst du zunächst in **eigenen Worten wiedergeben**. Beim anschließenden **Vergleich** wird von dir verlangt, einen **Bezug zum Text** herzustellen. Das gelingt dir z. B., indem du direkte und indirekte Zitate aus dem Text einfügst. In der **letzten Teilaufgabe** sollst du zu einer Äußerung einer Schülerin **Stellung nehmen**. Hier ist also deine **eigene Meinung** gefragt. Die Lösung ist somit sehr individuell. Der Lösungsvorschlag kann hier nur als Anregung dienen. Du kannst der Aussage der Schülerin zustimmen, sie ablehnen oder eine Sowohl-als-auch-Haltung einnehmen. Entscheidend ist, dass du deine Meinung mit **schlüssigen Argumenten** begründest und dich dabei auch auf die **Materialien** beziehst. Im Folgenden findest du zunächst stichwortartige Antworten zu jeder Teilaufgabe. Im Anschluss daran folgt das vollständige Lösungsbeispiel.

Teilaufgabe 1

Gemeinsames Thema der Materialien M 1 bis M 3 benennen

- Menschen haben verschiedene Schlafgewohnheiten
- unterschiedliche Sichtweisen zu einer möglichen Verschiebung des Unterrichtsbeginns

Teilaufgabe 2

Informationen aus M1 zusammenfassen

- Menschen haben unterschiedliche Schlafrhythmen: „Lerchen" vs. „Eulen"
- Alter hat Einfluss auf Schlafzeiten
- veränderter Rhythmus in der Pubertät: Wachzeiten verschieben sich bei Jugendlichen nach hinten
- früher Unterrichtsbeginn für Jugendliche daher problematisch
- Schlaf-und Wachzeiten pendeln sich nach der Jugend wieder ein

Teilaufgabe 3

– Aussagen aus M 2 und M 3 mit eigenen Worten darstellen

Stichwortartige Antworten zu M 2:

- späterer Unterrichtsbeginn vermeidet Eile und Stress am Morgen
- positive Auswirkungen von längerem Schlaf sowohl auf das eigene Befinden wie auch auf das der Lehrkräfte
- höhere Konzentration bei Klassenarbeiten
- zwar weniger Freizeit am Nachmittag, dafür Zeitgewinn am Abend
- höhere Sicherheit beim Schulweg aufgrund von Helligkeit am Morgen (insbesondere für Radfahrer*innen)

Stichwortartige Antworten zu M 3:

- Schlafdauer wichtiger als Uhrzeit, zu der man aufsteht
- Ursache für Übermüdung und Konzentrationsprobleme ist ein Schlafdefizit, nicht die frühe Aufstehzeit
- eigene Disziplin ist entscheidend, nicht die Uhrzeit
- späterer Schulschluss nimmt Zeit für Hobbys und Freundschaften
- späterer Schulschluss verringert Zeit für Hausaufgaben
- frühes Aufstehen auch später im Beruf erforderlich

– Vergleich der unterschiedlichen Positionen aus M 2 und M 3 im Hinblick auf die Frage, welche Auswirkung ein späterer Unterrichtsbeginn auf die Freizeitgestaltung und die sozialen Kontakte haben kann

- fehlende Zeit am Nachmittag wird durch größeren Spielraum am Abend ausgeglichen (Selina, M 2)
  ABER: Problem der bereits bestehenden geringen Freizeit für Hobbys wird durch späteren Unterrichtsbeginn weiter verschärft (Sarah, M 3)
- Zeitliche Verschiebungen allein Frage der Organisation; Freund*innen kann man in der Schule treffen (Selina, M 2)
  ABER: Am Abend bleibt zu wenig Zeit für Hobbys, Freund*innen, Hausaufgaben (Sarah, M 3)

Teilaufgabe 4

Kritisch mit der Aussage einer Schülerin auseinandersetzen

Mögliche Aspekte:

- Erkenntnisse der Chronobiologie sprechen für späteren Unterrichtsbeginn
- Aber: Auch Schulschluss verschiebt sich dann nach hinten
- Führt zu Problemen bei der Ausübung von Hobbys
- Kaum mehr Möglichkeit, regelmäßig zum Fußballtraining zu gehen
- Schüler*innen werden so eher demotiviert als motiviert
- daher Ablehnung eines späteren Schulbeginns

Lösungsbeispiel

In den Materialien M 1 bis M 3 geht es um die wechselnden Schlafgewohnheiten in verschiedenen Lebensphasen und um die Frage, ob der Unterricht an Schulen generell später beginnen sollte.

Gemeinsames Thema

Stefanie Reinberger erklärt in M 1, dass Menschen grundsätzlich einen unterschiedlichen Schlaf-wach-Rhythmus haben. Zwischen den Frühaufsteher*innen, den sogenannten Lerchen, und den „Nacht-Eulen" existiert dabei eine große Bandbreite an verschiedenen Schlaftypen. Einen wichtigen Einfluss auf die Schlafzeiten hat, laut Reinberger, das Alter. Kleine Kinder und ältere Menschen stehen eher früh auf, während sich nach Erkenntnissen der Chronobiologie der Schlaf-wach-Rhythmus in der Pubertät deutlich nach hinten verschiebt. Teenager neigen in der ganzen Welt dazu, später zu Bett zu gehen und morgens müde zu sein. Deshalb sei ein früher Schulbeginn in diesem Alter problematisch, so Reinberger. Nach dem 20. Lebensjahr pendelt sich der Rhythmus jedoch wieder ein.

Inhaltszusammenfassung M 1
unterschiedliche Schlafrhythmen

Einfluss durch das Alter

Pubertät: Wachzeiten verschieben sich nach hinten

früher Schulbeginn problematisch

Selina spricht sich in M 2 für einen späteren Unterrichtsbeginn aus. Am Morgen länger schlafen zu können und sich nicht abhetzen zu müssen, führe zu einer größeren Zufriedenheit sowohl bei Schüler*innen wie bei Lehrer*innen und dadurch zu einem besseren Unterrichtsklima, so die Schülerin. Selina ist überzeugt davon, dass das auch positive Auswirkungen auf Klassenarbeiten und damit auf die

Hauptaussage von M 2
Meinung: späterer Schulbeginn ist sinnvoll

besseres Unterrichtsklima

Verbesserung der Leistungen

Leistungen hat. Zwar fehle durch einen späteren Unterrichtsbeginn am Nachmittag Freizeit, das lasse sich aber am Abend wieder ausgleichen, glaubt Selina. Zudem ist der Schulweg speziell für Radfahrer*innen im Winter sicherer, wenn der Unterricht später beginnt, da es draußen dann bereits hell ist.

Zeitgewinn am Abend

Schulweg wird sicherer

Sarah (M 3) hat dazu eine andere Meinung. Sie glaubt, dass allein die Schlafdauer von Bedeutung ist und nicht die Uhrzeit, zu der man aufsteht, denn ein späterer Unterrichtsbeginn verleitet schließlich dazu, abends auch später ins Bett zu gehen. Die Folgen sind Schlafmangel, Müdigkeit und Konzentrationsmangel. Das Problem werde dadurch also nur verschoben und nicht gelöst, meint sie. Sie ist ausdrücklich gegen den späteren Schulbeginn, weil sie dadurch noch weniger Freizeit hätte. Schließlich weist Sarah darauf hin, dass man sich im Arbeitsleben den Arbeitsbeginn auch nicht aussuchen dürfe, und das frühe Aufstehen während der Schulzeit dafür eine gute Vorbereitung sei.

Hauptaussage von M 3
Meinung: späterer Schulbeginn hat viele Nachteile

Schlafmangel und Müdigkeit durch spätes Zubettgehen

weniger Freizeit am Nachmittag

frühes Aufstehen als Vorbereitung für Berufsleben

Die beiden Mädchen haben somit unterschiedliche Auffassungen zu einem späteren Unterrichtsbeginn. Sie machen sich vor allem Gedanken darüber, wie sich eine längere Schulzeit auf ihre Freizeit auswirken würde. Während Selina darin offenbar kein größeres Problem, sondern sogar einen Vorteil sieht (Z. 9: „Aber dafür könnte man abends länger weggehen"), ist die fehlende Freizeit für Sarah das wichtigste Argument gegen den späteren Schulbeginn. Bereits jetzt sei ihr Stundenplan so voll, dass sie teilweise „erst um fünf Uhr" (M 3, Z. 14) zu Hause sei, so die Schülerin. Wenn sich der Unterricht noch weiter nach hinten verlagert, bleibe gar keine Zeit mehr für Hobbys, Freundschaften oder auch die Hausaufgaben (vgl. M 3, Z. 16–18). Selina ist hingegen der Meinung, dass die zeitliche Verschiebung der Freizeit lediglich eine Frage der Organisation sei und seine Freund*innen könne man schließlich auch in der Schule treffen, so das Mädchen.

Vergleich in Bezug auf Freizeitgestaltung

M 2: mehr freie Zeit am Abend

M 3: fehlende Freizeit

*M 3: keine Zeit mehr für Hobbys und Freund*innen*

M 2: zeitliche Verschiebung durch gute Organisation lösbar

Die Aussage der Schülerin ist von mehreren Seiten zu betrachten. Für eine größere Motivation durch einen späteren Unterrichtsbeginn sprechen sicher die Erkenntnisse der Chronobiologie (vgl. M 1). Danach haben Jugendliche weltweit einen anderen Schlaf-wach-Rhythmus als kleine Kinder oder ältere Menschen. Sie werden abends nicht müde, kommen dafür jedoch „morgens nicht aus den Federn" (M 1, Z. 11). Ein späterer Unterrichtsbeginn könnte ihnen sicher entgegenkommen, wie auch Selina in M 2 meint: Sie würden „entspannter und fröhlicher in die Schule" (M 2, Z. 4) kommen und bessere Leistungen erbringen, wenn sie eine Stunde länger schlafen könnten.

Gegen einen späteren Schulbeginn spricht jedoch, dass sich so auch der Schulschluss nach hinten verschiebt. Obwohl die Schule in der Regel um 8 Uhr beginnt, endet sie auch heute schon oft erst um 15 Uhr oder noch später. Mein Fußballtraining beginnt beispielsweise um 17 Uhr. Das ist jetzt schon immer sehr knapp. Wenn die Schule noch später enden würde, könnte ich das Fußballspielen im Verein vergessen. Das würde mich nicht motivieren, sondern vielmehr demotivieren, denn ich freue mich jeden Tag auf das Training. Daher bin ich insgesamt gegen einen späteren Unterrichtsbeginn.

(665 Wörter)

Stellungnahme

Position: Ablehnung eines späteren Schulbeginns

Punkteverteilung

Zentrale Prüfung 2018							
1. Prüfungsteil				**2. Prüfungsteil**			
Aufgabe 1	1	Aufgabe 7	1	**Inhaltliche Leistung**			**Darstellungsleistung**
Aufgabe 2	1	Aufgabe 8	1	**Wahlthema 1**		**Wahlthema 2**	**Wahlthema 1 und 2**
Aufgabe 3	1	Aufgabe 9	1	Aufgabe 1	4	Aufgabe 1	2	
Aufgabe 4	1	Aufgabe 10	1	Aufgabe 2	5	Aufgabe 2	5	
Aufgabe 5	1	Aufgabe 11	1	Aufgabe 3	4	Aufgabe 3a	7	
Aufgabe 6	1	Aufgabe 12	2	Aufgabe 4	5	Aufgabe 3b	9	
				Aufgabe 5	5	Aufgabe 4	9	
				Aufgabe 6	9			
				32 Punkte			**8 Punkte**
13 Punkte				**40 Punkte**			
53 Punkte							

Notenverteilung

Note	Punkte
sehr gut	53–46
gut	45–39
befriedigend	38–31
ausreichend	30–24
mangelhaft	23–10
ungenügend	9–0

Erster Prüfungsteil: Leseverstehen

✦ **Hinweis:** Lies den Text gründlich durch. Bearbeite die Aufgaben dann der Reihe nach. Unterstreiche die Textstellen, die für die Beantwortung der jeweiligen Frage wichtig sind. Beachte:

1. Jede Antwort steht im Text.
2. Bei den meisten Fragen wird der Abschnitt genannt, in dem du die richtige Antwort findest. Konzentriere dich auf diesen Abschnitt.
3. Prüfe bei Multiple-Choice-Aufgaben (Auswahl aus mehreren Lösungsmöglichkeiten) jede einzelne Möglichkeit anhand des Textes. Kreuze die Lösung erst an, wenn du die Textstelle gefunden hast, die deine Antwort belegt.
4. Wenn die Arbeitsanweisung lautet „Kreuze **die** richtige Antwort an.", kann es nur **eine** richtige Antwort geben. Bei Formulierungen wie „Welche der folgenden **Aussagen** sind richtig?" sind **mehrere** Möglichkeiten anzukreuzen.
5. Die Informationen aus dem Text werden in der Regel nacheinander abgefragt. Du kannst den Text also von oben nach unten „abarbeiten".

1. Unter Babysprache versteht man (Abschnitt 1) eine ...

   a) ☐ besondere Art und Weise, in der Geschwister miteinander reden.

   b) ☐ Sprache, die nur für die Eltern eines Babys verständlich ist.

   c) ☒ an das Baby gerichtete Sprechweise.

   d) ☐ automatische Redeweise.

   ✦ **Hinweis:** vgl. Z. 7–10

2. Kommunikation in Babysprache (Abschnitt 1) ist für Säuglinge ...

   a) ☐ einschüchternd.

   b) ☐ ermüdend.

   c) ☐ hemmend.

   d) ☒ förderlich.

   ✦ **Hinweis:** vgl. Z. 16–18

3. Wissenschaftler sind der Meinung, dass Babysprache (Abschnitt 2) ...

   a) ☐ eine angenehme Wirkung auf Eltern ausübt.

   b) ☒ für die Sprachentwicklung bedeutend ist.

   c) ☐ immer erlernt werden muss.

   d) ☐ nur manchmal hilfreich ist.

   ✦ **Hinweis:** vgl. Z. 19–24

4. Ungeklärt ist aber noch (Abschnitt 2), ...

   a) ☒ aus welchem Grund und wie die Babysprache eigentlich funktioniert.

   b) ☐ ob die Wissenschaftler zum Spracherwerb weiter forschen werden.

   c) ☐ welche Rolle Sprache bei der Entwicklung eines Kindes spielt.

   d) ☐ ob Babysprache in anderen sozialen Bereichen hilfreich ist.

   ✎ *Hinweis: vgl. Z. 27–29*

5. Überprüft wurde die Wirkung kindgerichteter Sprache auf Babys (Abschnitt 3) ...

   a) ☐ mithilfe von Eltern-Kind-Beobachtungen im Sprachlabor.

   b) ☐ mit dem Abspielen von Sprachaufnahmen der Kinder.

   c) ☒ mit dem Abspielen unterschiedlicher Aufnahmen.

   d) ☐ mithilfe technisch bearbeiteter Lautsprecher.

   ✎ *Hinweis: vgl. Z. 39–42*

6. Mütter sprechen mit (Abschnitt 4) ...

   a) ☐ Erwachsenen deutlicher als mit ihren Babys.

   b) ☐ den Vätern so deutlich wie mit ihren Babys.

   c) ☒ ihren Babys betont langsam und deutlich.

   d) ☐ Babys deutlicher als deren Väter.

   ✎ *Hinweis: vgl. Z. 51–57*

7. Kleinkinder hören nach dem Ergebnis einer Untersuchung der Brown University aufmerksamer zu, wenn mit ihnen in Babysprache gesprochen wird (vgl. Z. 69–72). Das führt dazu, dass sie schneller einen größeren Wortschatz aufweisen (vgl. Z. 66/67).

8. Laut einem Wissenschaftlerteam der Brown University hören Babys Sprechenden besonders aufmerksam zu (Abschnitte 5 und 6), wenn ...

   a) ☐ die Stimmlage hoch ist.

   b) ☒ das Sprechtempo gering ist.

   c) ☐ Sätze laut gesprochen werden.

   d) ☐ kurze Sätze gesprochen werden.

   ✎ *Hinweis: vgl. Z. 76–79*

9. Um die unterschiedlichen Untersuchungsergebnisse zur Babysprache besser vergleichen zu können (Abschnitt 7), …
   a) ☐ gründet die Stanford University ein neues Sprachlabor.
   b) ☒ arbeiten Wissenschaftler international zusammen.
   c) ☐ werden einzelne Ergebnisse nochmals überprüft.
   d) ☐ werden einzelne Untersuchungen wiederholt.
   ✦ *Hinweis: vgl. Z. 105–110*

10. Wissenschaftler der Stanford University sind der Auffassung (Abschnitt 7), dass eine bewusst hohe Stimmlage des Sprechenden …
   a) ☒ die Aufmerksamkeit eines Kleinkindes erhöht.
   b) ☐ das Verhalten eines Kindes verändern wird.
   c) ☐ zu widersprüchlichen Ergebnissen führt.
   d) ☐ günstig für Betonungen von Silben ist.
   ✦ *Hinweis: vgl. Z. 94–99*

11. Mit der Aussage „Eltern müssen sich sprachlich nicht ‚verbiegen‘, damit das Kind sprechen lernt" (Zeile 122/123) ist gemeint, dass Eltern …
   a) ☐ die Sprachförderung eher den Großeltern überlassen sollten.
   b) ☒ ihr gewohntes Sprechverhalten nicht ändern müssen.
   c) ☐ ihre Sprechweise nur dem Kind anpassen müssen.
   d) ☐ die kindgerichtete Sprache verändern müssen.
   ✦ *Hinweis: vgl. Z. 113–116*

12. Zur Aussage der Schülerin Stellung nehmen, die eigene Meinung begründen und mit Textstellen belegen
   ✦ *Hinweis: Du kannst die Meinung der Schülerin ablehnen oder ihr zustimmen. Wichtig ist, dass du deine Ansicht begründest. Dazu musst du dich auf den Text beziehen. Du kannst aber auch eigene Gedanken einfließen lassen. Suche im Text zunächst Argumente für deine Position. Unterstreiche sie mit einer bestimmten Farbe und kommentiere sie innerhalb deiner Stellungnahme.*

Lösungsvorschlag für Zustimmung:
Ich stimme der Schülerin zu. Das Wichtigste ist, dass man überhaupt mit einem Baby spricht. Wie, ist zweitrangig. Im letzten Abschnitt des Textes wird gesagt, dass Kinder durch abwechslungsreiche und unterschiedliche

Einflüsse lernen. Eltern reden anders als Großeltern, Geschwister, Erzieher*innen oder Nachbar*innen. Die Wissenschaftlerin Bettina Braun meint, dass diese vielen verschiedenen Arten der Kommunikation dem „Kind beim Sprechenlernen" (Z. 113/114) helfen. Kinder lernen das Sprechen also vor allem durch den Alltag. Babysprache ist nicht erforderlich.

Lösungsvorschlag für Ablehnung:

Ich bin nicht der Meinung der Schülerin. Es ist sicher nicht egal, wie mit einem Kind gesprochen wird. Im Text heißt es, dass die Wissenschaft eindeutig zu dem Ergebnis gekommen ist, dass „kindgerichtete Sprache" (Z. 17) für Babys förderlich ist. Forscher*innen der Uni Konstanz haben herausgefunden, dass bei Kleinkindern die Aufmerksamkeit schneller nachlässt, wenn zu ihnen in „Erwachsenensprache" gesprochen wird. Das belegt doch schon, dass es für die Sprachentwicklung gut ist, wenn langsam und deutlich mit Babys gesprochen wird. Sie erlangen dadurch „einen größeren Wortschatz als Gleichaltrige" (Z. 66/67), mit denen in normaler Tonlage und Sprache kommuniziert wurde. Diese Ergebnisse überzeugen mich.

Zweiter Prüfungsteil: Wahlthema 1

∕ **Hinweis:** Bei der Analyse (Untersuchung) eines literarischen Textes empfiehlt sich grundsätzlich folgende Vorgehensweise:

1. Lies den Text vollständig und gründlich durch.
2. Überlege, wovon der Text handelt. Wie lautet das zentrale Thema?
3. Lies dir dann die Aufgabenstellungen gründlich durch.
4. Der Schreibplan für deine Textanalyse ist dir schon **Schritt für Schritt** vorgegeben. Bearbeite deshalb die Teilaufgaben unbedingt **der Reihe nach**.
5. **Unterstreiche** die Textstellen, die für das Lösen der jeweiligen Teilaufgabe wichtig sind, und mache dir am Rand **Notizen**.
6. Notiere auf einem gesonderten Blatt **Stichworte** oder kurze Sätze zu den wichtigsten Informationen. So hast du ein grobes Konzept für die Lösung der jeweiligen Aufgabe. Gleichzeitig trainierst du mit dieser Übung zwei Fähigkeiten:
   - den Blick für das Wesentliche zu entwickeln und
   - Textstellen in **eigenen Worten** wiederzugeben.
7. Formuliere aus deinen Stichworten einen **zusammenhängenden Lösungstext**. Achte dabei auf eine saubere äußere Form.
8. Wichtig ist, dass du den Text **nicht nacherzählst**, sondern die Informationen findest, die zur jeweiligen Teilaufgabe passen.
9. Beachte die Zeitform: Schreibe die Textanalyse im **Präsens**.
10. Lies deinen Text nochmals gründlich durch und verbessere Fehler und Formulierungsschwächen.

Im Folgenden findest du zunächst stichwortartige Antworten zu jeder einzelnen Teilaufgabe. Im Anschluss daran folgt das vollständige Lösungsbeispiel.

Teilaufgabe 1

Einleitung schreiben, darin Textsorte, Titel, Autorin und Erscheinungsjahr benennen sowie Thema formulieren

Titel: Glücksschimmer
Autorin: Angela Gerrits
Textsorte: Roman
Erscheinungsjahr: 2011
Thema: Treffen eines 16-jährigen Mädchens mit einem Klassenkameraden, in den es verliebt ist; es kommt zu Kommunikationsschwierigkeiten

Teilaufgabe 2

Den Text mit eigenen Worten zusammenfassen

- Treffen Ruths mit ihrem Klassenkameraden Moritz in einem Café
- Aufregung und Freude bei dem Mädchen
- Moritz beginnt ein Gespräch über Ruths Fehlen in der Schule
- erste Kommunikationsschwierigkeiten
- Gespräch über die bevorstehende Klassenfahrt; auch hier kein Gesprächsfluss
- Verwirrung bei Ruth, nachdem Moritz nichts mehr bestellen möchte
- plötzlicher Abbruch des Treffens

Teilaufgabe 3

Darstellen, wie Ruth sich zu Beginn des Treffens fühlt und wie sie Moritz im Café wahrnimmt

Ruths Gefühle zu Beginn:
- Freude (vgl. Z. 1–3, Z. 32–34)
- Aufregung (vgl. Z. 23–25)
- Verlegenheit, Unsicherheit (vgl. Z. 27–31)

Ruths Wahrnehmung:
- Bewunderung der Ruhe, Entschlossenheit und des erwachsenen Auftretens von Moritz (vgl. Z. 8, Z. 40–42, Z. 131–134)

- Unklarheit über seine Reaktionen, Absichten und Gefühle (vgl. Z. 19–21)
- intensiver Blick von Moritz (vgl. Z. 27/28)
- Besorgnis über ihr Fehlen in der Schule (vgl. Z. 45–49)
- Gewissenhaftigkeit (vgl. Z. 52–54)

Teilaufgabe 4

Erläutern, wie durch sprachliche Mittel deutlich wird, dass Ruth in Moritz verliebt ist

- Anapher „er" drückt Ruths Fixierung auf Moritz und ihre Verliebtheit/Bewunderung aus (vgl. Z. 1, Z. 7–10, Z. 40–43)
- Aneinanderreihung von kurzen Hauptsätzen (Parataxen) zeigt Ruths Nervosität und ihre Konzentration auf das Wesentliche (vgl. Z. 1, Z. 32/33, Z. 43/44)
- Aufzählung der positiven Eigenschaften und Vergleich mit anderen Jungen betonen Moritz' Vorzüge (vgl. Z. 40–43)
- Metapher verdeutlicht Ruths Aufregung (vgl. Z. 24/25)
- Verben weisen auf Ruths Verlegenheit hin (vgl. Z. 30, Z. 33)

Teilaufgabe 5

Untersuchen, wie sich das Gespräch zwischen Ruth und Moritz entwickelt

- knappe Begrüßung durch Moritz
- fehlende Reaktion Ruths aufgrund ihrer Nervosität
- Fragen von Moritz, ausweichende Antworten Ruths
- Versuch, das Gespräch in Gang zu halten, misslingt
- Irritation bei Ruth, da Moritz nichts mehr bestellen will → Störung der Gesprächsatmosphäre
- insgesamt kein Gesprächsfluss und viele Missverständnisse

Teilaufgabe 6

Text aus Moritz' Sicht über das Treffen und über Ruths Verhalten verfassen

Mögliche Gedanken:
- Das Treffen ist ordentlich schief gegangen.
- Die Begrüßung war merkwürdig.
- Ruth ist interessant, aber irgendwie auch seltsam.
- Ich würde gerne mehr über sie erfahren.
- Warum war sie heute nicht in der Schule?

- Es ist ärgerlich, dass wir nicht richtig miteinander geredet haben.
- Ich werde jetzt die Initiative ergreifen und sie auf der Klassenfahrt auf ein Eis einladen.
- Ich will wissen, wer Ruth wirklich ist!

Lösungsbeispiel

In dem Auszug des Romans „Glücksschimmer" von Angela Gerrits aus dem Jahr 2011 geht es um das Treffen eines 16-jährigen Mädchens mit einem Klassenkameraden, in den es verliebt ist. Während der Verabredung kommt es jedoch zu Kommunikationsschwierigkeiten, sodass das Treffen abrupt endet.

Einleitung
Textsorte, Titel, Autorin, Erscheinungs-jahr, Thema

Die 16-jährige Ruth trifft sich mit ihrem etwas älteren Klassenkameraden Moritz zum Eisessen. Moritz trinkt bereits einen Espresso, als sie ins Café kommt. Ruth ist sehr aufgeregt und offensichtlich glücklich, dass er zur Verabredung erschienen ist. Nach dem ersten Austausch von Blicken lächeln sich die beiden an. Moritz versucht ein Gespräch über Ruths Fehlen in der Schule am Morgen zu beginnen, doch Ruth ist das unangenehm und sie antwortet nur knapp. Als Moritz daraufhin seinen Espresso austrinkt, befürchtet sie, dass er gehen könnte. Um dies zu verhindern, fragt sie ihn nach seinen Erwartungen an die bevorstehende Klassenfahrt, doch das Gespräch zwischen den beiden kommt nicht in Fahrt. Ruth ist irritiert, dass Moritz es ablehnt, noch etwas zu bestellen, und so kommt es kurz darauf zu einem abrupten, schnellen Ende des Treffens.

Inhaltszusammen-fassung
Treffen im Café

Ruth ist aufgeregt und glücklich

Moritz beginnt ein Gespräch

Gespräch kommt nicht in Gang

abruptes Ende des Treffens

Gleich am Anfang der Begegnung werden Ruths Freude und Aufregung sehr deutlich. Sie ist erleichtert, dass Moritz, den sie offenbar sehr mag, tatsächlich zu der Verabredung gekommen ist (vgl. Z. 1–3) und gleichzeitig so aufgeregt, dass „ihr Herz bis in den Hals hinauf" (Z. 24/25) klopft. Überdies ist sie ein wenig verlegen und unsicher, insbesondere als Moritz sie intensiv ansieht (vgl. Z. 27–31).

Ruths Gefühle am Anfang des Treffens

Freude, Aufregung

Verlegenheit, Unsicher-heit

Ruth bewundert Moritz für sein ruhiges und erwachsenes Auftreten und für seine Entschlossenheit (vgl. Z. 8–11,

Ruths Wahrnehmung von Moritz

Z. 129–134). Zwar fällt es ihr schwer, sein Verhalten zu deuten und seine Gefühle zu ergründen, doch entgeht ihr nicht, dass Moritz sie aufmerksam ansieht und auch anlächelt (vgl. Z. 27/28 und Z. 10/11). In seiner Frage, wo sie am Morgen in der Schule gewesen sei, glaubt sie „Besorgnis" (Z. 49) zu erkennen. Gleichzeitig fürchtet sie seine Reaktion, falls sie ihm die Wahrheit erzählt (Z. 52–54: „Er würde sie für leichtfertig halten und sich nie wieder Gedanken über sie machen."). Daraus kann man schließen, dass Ruth Moritz für einen gewissenhaften Menschen hält.

Bewunderung für erwachsenes Auftreten

Besorgnis um Ruth

Gewissenhaftigkeit

Mehrere sprachliche Mittel verdeutlichen Ruths Verliebtheit. So beginnen gerade am Anfang des Romanauszugs auffallend viele Sätze mit dem Personalpronomen „er" (vgl. Z. 1, Z. 7–9). Durch die Häufung dieser Anapher wird deutlich, dass Ruth komplett auf Moritz fokussiert ist. Zudem zeigt sich durch den Einsatz dieses sprachlichen Mittels ihre Bewunderung für Moritz. Die Aneinanderreihung von kurzen Hauptsätzen (Parataxen) ist ein Mittel der Verdichtung. Durch diese kurzen Sätze wird Ruths Nervosität deutlich. Außerdem wird so das Wesentliche betont, in diesem Fall die absolute Konzentration des Mädchens auf den Jungen, mit dem es sich verabredet hat. Auch die Aufzählung von Moritz' positiven Eigenschaften und der Vergleich mit anderen Jungen aus ihrer Klasse unterstreichen die Begeisterung, die Ruth offenbar für Moritz empfindet. So beschreibt Ruth ihren Schwarm als „ruhiger, besonnener, erwachsener" (Z. 42) als andere Jungen. Die Autorin zeigt auch mit einer Metapher Ruths Aufregung und ihre Gefühle für Moritz: „[…] so wie sie jetzt vor ihm zu verbergen versuchte, dass ihr Herz bis in den Hals hinauf klopfte" (Z. 23–25). Einige Verben zeigen zudem sowohl ihre Verlegenheit (Z. 30: „zupfte verstohlen […]") als auch ihre Begeisterung (Z. 33: „strahlte").

Aufzeigen der Verliebtheit durch sprachliche Mittel

Anapher „er" zeigt Fokussierung auf Moritz

Aneinanderreihung von Parataxen verdeutlicht Nervosität

Aufzählung von positiven Eigenschaften und Vergleich

Metapher zeigt Ruths Aufregung

Verben verdeutlichen Verlegenheit

Das Gespräch zwischen Ruth und Moritz kommt trotz der offensichtlichen gegenseitigen Sympathie nicht in Gang, es scheitert vielmehr. Moritz' Begrüßung fällt knapp aus. Ruth

Entwicklung des Gesprächs

antwortet nicht darauf, was vermutlich ihrer Aufregung zu-
zuschreiben ist. Als sie sich schließlich gegenübersitzen,
fragt Moritz, warum Ruth am Morgen nicht in der Schule
gewesen sei (vgl. Z. 45–48). Sie will ihm antworten, fürchtet aber gleichzeitig Moritz' Reaktion auf die Wahrheit, daher reagiert sie ausweichend: „Sagen wir [...], mir ging's
nicht so gut." (Z. 61) Ruth versucht zwar, das Gespräch in
Gang zu halten, das gelingt ihr aufgrund der einsilbigen
Antworten ihres Gegenübers und aufgrund ihrer eigenen
Anspannung allerdings nicht. Nachdem Moritz sagt, dass er
nichts mehr bestellen will, ist die Gesprächsatmosphäre
schließlich vollends gestört. Ruth ist irritiert und fragt Moritz, ob er schon lange auf sie gewartet habe. Das missver-
steht Moritz offensichtlich. Er interpretiert die Aussage so,
als ob Ruth bereits wieder gehen müsse. Insgesamt ist das
Gespräch von Missverständnissen geprägt und es entsteht
kein Gesprächsfluss.

Na, das ging ja mal ordentlich daneben. Das hatte ich mir irgendwie anders vorgestellt. Dabei hatte ich mich echt auf sie
gefreut. Hmm ... Schon die Begrüßung war total merkwürdig. Sie hat mich ja eigentlich nicht mal richtig begrüßt, sondern mich nur lange angeschaut, als sie reinkam. Ein bisschen seltsam ist sie schon ... aber das macht sie auch irgendwie interessant. Ich würde gerne mehr über sie erfahren.
Warum war sie heute nicht in der Schule? Warum hat sie
auf meine Frage hin herumgedruckst und so geheimnisvoll
getan? Als ob nicht jeder schon mal geschwänzt hätte ...
Oder steckt was anderes dahinter? Jedenfalls ärgert es mich,
dass wir gar nicht richtig miteinander gesprochen haben. Ich
hatte das Gefühl, sie war irgendwie distanziert und hatte es
dann plötzlich ganz eilig, wieder abzuhauen. Echt schade!
Das haben wir total versemmelt! Vielleicht muss ich jetzt
die Initiative ergreifen! Und dann lass ich sie nicht gleich
wieder abhauen! Ich lade sie einfach auf der Klassenfahrt
noch einmal zu einem Eis ein – und ich esse dann auch eins!
Ich will wissen, wer Ruth wirklich ist!   *(884 Wörter)*

Marginalien:

*Ruth erwidert Begrü-
ßung nicht*

*ausweichende Ant-
wort Ruths*

*Einsilbigkeit von
Moritz*

*Missverständnisse und
stockendes Gespräch*

**Text aus Moritz'
Sicht**

Zweiter Prüfungsteil: Wahlthema 2

✦ **Hinweis:** *In dieser Aufgabe geht es darum, Informationen über ein Thema zu ermitteln, zu vergleichen und schließlich zu bewerten. In der Einleitung benennst du zunächst das **gemeinsame Thema** aller Materialien. Anschließend fasst du M 1a und M 1b zusammen. Achte dabei darauf, die Inhaltszusammenfassungen im Präsens zu schreiben und möglichst eigene Formulierungen zu verwenden. Danach befasst du dich mit den Materialien 2 und 3. Zuerst sollst du die **Aussagen** aus M 2 und M 3 mit **eigenen Worten darstellen**. Danach musst du die beiden unterschiedlichen Positionen, die in den Texten zum Ausdruck kommen, **vergleichen**. Dabei sollst du einen **Bezug zum Text** herstellen. Das gelingt dir z. B., indem du direkte und indirekte Zitate aus dem Text einfügst. In der **letzten Teilaufgabe** sollst du zu einer Äußerung von einer Schülerin **Stellung nehmen**. Hier ist also deine **eigene Meinung** gefragt. Du kannst der Aussage zustimmen oder sie ablehnen. Entscheidend ist, dass du deine Meinung mit **schlüssigen Argumenten** begründest und dich dabei auch auf die **Materialien** beziehst. Im Folgenden findest du zunächst stichwortartige Antworten zu jeder Teilaufgabe. Im Anschluss folgt das vollständige Lösungsbeispiel.*

Teilaufgabe 1

Gemeinsames Thema der Materialien M 1 bis M 3 benennen

- Bedeutung der Handschrift im Zeitalter der Digitalisierung
- Zukunft der Handschrift: Soll sie in der Schule noch gelehrt werden?

Teilaufgabe 2

Informationen aus M 1a und M 1b zusammenfassen

Stichwortartige Antworten zu M 1a:
- kulturelle Bedeutung der Handschrift für die Entwicklung der Menschheit
- Schrift als Instrument zum Bewahren und Weitergeben von Wissen
- früher: Notizen auf Steintafeln, Papier
- heute: Speicherung von Daten im Smartphone

Stichwortartige Antworten zu M 1b:
- Umfrage: Über 40% der befragten Deutschen halten die Fähigkeit, flüssig tippen zu können, für wichtiger, als mit der Hand schreiben zu können.
- Änderung des Lehrplans in Finnland: Unterricht im Tastaturschreiben anstatt im Erlernen der Handschrift
- zunehmende Verbreitung digitaler Medien an europäischen Schulen

Teilaufgabe 3

– Aussagen aus M 2 und M 3 mit eigenen Worten darstellen

Stichwortartige Antworten zu M 2:
- Finnland streicht Schreibschrift aus dem Lehrplan; Kinder lernen nur noch einfache Druckschrift
- Verbesserung des schnellen und fehlerfreien Schreibens auf der Computertastatur steht im Vordergrund
- Schulen bleibt freigestellt, Schreibschrift dennoch zu lehren
- kaum noch Bedarf für handschriftliche Notizen, aufgrund der vielen digitalen Möglichkeiten

Stichwortartige Antworten zu M 3:
- nach wie vor große Bedeutung der Handschrift im Alltag
- Entwicklungen in Finnland wecken Befürchtung, dass Handschrift verdrängt wird
- wissenschaftliche Erkenntnisse zeigen, dass Schreiben mit der Hand die Entwicklung des Gehirns fördert
- Handschrift verbessert im Vergleich zum digitalen Mediengebrauch die Erinnerungsleistung in Bezug auf das Geschriebene

– Vergleich der unterschiedlichen Positionen aus M 2 und M 3 im Hinblick auf die Möglichkeiten und Grenzen des Schreibens mit der Hand und des Schreibens auf der Computer-Tastatur

- Konzentration auf Tastaturschreiben wichtig; Erhalt der Schreibschrift lediglich als freiwilliges Angebot (vgl. M 2)
  versus große Bedeutung der Handschrift für Entwicklung des Gehirns (vgl. M 3)
- fehlender Alltagsbezug und fehlende Notwendigkeit der Handschrift angesichts digitaler Möglichkeiten (vgl. M 2)
  versus Unverzichtbarkeit der Handschrift im Alltag (vgl. M 3)
- Konzentration auf Inhalt statt auf Form (vgl. M 2)
  versus Handschrift verleiht persönliche Note (vgl. M 3)

Teilaufgabe 4

Kritisch mit der Aussage einer Schülerin auseinandersetzen

Mögliche Aspekte:
- Position: Erlernen beider Techniken ist zunächst erforderlich; später sollten Schüler*innen dann frei wählen können
- Handschrift als Grundlage notwendig
- aber auch Schreiben auf der Tastatur muss in der Schule früher gelehrt werden, da es sich dabei um eine wichtige Kompetenz handelt
- wenn Schüler*innen beide Techniken beherrschen, sollten sie wählen können, welche sie in der Schule anwenden wollen

Lösungsbeispiel

In den Materialien M 1 bis M 3 geht es um die Bedeutung der Handschrift im Zeitalter der Digitalisierung und darum, ob das Erlernen der Handschrift in der Schule noch zeitgemäß ist.

Gemeinsames Thema

Lara Malberger weist in M 1a auf die kulturelle Bedeutung der Handschrift hin. Schrift wurde seit jeher als Instrument zum Bewahren und Weitergeben von Wissen genutzt. Das Medium für diese Weitergabe von Wissen verändert sich jedoch derzeit durch die Vielzahl an neuen technischen Möglichkeiten. Wurde früher auf Steintafeln und Papier geschrieben, werden Informationen heute hauptsächlich digital gespeichert. Die Handschrift kommt dabei immer seltener zum Einsatz.

Inhaltszusammenfassung M1a
Weitergeben von Wissen mithilfe von Schrift

zunehmend digitale Speichermedien

In M 1b wird das Ergebnis einer Umfrage vorgestellt, laut der 40 Prozent der befragten Deutschen der Meinung sind, dass die Beherrschung des Tastaturschreibens wichtiger sei als eine flüssige Handschrift. Finnland hat sich auf diese veränderte Bedeutung der Handschrift bereits eingestellt und will zukünftig in der Schule hauptsächlich das Tastaturschreiben unterrichten. Insgesamt gewinnen digitale Medien an europäischen Schulen immer mehr an Bedeutung.

Inhaltszusammenfassung M1b
Tastaturschreiben laut Umfrage wichtiger als Handschrift

mehr digitale Medien an Schulen

Der neue finnische Lehrplan wird auch in M 2 thematisiert. Darin heißt es, dass die Kinder in Finnland in der Schule nur noch eine einfache Druckschrift lernen sollen und Schreib-

Hauptaussage von M 2
Finnland: keine Schreibschrift mehr

schrift nicht mehr unterrichtet wird. In der Unterrichtszeit, die dadurch zur Verfügung steht, solle stattdessen das schnelle und fehlerfreie Schreiben auf der Computertastatur geübt werden, da das inzwischen alltagsnäher sei, so Minna Harmanen vom finnischen Bildungsministerium. Allerdings möchte man das handschriftliche Schreiben in Finnland nicht komplett verbieten. Den Schulen soll es freigestellt bleiben, weiterhin Schreibschrift zu unterrichten. Laut Harmanen besteht angesichts der vorhandenen digitalen Möglichkeiten jedoch kaum noch eine Notwendigkeit für handschriftliche Notizen.

Fokus auf Tastatur-schreiben

Aus einer anderen Perspektive blickt Christoph Arens in M 3 auf die Bedeutung der Handschrift. Zunächst weist er darauf hin, dass die Handschrift weiterhin eine große Bedeutung im Alltag hat, etwa beim Schreiben von Einkaufszetteln oder persönlichen Briefen. Die Entwicklungen in Finnland wecken laut M 3 bei Bildungsforscher*innen die Befürchtung, dass die Handschrift komplett verdrängt werden könnte. Dabei sind die Wissenschaftler*innen sicher, dass sie unverzichtbar ist. Und dies nicht nur, weil es sich dabei um eine alte Kulturtechnik handelt, sondern vor allem, weil das Schreiben mit der Hand die Entwicklung des Gehirns fördert und zu einer besseren Erinnerungsleistung führt als das Tippen auf der Tastatur. Die Handschrift verbessere daher sogar die Bildungschancen, meinen die Expert*innen.

Hauptaussage von M 3

weiterhin große Bedeutung der Handschrift

Handschrift fördert Entwicklung des Gehirns

M 2 und M 3 zeigen die Möglichkeiten und die Grenzen des Schreibens mit der Tastatur bzw. der Handschrift auf. In den Texten wird die Bedeutung der verschiedenen Schreibformen allerdings unterschiedlich bewertet.

Vergleich

Text M 2 erweckt insgesamt den Eindruck, dass das Tastaturschreiben in der heutigen Zeit von größerer Bedeutung ist als die Handschrift. Daher wollen sich finnische Schulen künftig auch auf das Tastaturschreiben konzentrieren. Dagegen steht die Ansicht der Bildungsforscher*innen, die in M 3 zitiert werden. Sie sagen, dass „das Schreiben mit der Hand die Entwicklung des Gehirns fördert" (M 3, Z. 12/13)

M 2: Tastaturschreiben von größerer Bedeutung

M 3: Handschrift sollte weiterhin unterrichtet werden

und deshalb weiterhin unterrichtet werden sollte. Christoph Arens führt in M 3 zudem zahlreiche Beispiele auf, die zeigen, dass die Handschrift auch heute noch von Bedeutung ist und nach wie vor im Alltag gebraucht wird. Das liegt nicht zuletzt daran, dass sie dem Geschriebenen eine persönliche Note verleiht. Ganz anders sehen das die Fachleute in M 2. Hier heißt es, dass die Handschrift nur noch wenig Bezug zum Alltag von Schüler*innen hat (vgl. M 2, Z. 10/11) und auch aufgrund der zahlreichen technischen Alternativen kaum noch notwendig ist. Es sei sinnvoller, sich auf den Inhalt des Geschriebenen zu konzentrieren als auf die Form, so eine Professorin der Universität Uppsala.

M 3: Handschrift verleiht persönliche Note

M 2: zahlreiche technische Alternativen zur Handschrift

M 2: Konzentration auf Inhalt wichtig

Ich stimme der Schülerin nur bedingt zu. Ihren Gedanken, dass man es sich aussuchen können sollte, ob man in der Schule auf der Tastatur oder mit einem Stift schreibt, halte ich im Prinzip für richtig und lebensnah. Die Handschrift ist meiner Meinung nach allerdings die Grundlage für jegliche schriftliche Arbeit. Ich bin daher der Meinung, dass alle Schüler*innen die Schreibschrift in der Schule lernen sollten. Sie aus dem Lehrplan zu streichen oder es den Schulen freizustellen, ob sie sie vermitteln wollen, wie es Finnland vorhat, halte ich für den falschen Weg. Gleichzeitig bin ich der Meinung, dass das Tippen auf der Computertastatur in der Schule früher gelehrt werden sollte. Zum einen entspricht dies dem Lebensalltag: Auch Grundschulkinder bedienen heutzutage bereits Displays und Computer. Zum anderen ist das sichere Schreiben auf der Tastatur eine wichtige Kompetenz für Schule und Beruf. Ich bin der Meinung, dass Schüler*innen sowohl die Schreibschrift als auch das Tastaturschreiben lernen sollten. Sobald sie beides sicher beherrschen, können sie sich dann in späteren Schuljahren für eine der beiden Techniken entscheiden.

Stellungnahme

Handschrift als Grundlage wichtig

Handschrift aus Lehrplan zu streichen ist falsch

Aber: früheres Erlernen des Tippens

Lernen beider Techniken; später freie Entscheidung möglich

(752 Wörter)

Punkteverteilung

Zentrale Prüfung 2019							
1. Prüfungsteil				2. Prüfungsteil			
				Inhaltliche Leistung			Darstellungsleistung
Aufgabe 1	1	Aufgabe 7	1	Wahlthema 1		Wahlthema 2	Wahlthema 1 und 2
Aufgabe 2	1	Aufgabe 8	1	Aufgabe 1	4	Aufgabe 1	2	
Aufgabe 3	1	Aufgabe 9	1	Aufgabe 2	5	Aufgabe 2	5	
Aufgabe 4	1	Aufgabe 10	1	Aufgabe 3	5	Aufgabe 3a	7	
Aufgabe 5	1	Aufgabe 11	1	Aufgabe 4	5	Aufgabe 3b	9	
Aufgabe 6	1	Aufgabe 12	2	Aufgabe 5	4	Aufgabe 4	9	
				Aufgabe 6	9			
				32 Punkte			8 Punkte
13 Punkte				40 Punkte			
53 Punkte							

Notenverteilung

Note	Punkte
sehr gut	53–46
gut	45–39
befriedigend	38–31
ausreichend	30–24
mangelhaft	23–10
ungenügend	9–0

Abschlussprüfung 2021 – Klasse 10

Das Corona-Virus hat auch im vergangenen Schuljahr die Prüfungsabläufe beeinflusst. Um dir die Lösungen zur Prüfung 2021 schnellstmöglich zur Verfügung stellen zu können, bringen wir sie in digitaler Form heraus.

Sobald die Original-Prüfungsaufgaben 2021 zur Veröffentlichung freigegeben sind, können sie als PDF auf der Plattform MyStark heruntergeladen werden. Deinen persönlichen Zugangscode findest du vorne im Buch.

Prüfung 2021

www.stark-verlag.de/mystark

7 Tipps wie's geht

1. *15 Minuten geistige Aufwärmzeit* Lernforscher haben beobachtet: Das Gehirn braucht ca. eine Viertelstunde, bis es voll leistungsfähig ist. Beginne daher mit den leichteren Aufgaben bzw. denen, die mehr Spaß machen.

2. *Ähnliches voneinander trennen* Ähnliche Lerninhalte, wie zum Beispiel Vokabeln, sollte man mit genügend zeitlichem Abstand zueinander lernen. Das Gehirn kann Informationen sonst nicht mehr klar trennen und verwechselt sie. Wissenschaftler nennen diese Erscheinung „Ähnlichkeitshemmung".

3. *Vorübergehend nicht erreichbar* Größter potenzieller Störfaktor beim Lernen: das Smartphone. Es blinkt, vibriert, klingelt – sprich: Es braucht Aufmerksamkeit. Wer sich nicht in Versuchung führen lassen möchte, schaltet das Handy beim Lernen einfach aus.

4. *Angenehmes mit Nützlichem verbinden* Wer englische bzw. amerikanische Serien oder Filme im Original-Ton anschaut, trainiert sein Hörverstehen und erweitert gleichzeitig seinen Wortschatz. Zusatztipp: Englische Untertitel helfen beim Verstehen.

5. *In kleinen Portionen lernen* Die Konzentrationsfähigkeit des Gehirns ist begrenzt. Kürzere Lerneinheiten von max. 30 Minuten sind ideal. Nach jeder Portion ist eine kleine Verdauungspause sinnvoll.

6. *Fortschritte sichtbar machen* Ein Lernplan mit mehreren Etappenzielen hilft dabei, Fortschritte und Erfolge auch optisch sichtbar zu machen. Kleine Belohnungen beim Erreichen eines Ziels motivieren zusätzlich.

7. *Lernen ist Typsache* Die einen lernen eher durch Zuhören, die anderen visuell, motorisch oder kommunikativ. Wer seinen Lerntyp kennt, kann das Lernen daran anpassen und erzielt so bessere Ergebnisse.